Carlos Tuya

MARX DESENCADENADO

*Una reformulación del marxismo desde
la experiencia histórica y el avance científico.*

© Carlos Tuya
© Carlos Delgado (portada)
© Todos los derechos reservados
1ª Edición. 2017
ISBN-13: 978-1546576372
ISBN-10: 1546576371

Carlos Tuya

MARX DESENCADENADO

Una reformulación del marxismo desde la experiencia histórica y el avance científico.

INTRODUCCIÓN

*Nada envejece más rápido
que el futuro.*
Stanislaw Lem

Por mucho que se empeñen los nuevos místicos de inspiración *zen*, o los viejos propagandistas del *carpe diem*, el *presente* no deja de ser una estación de paso hacia el *futuro* en la que es imposible detenerse. Incluso en su repetición monótona y rutinaria, nuestra vida cobra sentido cuando *proyectamos*, cuando *simulamos el futuro*, cuando dotamos a nuestros actos de un *propósito consciente*. Somos *seres para el futuro*, aún sabiendo que ese *futuro* se agota en la muerte. Crear *futuro* es la característica esencial de los humanos, la gran *diferencia*, la hazaña *evolutiva* que nos permite ser *agentes* de nuestra propia *evolución social* y no solo el resultado *azaroso* de una suma de *errores, mutaciones,* y *simbiosis* ocurridos en el código genético y seleccionados por su eficiencia para *reproducirse* y *sobrevivir* de acuerdo al *medio*, que en parte es obra nuestra. Actuamos en el *presente* porque somos capaces de pensar el *futuro*. Y ahí se encuentra la raíz de todo *cambio*, del *progreso socioeconómico,* pero también del *estancamiento* y la *regresión*. Claro que es imposible pensar un *futuro*, siempre *probabilístico*, sin que nos apoyemos en el *presente*, en sus *potencialidades* e *impredecibilidad,* en el conocimiento *científico* de las *fuerzas evolutivas* que lo hacen posible. Porque nada está definitivamente escrito sobre el *futuro*, salvo nuestra posibilidad de escribirlo. Y con ello, la posibilidad de *soñar* una existencia mejor *y,* al concebirla, reconocernos. Y por que existen varios *futuros* posibles es conveniente esperar a que los hagamos realidad antes de dar por inevitables nuestras *predicciones.* Y justificar nuestros actos en el *presente,* tantas veces crueles, con la *coartada ideológica* de un *futuro luminoso* para la humanidad.

Así que este libro, aunque trata del *futuro,* en concreto del *futuro socialista,* se propone entender el *pasado,* con sus aciertos y errores, con sus victorias y derrotas, con sus avances científicos y sus limitaciones *idealistas,* para poder actuar eficazmente en el *presente.* Un *entender* que empieza por *desencadenar* a Marx, el pensador revolucionario que primero pensó, con rigor *científico,* el *futuro* de la humanidad más allá del capitalismo. Y, al hacerlo, formuló la *teoría evolutiva de las sociedades humanas,* la *herramienta* que nos permite ser *agentes conscientes* de nuestro destino. La ciencia, al fin y al cabo, trata de los principios que hacen *funcionar* las cosas. Por eso la *teoría evolutiva de las sociedades humanas* formulada por Marx es un intento de explicación *científica* de los cambios y *transformaciones* que ocurren en los *sistemas sociales.* Una teoría de mayor trascendencia que la formulada por Darwin para explicar la *evolución biológica de las especies* ya que no se limita a *describir* como ocurren las cosas, sino que nos permite *actuar* para que ocurran de una determinada manera y no de otra. Y consigue hacerlo de una manera sencilla y eficiente, como exige la *navaja de Ockham: en igualdad de condiciones, la explicación más sencilla suele ser la más probable.*[1] O como defendía el gran físico estadounidense Willard Gibbs (1839-1903), para quien lo importante en cualquier ámbito de conocimiento es encontrar el punto de vista desde el que el tema de estudio aparece en su mayor *simplicidad.*

Una teoría que no *predice* el *futuro,* como les gustaría a los marxistas *dogmáticos,* pero permite *pensarlo* desde el conocimiento de la realidad, orientando la *praxis* de manera que contribuya a hacerlo posible. Aceptando sin miedo que, en definitiva, la teoría deberá someterse a la prueba de fuego de su *validación* en un *sistema socioeconómico nuevo.* Mientras Marx vivió, y hasta la Revolución de Octubre, la cuestión del carácter *científico* de su teoría discurría en el campo de los debates de ideas. Sin embargo, la creación del llamado *campo socialista* supuso la primera oportunidad histórica de comprobar *empíricamente* su corrección. Lamentablemente, ha resultado ser un fracaso. Y como consecuencia, la *restauración* del capitalismo en todos los países donde se implantó el modelo *soviético.* La *aparente* refutación *empírica* de la teoría *evolutiva* de Marx ha provocado su comprensible rechazo por la mayoría de los pensadores *marxistas* no *dogmáticos,* y la negación del carácter *científico* de su propuesta *revolucionaria.* Para quedarse, en el mejor de los casos, con su impulso *moralizador*, recuperando el viejo *utopismo* socialista que Marx combatió enérgicamente.

Paradojas de la historia aparte, la cuestión es si realmente el fracaso del *socialismo realmente existente* lo es de la teoría *evolutiva de las sociedades humanas* propuesta por Marx. O si, por el contrario, la construcción de ese modelo de *socialismo* se ha basado en una interpretación *errónea* de dicha teoría. Interpretación, todo hay que decirlo, *factible,* porque en su formulación por Marx y los *marxistas clásicos* existen ambigüedades y participan aspectos más *ideológicos* que *científicos.* Nada sorprendente, salvo para los que entienden la *ciencia* como una *verdad* inamovible más allá de la historia. Marx, como todos los grandes pensadores, *anticipaba el futuro* desde los conocimientos de su tiempo. Marx es un *clásico*, y lo es porque las *preguntas* que se hace sobre la realidad, las *herramientas* que crea para responderlas, y los *caminos* que abre para transformarla siguen teniendo *vigencia,* aún cuando deban ser *reformuladas.* Y en cuanto tal, no solo interesa a los *marxistas.* Lo que no se puede hacer es *criogenizar* a un *clásico* para resucitarlo en el momento oportuno. Sobre todo si su ingente obra se encuentra dispersa, fragmentada, e inconclusa en algunos casos, como *El Capital.* Como señala acertadamente Marcello Musto, profesor visitante de Teoría Política en la Universidad de York, *su método sumamente riguroso y el hábito de la autocrítica más despiadada determinaron la imposibilidad de concluir muchos de los trabajos emprendidos; las condiciones de profunda miseria y de mala salud permanente que lo persiguieron toda la vida, la insaciable pasión de conocimiento, jamás alterada, que lo impulsó siempre hacia nuevos estudios, hicieron precisamente de lo inacabado el fiel compañero y la condena de toda la producción de Marx y de su existencia misma.*[2]

Hay, por tanto, que *desencadenar* a Marx tanto de sus limitaciones *ideológicas* como de aquellos aspectos del *corpus* teórico y la *praxis* política que la historia ha demostrado equivocadas. Formulaciones *marxistas* en las que Marx, ya en su momento, no se reconocía. Y si el rechazo a la interpretación *mecanicista, determinista* y *economicista* de sus ideas estaba más que justificada en su tiempo, mucho más lo está hoy, cuando ha trascurrido más de un siglo desde que fueron formuladas, y su análisis se enfrenta al desastre sin paliativos de su *materialización* histórica.

Pensar la sociedad socialista del *futuro* significa, por tanto, empezar a diseñarla y construirla en el *presente,* de acuerdo a la realidad *socioeconómica* y sus procesos *evolutivos.* Con la convicción de que la *transformación* social, cuyo *mecanismo* describió Marx, generará nuevas posibilidades que hoy no podemos ni imaginar. La *evolución* no pega saltos en el *vacío,* ni un nuevo *sistema productivo* se construye partiendo de *cero.* No se cambia el rumbo de un barco abriendo una vía de agua en el casco. Existe *continuidad* en la *ruptura,* en la formación de una nueva *especie,* sea ésta *biológica* o se trate de un nuevo *sistema socioeconómico.* Han hecho falta miles de millones de años (los primeros organismos unicelulares procariota aparecieron hace más de 3.800 millones de años) para que pequeños cambios *genéticos,* producto de los errores en la duplicación del ADN, dieran origen a las *especies* que pueblan nuestro planeta. En las *sociedades humanas* ocurre algo parecido, aunque los tiempos sean distintos. Pequeños cambios (*gradualismo revolucionario*) del *sistema productivo,* y *reformas estratégicas* del *sistema social,* que es un *sistema complejo no-lineal* con alta *sensibilidad* a las condiciones iniciales, pueden producir a la larga grandes *trasformaciones socioeconómicas,* ya que dichos *cambios* y *reformas* no son fruto del *azar* sino de la acción *consciente* de los seres humanos. Ciertamente, también pueden ocurrir grandes *saltos* históricos, fruto de *catástrofes sociales,* como ocurrió con la *conquista* de pueblos menos desarrollados *culturalmente* (colonización de África, descubrimiento y conquista de América, etc.), o grandes conflictos bélicos (la I Guerra Mundial lo fue, posibilitando, en las condiciones especificas de Rusia, la primera revolución comunista triunfante de la historia) que *aceleren* o *ralenticen* los procesos *evolutivos.*[3] Pero se trata de situaciones *extraordinarias,* ya que en la *evolución* de las *sociedades humanas* los impactos *medioambientales* o guerras nucleares no son *determinantes...* al menos, hasta ahora.

Pero la *posibilidad* del *socialismo* no ocurre por si misma, de forma *lineal y determinista,* sino que se *concreta* por la acción *consciente* del *sujeto social,* en este caso los trabajadores (en todas sus categorías), que constituyen la inmensa mayoría de la población en los países capitalistas desarrollados. Los humanos, en cuanto *especie cultural,* no estamos sometidos al ciego *determinismo genético,* ni tampoco al más *plausible,* por cuanto es fruto de la actividad humana, *determinismo económico.* Si bien la *evolución biológica* sigue actuando, y las condiciones materiales de existencia condicionan nuestras vidas, somos seres que *piensan, analizan, proyectan, y actúan.* Marx lo vio con claridad:

> *Los hombres hacen su propia historia, pero no la hacen a su libre arbitrio, bajo circunstancias elegidas por ellos mismos, sino bajo aquellas circunstancias con que se encuentran directamente, que existen y les han sido legadas por el pasado.*[4]

Y lo podemos hacer porque somos una *especie* en la que, gracias a su portentoso cerebro, del *instinto social* ha *emergido* una nueva y asombrosa capacidad de ser, relacionarse y cambiar la realidad, la *cultura.* Así, la común lucha de las *especies* por la *reproducción* y la *supervivencia* adquiere una dimensión *liberadora* de la sumisión a las condiciones *naturales* dadas. Así deberemos entender la *supervivencia de los más dotados,* de la que hablaba Herbert Spencer, sin car en la trampa de trasladar el concepto *biológico* a la *sociedad humana.* En la naturaleza, *mas dotado* no significa *mejor* sino con mayores *posibilidades* de *supervivencia* y *reproducción,* de acuerdo a las circunstancias ambientales concretas. Sin meteorito los dinosaurios seguirían siendo *mas dotados* que los pequeños mamíferos. Pero cuando la *evolución* es *humana*, el concepto *mas dotado* adquiere un nuevo significado donde lo biológico (menos de una milésima parte de nuestro genoma ha cambiado en los últimos 300.000 años) resulta irrelevante, y domina lo *cultural*. Los *humanos* ya no necesitaban *evolucionar* para adaptarse a un entorno cambiante. Eran capaces de cambiar el entorno para adaptarlo a sus necesidades.

El *homo sapiens* puede y debe *transformar* sus condiciones de existencia para sobrevivir en un *medio natural y social* donde no podría lograrlo tan solo con su conformación *biológica*. Y eso significa una *transformación* de la propia *cultura,* y de las relaciones *socioeconómicas* mediante las cuales organiza su *vida en común* para garantizar su *reproducción, alimentación, desarrollo, expansión* y *defensa*. El *homo sapiens* se *transforma* socialmente *transformando* las condiciones de existencia, y en la medida en que lo hace. Marx ahondó en este hecho analizando la realidad profunda del capitalismo, su dinámica de *expansión, concentración, autotransformación y crisis cíclicas,* desvelando lo que oculta la *explicación-justificación* de la teoría económica *liberal*. Y extrajo lo *necesario* de lo *contingente* para desarrollar su teoría sobre la *evolución* de las *sociedades humanas*. Esa es su grandeza intelectual, la que le sitúa en el panteón de los grandes genios de la humanidad junto a figuras como Isaac Newton, Charles Darwin, o Albert Einstein, que han contribuido a cambiar el mundo.

Mucho antes de que Marx desarrollara su análisis del capitalismo y expresara teóricamente la necesidad de *transformación* del *sistema productivo* para una plena realización humana, superando con ello su estadio de *barbarie,* otros habían ya formulado la *utopía* de un mundo mejor. Un grupo destacado de pensadores formado por *moralistas, reformadores sociales, y socialistas,* se lo plantearon como un *horizonte de deseos* capaz por si mismo de impulsar la acción *consciente* de los individuos. Para Tomás Moro, Tommaso Campanella, Condorcet, Robert Owen, Charles Fourier, Saint Simón, y demás, había que cambiar la *mente* de las personas, liberándola del *pecado* del *egoísmo,* para construir el *reino de los cielos* en la tierra, donde no tuvieran lugar las injusticias, desigualdades, y miseria. Para ellos, la *conciencia* es la que puede cambiar la realidad, mientras que los condicionamientos materiales podían simplemente facilitar o entorpecer las cosas. Fourier trató de llevar sus ideas a la práctica con la creación de *falansterios,* comunidades autónomas de producción y consumo formadas por 1.800 individuos, que resultaron un rotundo fracaso. Marx fue muy crítico con estas posturas, particularmente con su influencia *política* en el movimiento obrero, pero nunca las menospreció. Tenían algo en común con su visión de *joven hegeliano de izquierdas.* Como se sabe, para Hegel la grandiosa realización final del *Espíritu Absoluto,* en su inexorable marcha hacia su glorificación, era el Estado prusiano, Dios sobre la tierra, encarnación del *todo moral.* Marx *invirtió* el razonamiento, colocando en la base de toda *trasformación* social las condiciones materiales de existencia, en concreto el *sistema productivo,* y al *comunismo* como la culminación histórica de la aventura humana sobre la tierra. Fue la llave y la clave que le permitieron vislumbrar, junto con Engels, el *mecanismo evolutivo* de las *sociedades humanas.* Así lo expresaba en su *Miseria de la Filosofía,* publicado en 1847, libro en el que polemiza con las ideas de Proudhon:

> *Las relaciones sociales están íntimamente vinculadas a las fuerzas productivas. Al ad-*

quirir nuevas fuerzas productivas, los hombres cambian de modo de producción y, al cambiar de modo de producción, la manera de ganarse la vida, cambian todas las relaciones sociales. El molino movido a brazo nos da la sociedad de los señores feudales; el molino de vapor, la sociedad de los capitalistas industriales. Los hombres, al establecer las relaciones sociales con arreglo al desarrollo de su producción material, crean también los principios, las ideas y las categorías conforme a sus relaciones sociales. Por tanto, estas ideas, estas categorías, son tan poco eternas como las relaciones a las que sirven de expresión. Son productos históricos y transitorios. Existe un movimiento continuo de crecimiento de fuerzas productivas, de destrucción de las relaciones sociales, de formación de las ideas; lo único inmutable es la abstracción del movimiento.[5]

Años más tarde, en 1859, en la *Contribución a la crítica a la economía política*, volvería a formularlo, pero ahora de una manera más precisa:

En una determinada fase de su desarrollo, las capacidades productivas materiales de la sociedad entran en conflicto con las relaciones de producción existentes o —y esto no es sino una expresión legal de lo mismo— con las relaciones de propiedad dentro de las cuales aquellas han operado hasta entonces. De haber sido medios para el desarrollo de las capacidades productivas, estas relaciones se convierten en barreras. Entonces sobreviene una época de revolución social. Con el cambio en la base económica, toda la inmensa superestructura es transformada más o menos rápidamente.[6]

Ya veremos como esta idea no esta libre de la influencia *idealista* de Hegel, lo que ha permitido desarrollos *especulativos* y disertaciones filosóficas de lo más variado e imaginativo, aunque con aportaciones de indudable valor, fertilizando campos de las *ciencias sociales* como el análisis critico de la cultura, la historia, la antropología, etc., particularmente las realizadas por el llamado *marxismo occidental*.[7] Pero también a la creación de un *corpus* doctrinario justificativo de la acción *política*, como la idea del *continuum ascendente* de la historia, impulsada por un destino *inevitable*, cuya realización corresponde a la *clase obrera*. Se trata de una forma de *fatalismo inverso*, donde el *Espíritu* es sustituido por el *proletariado*. La Revolución de Octubre en Rusia pareció confirmar que la interpretación *marxista-leninista* de la III Internacional era la correcta y, por lo tanto, todos los partidos *verdaderamente* revolucionarios estaban obligados a seguir el *modelo soviético*, al tiempo que debían supeditar su lucha a la defensa de la asediada URSS. Paradojas de la historia, lo mismo que Hegel pedía respecto al Estado prusiano. La *reproducción* del *modelo soviético* en la Europa oriental, impuesto por los tanques vencedores, es un ejemplo de lo que pueden llegar a suponer tales desatinos. El mismo *proletariado*, en nombre del cual se ejercía el poder *dictatorial del partido*, no tardó es mostrar su rechazo en Hungría, Checoslovaquia y Polonia. Como ya lo había hecho en 1921 en la misma Rusia, con la sublevación anarquista de los marinos de Kronstadt, surgida a raíz de las protestas obreras en Petrogrado.

Sin negar el papel, trascendental en más de un aspecto, de las *circunstancias históricas* en las que se desarrolló el primer intento de construir el *socialismo* en un país no precisamente desarrollado, hace ahora un siglo, una de las causas del posterior fracaso de la URSS, y del *campo socialista,* puede encontrarse en la *interpretación* de la teoría *marxista* del papel de la *clase obrera,* y del inminente e inevitable *derrocamiento* del capitalismo en los países económicamente más avanzados, tal como era comúnmente aceptada en la III Internacional. Esta visión esquemática y rígida del *sistema capitalista* y sus *luchas de clases* impidió comprender que para Marx la *clase obrera* es el *sujeto activo* de la *transformación socioeconómica* del capitalismo, lo que yo llamo *especie clave* del *sistema productivo,* y no un mero *instrumento* de la historia. Y un *sujeto* a condición de que tome *conciencia* de *cuál* es su tarea histórica. Es decir, si *hace suyo* el proyecto *socialista* que se deriva del propio capitalismo, y no de una *ensoñación* humanista. Esa *conciencia para si,* de la que habla Marx, la adquiere en la lucha por sus *intereses* inmediatos... ¡o no!. Dependerá de la *voluntad de poder* de los trabajadores (por utilizar la expresión nietzscheana, generalmente interpretada de forma *perversa)* [8] frente a la *voluntad de resistencia* del capital, en una *dialéctica* de *suma cero.* No se trata de simple *voluntarismo,* que ignora las condiciones *socioeconómicas* concretas y la *correlación de fuerzas* en pugna, ni de *fatalismo* que convierte en *determinantes* las primeras, sino de una necesaria toma de *conciencia* previa, de la formulación de un *objetivo político,* que Marx vincula a las *luchas obreras.*

En los sucesivos intentos por liberar al marxismo de la *deformación estalinista,* se ha buscado la forma de limpiar de contaminación *idealista* la concepción *materialista* del transcurso histórico, visto como un proceso *lineal* regido por leyes causales *inexorables* que habrían de conducir a todas las *sociedades* a un mismo destino final, el *comunismo,* tras pasar por las sucesivas etapas de salvajismo, esclavismo, feudalismo, y capitalismo. No es tarea nada fácil, y la mayoría de las veces ha terminado en un callejón sin salida. Ni el *estructuralismo*, ni los recursos a la *lingüística* y el *psicoanálisis*, el *marxismo analítico,* la *teoría crítica, etc.* han conseguido eliminar los aspectos *deterministas* e *idealistas* presentes en la formulación marxista *clásica* desde su creación. En muchos casos, los debates teórico-filosóficos sobre el *verdadero* Marx, su *limpieza* posterior y parte de sus *desarrollos*, han terminado llevándose por delante el propio *marxismo*. Quizás la forma más vulgar de hacerlo haya sido recurrir a un burdo *mecanicismo* que describe la *evolución* de las *sociedades* humanas bajo la óptica de una especie de *newtonismo social*, con sus leyes *causales binarias* y *deterministas* propias de la realidad física.[9] No sirve de mucho matizar la operación con conceptos tan vagos como *en última instancia*, *sobredeterminación*, o recurriendo a *pseudociencias* como el *psicoanálisis*, por muy tentadoras e imaginativas que puedan ser sus explicaciones. En realidad, insisten, aunque con mayor artificio intelectual, en la vieja *tergiversación* del marxismo (facilitada, todo hay que decirlo, por su formulación inicial) de la que ya se quejara Engels. La que presenta la teoría de Marx como una absurda afirmación de que ... *la marcha de la historia está sujeta a las mismas o idénticas leyes que todo acontecimiento físico o mecánico en la naturaleza.*[10] Lo cierto es que se puede caer en el *idealismo* tanto *disolviendo* la realidad en la *subjetividad*, como *negando* la *subjetividad* en nombre de la *objetividad*. Olvidando que la *subjetividad* es parte del proceso *objetivo* de la *vida social*. Un debate que cada vez tiene menos sentido e interés si lo relacionamos con los problemas actuales que la ciudadanía tiene planteados en la sociedad capitalista desarrollada bajo el impacto *perturbador* de la *Revolución Digital*.

Pero con este libro no trato de intervenir en el debate de cuántos *marxismos* hay en Marx, o que enfoques diferentes del *proceso histórico* se pueden encontrar en *El Manifiesto Comunista, La Ideología Alemana, los Grundrisse, el 18 Brumario,* o *El Capital*. Mi objetivo consiste en intentar una *reformulación* de la teoría propuesta por Marx sobre el *mecanismo evolutivo de las sociedades humanas*. Y hacerlo desde la óptica de los *sistemas complejos dinámicos, abiertos, no-lineales y adaptativos*. Para ello es necesario recurrir tanto a las *Ciencias de la Complejidad,* como a las aportaciones de las *ciencias cognoscitivas,* las *neurociencias,* y las *ciencias sociales,* principalmente la *antropología evolutiva*. Sin olvidar otras, como las *ciencias de la computación,* y concretamente el apasionante campo de la *robótica,* la *Inteligencia Artificial* y los *sistemas expertos,* cuyas aplicaciones en el sistema *socioeconómico* están causando un impacto en las *relaciones sociales* y en el *sistema productivo* que supera a todo lo conocido en la historia de la humanidad. Hasta el extremo de que, con bastante probabilidad, será la base *científico-técnica* de la futura *sociedad socialista*.

Y así nos encontramos con que, un siglo y medio después de anunciar el *inevitable* e *inminente* entierro del capitalismo por sus *sepultureros proletarios,* el *sistema productivo* capitalista sigue dominando el mundo con su mala *salud de hierro,* mientras que han fracasado las revoluciones *socialistas* que deberían haber terminado con él; o han experimentado una sorprendente *metamorfosis* hasta convertirse en lo que combatieron. ¡Quien diría que la China de Mao terminaría siendo líder del libre comercio y la globalización ante la deriva *proteccionista* de los EE.UU. presidido por Trump! Resulta sorprendente que en vez de estar ante una confrontación entre *capitalismo desarrollado* y propuestas de *transformación* socialistas, la irrupción del *populismo* esté dibujando un escenario donde los principales, aunque felizmente no únicos, contrincantes son el *nacional capitalismo* y el *capitalismo global*. Mientras, la *izquierda* se mira con nostalgia el ombligo. O se desespera en su impotencia política, carente de una *alternativa* creíble y viable al *neoliberalismo*.

El cataclismo político que ha supuesto el derrumbe y transformación del *socialismo real* es de tal magnitud que ya no sirven las explicaciones *subjetivistas* que achacan lo ocurrido a la *deriva estalinista*. Ni son suficientes las *piruetas* intelectuales para rescatar a Marx de la posterior aplicación *práctica* del marxismo. Contorsiones teóricas como la que reduce el marxismo a la *crítica* del capitalismo, acotada en el tiempo histórico de su existencia, lo que supone renunciar a su dimensión *científica* en tanto que teoría de la *evolución* de las *sociedades humanas*. Por no hablar de quienes han querido ver en *El Capital* una *psicoanalista* lectura, *avant Freud*, de la interpretación que la burguesía hace de la economía capitalista, descubriendo lo que se *oculta* y *reprime*. En el mejor de los casos, se trata de un *postmarxismo* de carácter *moralista*, que promueve una *praxis paliativa*, a la espera de ver cómo *evolucionan* las cosas.[11] No es de extrañar que la *socialdemocracia* terminara por aceptar el *sistema productivo* capitalista cono el único posible, y que desde entonces base su acción política en la lucha contra sus *externalidades negativas*. Lo que, por supuesto, no deja de ser positivo, y constituye hoy una *base* necesaria de *acuerdo* político para las fuerzas *transformadoras socialistas*. Algo que solo el habitual *izquierdismo infantil* (hoy habría que hablar mejor de *izquierdismo senil*) niega y dificulta. Sin olvidar que la *socialdemocracia* ha supuesto la incorporación de la *agenda social* a un *sistema productivo* basado en el *individuo,* incorporando a los objetivos políticos la creación de ese cuerpo *extraño* e *incómodo* al *sistema de libre mercado* capitalista llamado *Estado del Bienestar.* Por no hablar de su contribución, junto a otros factores, como el miedo al *contagio* comunista y la movilización popular, a la instauración del *Estado de Derecho.* En ese sentido, la acción *reformista* socialdemócrata ha resultado ser más beneficiosa para los trabajadores que las actitudes *pseudorradicales* de la *ultraizquierda,* cuyas proclamas *revolucionarias* aumentan de decibelios en relación inversa a su insignificancia *política.* Cuando no se suicida en un supuesto tropos *populista* de *izquierdas.*

Sin embargo, el *sistema productivo* capitalista desarrollado, pese a su nueva dimensión *social* (de momento en Europa, porque EE.UU. sigue mostrando su cara *ultraliberal,* pese a los intentos de Obama por *humanizarlo*) no ha cambiado su naturaleza *explotadora* desvelada por Marx, ni ha conseguido que desaparezcan sus *contradicciones funcionales,* ni ha eliminado la *desigualdad congénita,*[12] ni ha cerrado la *fractura social,* ni eliminado los *privilegios* de clase vinculados a la *propiedad.* Con el *novedoso* añadido de que su actividad *productiva* sin control, y su dominio *global,* están poniendo en peligro la propia base *medioambiental* de nuestra existencia. Sencillamente, el capitalismo, hoy como ayer, no puede *autocontrolarse* sin *negarse.* De ahí que siga planteando *esencialmente* los mismos (o parecidos) problemas que en la época de Marx. Como decía Eric Hobsbawm (1917-2012), uno de los más importantes historiadores marxistas, el capitalismo no es la *respuesta* (o, al menos, no es la única), sino la *pregunta*.[13] Y las *respuestas* ya no pueden ser las mismas que hace un siglo. El desarrollo científico-técnico del capitalismo, y las experiencias fallidas del llamado *socialismo real,* hacen necesaria y urgente la *reformulación* del *paradigma* marxista. El propio revolucionario alemán insistió en que la *transformación* social no sería fruto de las *ideas,* más o menos ingeniosas y audaces, de filósofos, pensadores, o agitadores, por muy atractivas y bien intencionadas que fueran, sino que habría que buscar en la sociedad, en su *sistema productivo,* las razones y los mecanismos que la hicieran posible. Y esa realidad es hoy, en plena *Revolución Digital,* notablemente distinta de la que alumbró, con sus distintas peculiaridades nacionales, la I, II y principios de la III Revolución Industrial. Por eso, *desencadenar* a Marx de los presupuestos vinculados al momento histórico en que vivió, y a la *cultura* en la que alumbró sus escritos, que el codificado *marxismo-leninismo* ha convertido en una verdad *revelada* bastante poco *marxista,* es fundamental para que la teoría *científica* de la *evolución de las sociedades humanas* formulada por Marx pueda nutrir la *praxis* política *transformadora.*

Pero seamos honestos: no existe todavía evidencia *científica* de que la idea de Marx acerca de dicha *evolución* en general, y de la revolución *proletaria* en particular, sea correcta. Eso ocurrirá cuando el *sistema productivo* capitalista se *transforme* realmente en *socialista,* lo que todavía no se ha conseguido en ninguna parte, pese a los sucesivos y variados intentos. Lo que no se puede negar es que Marx supo utilizar consecuentemente el *método científico:* construyó un *modelo,* el *Materialismo Histórico,* que describía una serie de *parámetros* (clase obrera, valor y trabajo, fuerzas productivas y relaciones de producción, etc.) y analizaba sus *relaciones* (lucha de clases, incremento de las fuerzas productivas) lo que le permitió anticipar el *futuro* del *sistema productivo*. Sin embargo, no pudo *depurar* el *modelo*, y ajustarlo a la experiencia *empírica* histórica, que tan sagazmente sabía analizar, por carecer de alguna realización práctica exitosa, salvo la experiencia, también fracasada, de la *Comuna de París*. Pero ahora contamos con una amplia experiencia, desarrollada durante más de setenta años en la URSS, y varias décadas en los países del Pacto de Varsovia, igualmente fallida. Incluso su *evolución adaptativa* capitalista en China, Vietnam y, aunque de manera titubeante, en Cuba. Sin embargo, en vez de *depurar* el *modelo* y *redefinirlo* de acuerdo a los avances científicos y la propia *evolución* del capitalismo, se optó por pasar del indignado *¡no es esto!* antiestalinista, al resignado *no puede ser* postmarxista, sentenciando el fracaso total del *modelo* propuesto por Marx. En esas estamos.

Ante esta situación, y bajo el apremio de la actual *crisis sistémica* del capitalismo, cabe adoptar al menos tres posturas: *redefinir* el *modelo* de acuerdo a la experiencia histórica fallida del *campo socialista,* y la nueva *caja de herramientas marxista* que debe incluir, como ya he señalado, las aportaciones de las *Ciencias de la Complejidad*, las *ciencias de la computación*, las *ciencias neurológicas,* y las *Ciencias Sociales*; limitarse a lamentar su fracaso, que sería fruto de la *burocratización,* esperando una *nueva oportunidad*; o limitarse a buscar exclusivamente la forma de *corregir* los efectos *negativos* de *desigualdad, precariedad, exclusión, pobreza y deterioro medioambiental,* consustanciales al capitalismo. Lo primero nos devuelve a la casilla de salida, y exige, por tanto, su comprobación *empírica,* para lo que es necesario plantear una *alternativa transformadora*; lo segundo supone una renuncia a intervenir en la vida política y lleva a la pasividad acompañada, eso sí, de las heroicas consignas revolucionarias del pasado; lo tercero conduce inexorablemente al *reformismo* socialdemócrata, los frustrados *sísifos* de nuestro tiempo, que se ven atrapados en un continuo comenzar de nuevo tras cada *crisis*, como evidencia su comportamiento en la *debacle global* del 2008. El fracaso electoral y político de la *socialdemocracia* reside en que no tiene capacidad, ni voluntad, para *eliminar* las causas de las *crisis* capitalistas y sus *avalanchas destructivas,* conformándose con *paliar* los efectos, a la espera de que la siguiente *crisis* pueda ser *controlada* mejor. Por cierto, una curiosa mezcla entre marxismo *clásico y socialdemocracia* es la teoría del *estatismo regulador* propuesta por Eric Driesther, cuya realización ya podemos contemplar en China y Vietnam, con el posible añadido al grupo de la Cuba de Raúl Castro. Aunque exitoso en el plano económico, no parece que sea el *modelo* de *sociedad* que tenía *in mente* Marx cuando escribió el *Manifiesto Comunista*.[14]

Para *desencadenar* a Marx será preciso analizar algunas de las razones por las que, hasta ahora, han fracasado todos los intentos de construir el *socialismo* según la interpretación *marxista-leninista* del *modelo* propuesto por Marx. Y eso pese a los esfuerzos titánicos, tantas veces heroicos, de los partidos comunistas. Empezando por el suceso *germinal* del *dogmatismo* marxista: el hecho de que el primer intento ocurriera en Rusia, un país demasiado atrasado como para producir otra cosa que un *remedo* de sociedad *socialista*, y que ya desde los inicios desató dudas y rechazos por parte de algunos de los principales teóricos marxistas de su tiempo. La caída del *muro* en 1989, y el posterior *colapso* del *campo socialista*, ha supuesto un golpe demoledor a las esperanzas depositadas en el único modelo *alternativo* al capitalismo llevado a la práctica. Golpe del que, un cuarto de siglo después, todavía sufrimos sus consecuencias, principalmente el rechazo político a todo lo que *huela* a comunismo. Un rechazo que, por extensión, afecta a todo el *corpus marxiano* que, hasta hace no mucho, impregnaba las *ciencias sociales*. Hoy es ya evidente que solo podrá recuperarse del *veredicto* de la historia, al que tanto gusta recurrir, recuperando aquellas ideas de Marx que nos permitan *resituarle* en nuestro tiempo y su *historial de realidades*. Como sostiene Hobsbawm, una gran parte de la historia de las ideas consiste en redescubrir el significado y la intención original de los pensadores y los contextos originales de su pensamiento. En pocas palabras: volver al XIX para traer a Marx al XXI.

Porque es en hoy, y en *sociedades* de capitalismo desarrollado como la nuestra, con la conquista del *Estado Social y democrático de Derecho,* y sus *áreas de socialización* como el *Estado del Bienestar,* donde se pondrá a prueba el *marxismo* de un Marx *desencadenado.* Y será el proceso de *lucha ciudadana* contra los efectos sobre la mayoría de la población de la grave *crisis sistémica* iniciada en 2008, el que permitirá descubrir las verdaderas posibilidades de *transformación* que encierra el *sistema socioeconómico* capitalista desarrollado e inmerso en la imparable *Revolución Digital.* Un *sistema productivo* incapaz, por otra parte, de superar plena y satisfactoriamente, pese a las drásticas medidas de *austeridad* aplicadas por el *neoliberalismo* imperante, la situación de *desigualdad* económica, *precariedad* laboral y *exclusión* social. Proceso de *lucha* que permitirá ir creando las condiciones *sociales, políticas* y *económicas* para que la *transformación* deje de ser una *consigna* movilizadora y empezar a convertirse en una *realidad,* de acuerdo a las características concretas de cada país, su historia, cultura, tiempos, modos y maneras. Proceso de *lucha* que mostrará el papel que los distintos grupos sociales y las instituciones democráticas juegan en dicha *transformación*. No hay *recetas* válidas para todo tiempo y lugar, ni procesos *inexorables,* ni caminos históricos *prefijados.* Pero contamos con valiosas experiencias aisladas que exigen una teoría unificadora y un proyecto *alternativo* de sociedad. Es comprensible la *irresistible* tentación de aferrarse a *certezas* pasadas, pese a su fracaso al ser llevadas a la práctica. Pero la primera obligación de un *marxista* -y de todo *científico*- es reconocer los hechos *empíricos* en toda su crudeza, y buscar las explicaciones pertinentes. No tratar vanamente de *ajustar* los hechos para que encajen en nuestros *principios.*

La teoría de la *evolución de las sociedades humanas* formulada por Marx, y los presupuestos políticos de la *transformación socialista* derivados de ella, no cuentan todavía con evidencias *históricas* que avalen *científicamente* su corrección. Solo *proyecciones alternativas* basadas en su *posibilidad, y* con un alto grado de *incertidumbre.* Pero si existen evidencias *empíricas* de que el mecanismo *evolutivo* de las *sociedades humanas* propuesto por Marx, la relación *dialéctica* entre *fuerzas productivas* (*fp*) y *relaciones de producción* (*rp*), es substancialmente correcta, y puede explicar satisfactoriamente la aparición de los distintos *sistemas sociales* que han tenido lugar a lo largo de la historia. A pesar de ello, no tiene suficientemente en cuenta algunos *factores* determinantes, como la dimensión *cultural* de todo lo humano, por lo que deben integrarse en el concepto de *relaciones de producción* aspectos no solo estrictamente *productivos.* En cualquier caso, lo importante y urgente es *reformular* muchos conceptos de Marx, y de la tradición *clásica* del marxismo, a la luz de la experiencia, la realidad actual del *sistema capitalista*, los avances en el *conocimiento científico*, y el impacto de la actual *revolución científico-técnica,* también conocida como Industria 4.0.[15]

Lo que exige abordar temas y conceptos de tanta enjundia y trascendencia política como la *naturaleza* del Estado, que fue la piedra angular del enfrentamiento entre *socialdemócratas* y *bolcheviques*, cuyo antecedente es la ruptura de los socialistas *revolucionarios* con los dirigentes *reformistas* de la II Internacional al inicio de la Primera Guerra Mundial. Después de que Lenin calificara de *renegado* a Karl Kautsky (lo que ya indica una tendencia *religiosa* a la hora de interpretar el *marxismo*), la cuestión del Estado pasó a ser un tema tabú para los *marxistas-leninistas* y su visión *reduccionista*: el Estado es tan solo el *aparato institucional represivo* mediante el cual la burguesía ejerce su *dictadura* y debe ser, por tanto, *destruido*. Ciertamente, esta visión simplista *instrumental* se aproximaba bastante a la realidad de ciertas formas estatales en una Europa convulsionada por las revoluciones que jalonaron el siglo XIX: 1820, 1830, 1848, 1868, y particularmente 1871, donde el antagonismo de *clase* era tan acusado que el Estado actuaba fundamentalmente como un aparato para imponer el *orden burgués,* muchas veces en alianza con la clase *terrateniente*. Pero el mismo Marx hacia diferencias entre Inglaterra y el continente, admitiendo que en una *democracia liberal* asentada y de larga tradición, al ser la *clase trabajadora* abrumadoramente mayoritaria, podía conquistar el poder de manera pacífica. Es decir, Marx parte de la idea de que el Estado refleja, expresa y garantiza, el poder político de la *clase dominante*, la burguesía, lo que configura tanto su acción como su *naturaleza* y estructura *institucional*. Es decir, se trata de una *re-*

lación social y no una simple *herramienta*.[16] Y define ese poder *político-institucional*, que completa el dominio *socioeconómico* e *ideológico*, como una *dictadura,* pero sin que eso signifique una forma *concreta* de ejercer poder. De hecho, considera la *Comuna de París* como la *forma*, al fin hallada, de *dictadura del proletariado*, refiriéndose a *quién* ejerce el poder y no a las *formas* como lo ejerce. En realidad, el gobierno parisino era una *democracia directa*, de carácter asambleario, sin forma *dictatorial* alguna, sino todo lo contrario. La cosa no habría tenido mayores consecuencias de no ser porque la famosa *dictadura del proletariado* se llenó de contenido *totalitario* en el primer intento exitoso en el que se hizo realidad, tras la Revolución de Octubre. Lo que iba a suponer la *plena* realización de la democracia, sin las limitaciones de *clase* propias del dominio burgués, se convirtió en un *estado policial,* que disolvió los *soviets* controlados por los *mencheviques, y* terminó por e*liminar* a toda la vieja guardia revolucionaria comunista. Una forma de entender la *dictadura del proletariado* que, al ser puesto en práctica en la Unión Soviética, suscitó serias discrepancias entre los *marxistas revolucionarios,* como Rosa Luxemburgo, quien ya en 1918, pese a defender el poder de los bolcheviques frente a los críticos socialdemócratas, alertó con palabras proféticas de los peligros de su degeneración:

> *Pero con el sofocamiento de la vida política en todo el país ha de languidecer también, cada vez más, la vida en los soviets. Sin elecciones generales, irrestricta libertad de prensa y asociación, sin libre lucha de opiniones, muere la vida en toda institución pública, se convierte en vida aparente; el elemento activo permanece exclusivamente en la burocracia (...) La vida pública se adormece gradualmente; algunas docenas*

de líderes del partido dotados de una ener-
gía inagotable y de un idealismo ilimitado
dirigen y gobiernan; en realidad, entre
ellos dirige una docena de cabezas sobresa-
lientes, y una élite de trabajadores es con-
vocada de tiempo en tiempo en asambleas
para aplaudir los discursos de los líderes y
aprobar por unanimidad las resoluciones
presentadas; en el fondo, pues, un caci-
quismo, una dictadura ciertamente; pero
no la dictadura del proletariado, sino la
dictadura de un puñado de políticos.[17]

Esta terminó siendo la dura realidad de la
dictadura del proletariado, que la III Internacional
sacralizó al convertirla en *principio de obligado*
cumplimiento.[18] La posterior *evolución* de los países donde se ejerció, y todavía se ejerce, no mejora
las cosas, ni avala su supuesta *necesidad* histórica
para construir el *socialismo* frente a la resistencia
de la burguesía vende patrias, la oligarquía sin patria, y el imperialismo opresor de la patria. Pero es
lógico que durante la etapa de la *guerra fría,* con la
represión feroz de los *movimientos populares* y la
sanguinaria persecución de los partidos comunistas, fundamentalmente en los países del llamado
Tercer Mundo, resultara muy difícil, por no decir
imposible, desprenderse de las *certezas* consagra-
das por los manuales de *marxismo-leninismo*; más
si han servido de soporte personal a tantos sacrifi-
cios. Pero de nada sirve hoy aferrarse a ellas como
un cristiano a la Biblia, o un musulmán a El Corán.

El *cataclismo* geopolítico provocado por la
desaparición de la URSS al menos ha liberado a
Marx de su burda identificación con el *marxismo-*
leninismo creado por Stalin y su Academia de Ciencias. Como señala el ya mencionado historiador
marxista británico Eric Hobsbawm, *el argumento*
de que la teoría marxiana implica necesariamente

el leninismo y sólo el leninismo (u otra escuela de la ortodoxia marxista) resulta insostenible.[19] Lo cierto es que gran parte de las propuestas teóricas del *marxismo clásico,* no digamos del *dogmático,* no han pasado de ser meras *hipótesis* que, en muchos casos, la experiencia histórica ni ha *falsado* ni *validado,* de forma que todavía no han conseguido alcanzar el *estatus* de *teoría científica.* La ausencia de confirmación empírica se achaca al carácter *acientífico* de todo lo social, considerado como un *relato.* Los trabajos de Marx, en su búsqueda por formular una teoría *científica* de la *evolución de las sociedades humanas,* y del paso del capitalismo al comunismo, etapa *socialista* previa mediante, no tienen cabida en la idea *posmoderna* de que la *ciencia* no resulta aplicable a los asuntos humanos. Sorprendente postura intelectual, derivada de contraponer (de forma muy poco *científica*) las leyes *deterministas* de los *sistemas naturales* con las leyes *emergentes* de los *sistemas sociales.* Unos y otros, marxistas *dogmáticos* y pensadores *posmodernos,* olvidan que la teoría *evolucionista,* tanto *biológica* como *social,* se basa en el *método científico,* y se sustenta, por tanto, en pruebas *empíricas.* Ese es el campo de estudio, debate y confirmación. En el caso de las *sociedades humanas* contamos con la inestimable ayuda de la historia escrita, la paleontología, la arqueología, y las investigaciones antropológicas, que nos muestran como se han ido creando y desarrollando a los largo de la historia, y en las más diversas circunstancias. Y si nos atenemos al capitalismo *realmente existente,* incluso contamos con la historia *vivida.* Así que los debates sobre si lo ocurrido en el caso del *socialismo real,* o con los intentos revolucionarios fallidos, se ajusta o no a lo que establece la teoría *marxista* no tienen mucho recorrido. Salvo el corto camino que va de la simple aceptación *doctrinaria* al *negacionismo.* Si los hechos contradicen la teoría, peor para los hechos. Siempre nos queda el manido recurso de las *justificaciones*, históricas y personales: el *gran villano* Stalin se convierte para unos en la demostración del error sustancial de *marxismo*, y para otros en la justificación de sus nefastos resultados.

Sin embargo, Marx tenía fundamentalmente razón al describir el *mecanismo evolutivo* de las *sociedades humanas*, aunque no llegara a desarrollar su teoría de forma precisa. No lo hizo, primero, porque carecía de la imprescindible aportación de la *ciencia*; segundo, porque, consecuente con su idea de que había que *transformar* el mundo y no solo *interpretarlo*, se volcó en la actividad política. Pero, sobre todo, porque no contaba con la experiencia esclarecedora de una revolución proletaria triunfante, más allá de la *Comuna de París*, cuya caracterización como *gobierno de la clase obrera* es, cuando menos, exagerado.[20] En cuanto a su hercúleo trabajo de investigación sobre la naturaleza *oculta* del capitalismo, lo cierto es que, discusiones académicas aparte sobre la *teoría del v*alor, la *tasa descendiente de ganancia*, la *plusvalía*, etc., es innegable que la gran *crisis* global de 2008 evidencia lo acertado y lúcido de la mayoría de sus análisis. No así muchas de las elucubraciones *marxistas* posteriores. Una vez más, Hobsbawm lo expresa magistralmente: *si Marx sigue vivo hoy como un gran pensador, lo cual difícilmente puede ser puesto en duda, ello no necesariamente es así para ninguna de las versiones del marxismo formuladas desde la década de 1890, en sus formas originales, como doctrinas de acción e inspiración política de movimientos socialistas.*[21]

Pero la *limitación* principal de Marx es no haber concebido la *sociedad humana* como una forma especial de *sistema complejo no-lineal, abierto y evolutivo,* lo que era inevitable ya que las *Ciencias de la Complejidad* nacen muchos años después de su muerte. Tal vez por eso otorga un valor *determinante* a lo *social* sobre lo *individual,* a la *estructura* sobre la *superestructura.* E *infravalora* la dimensión *cultural,* subordinándola al *sistema productivo.* Es su particular *inversión* del *Espíritu* hegeliano. Así lo pone de manifiesto en el Prólogo a la *Contribución a la Crítica de la Economía Política,* de 1859:

> *No es la conciencia del hombre la que determina su ser sino, por el contrario, el ser social es lo que determina su conciencia (...) Al cambiar la base económica se transforma, más o menos rápidamente, toda la inmensa superestructura erigida sobre ella. Cuando se estudian esas transformaciones hay que distinguir siempre entre los cambios materiales ocurridos en las condiciones económicas de producción y que pueden apreciarse con la exactitud propia de las ciencias naturales, y las formas jurídicas, políticas, religiosas, artísticas o filosóficas, en una palabra las formas ideológicas en que los hombres adquieren conciencia de este conflicto y luchan por resolverlo. Y del mismo modo que no podemos juzgar a un individuo por lo que él piensa de sí, no podemos juzgar tampoco a estas épocas de transformación por su conciencia, sino que , por el contrario, hay que explicarse esta conciencia por las contradicciones de la vida material, por el conflicto existente entre las fuerzas productivas sociales y las relaciones de producción.*[22]

En toda su exposición late un *determinismo materialista* de naturaleza *dualista,* frente al *mo-*

nismo idealista de Hegel, que divide la realidad en categorías separadas *jerárquicamente,* como si *conciencia* y *ser social* fueran entidades distintas y claramente diferenciadas. Lamentablemente, la moderna teoría de los *sistemas complejos dinámicos* y *no-lineales,* con sus propiedades *emergentes,* todavía no existía, por lo que la visión de los *sistemas sociales* era en su tiempo marcadamente *fisicista,* lo que comportaba enfoques *lineales* al estudio de la *sociedad.*[23]

Cuestiones histórico-filosóficas aparte, no es mi intención terciar en la polémica suscitada entre los marxistas *occidentales* del siglo pasado sobre lo que *verdaderamente* quiso decir Marx, ni tampoco en la que pueda darse actualmente. El interesado tiene donde acudir, sin duda con mayor provecho intelectual.[24] En puridad, este no es un libro de *crítica* a la teoría *marxista,* pura o práctica, aunque parte de la formulación por Marx del *mecanismo* que impulsa la *evolución* de las *sociedades humanas.* Lo que intento es desarrollar la idea *germinal* de Marx sobre la relación *dialéctica* entre *fuerzas productivas* (***fp***) y *relaciones de producción* (***rp***), incorporando los avances *científicos* ocurridos desde *entonces,* fundamentalmente los campos ya mencionados de las *ciencias cognitivas* y *computacionales,* la *antropología evolutiva* y la teoría de los *sistemas complejos dinámicos no-lineales.* Y hacerlo con el mismo grado de exigencia con que la genética, la epigenética, la teoría cromosómica de la herencia, la mutación genética aleatoria, la recombinación cromosómica y la integración simbiótica (el origen de las células eucariotas propuesto por Lynn Margulis), la deriva genética y la genética de poblaciones, se han incorporado a la teoría *evolucionista* de Darwin.

Por otra parte, trato de completar y precisar ciertas cuestiones de mis libros anteriores *Evolu-*

ción, cultura y socialismo, La sinrazón socialista, y *Pensar el socialismo,* donde incorporo algunos aspectos de dichos avances científicos, lo que no suele ser habitual en trabajos de inspiración *marxista.* Ello ha ocasionado molestos *equívocos,* y algún que otro *desconcierto,* sobre todo en viejos, y no tan viejos, luchadores comunistas. Se hacia necesario, por tanto, profundizar y desarrollar lo dicho hasta ahora. Con *Marx desencadenado* trato de argumentar mejor, y en la medida de mis posibilidades, la pertinencia de utilizar la *caja de herramientas* las *ciencias* anteriormente señaladas a la hora de *actualizar* el pensamiento revolucionario de Marx, de forma que podamos plantear de manera *científica,* como el quería, una real y realista *praxis transformadora* del capitalismo. Formular, si se quiere, un nuevo *paradigma* de la futura sociedad *socialista.* Se que no es tarea sencilla, porque ni soy científico, ni mucho menos filósofo, aún cuando haya dedicado muchas horas al estudio de los temas que trato en este libro, con el objetivo de tener la mínima visión *multidisciplinar* y *transdisciplinar,* necesaria para comprender la inmensa *complejidad no-lineal* de los *sistema sociales.* Tómese esto a modo de disculpa por las posibles imprecisiones y falta de exigible rigor a la hora de manejar los postulados científicos y conceptos filosóficos. Espero que no afecten al contenido, ni perturben seriamente mi objetivo: describir un sistema *coherente,* dentro de su gran *complejidad,* del pensamiento *marxista* interpretado a la luz de la experiencia histórica y del conocimiento *científico* en las áreas que le afectan, directa o indirectamente. Parto para ello de lo que llamo *encadenamientos* teóricos e ideológicos de Marx, bien por *tergiversación* de lo que dijo, bien por una interpretación *tendenciosa* de sus postulados, bien por la *reducción* de sus propuestas a la caricatura pergeñada por los adalides del llamado *marxismo-leninismo.* Reconociendo también que el propio Marx formuló muchas de sus geniales ideas de forma vaga y confusa, cuando no contradictoria.

Para abordar tal tarea tenía dos opciones: o dedicarme unos cuantos años a analizar en profundidad el problema en todos sus aspectos, que son muchos, y redactar un libro de *tesis doctoral,* con la dimensión que exige un asunto de tanto calado; o ceñirme a lo que considero fundamental y escribir un libro más modesto y accesible, con clara vocación *política* en tiempos de desconcierto. He elegido esto último, entre otras razones porque lo primero excede mis capacidades y el tiempo disponible. Y, para que negarlo, podría ser un elemento disuasorio a la hora de su lectura, que, por mucho que lo haya intentado, no es precisamente *ligera* ni *entretenida.* Espero que alguien con más tiempo, ganas y conocimientos lo haga, si es que cree que merece la pena. En todo caso, me impulsa, como señala el filósofo húngaro István Mészáros, el convencimiento de que:

> (...) *dada la crisis estructural cada vez más profunda de nuestro orden metabólico social establecido, urge hoy más que nunca que la alternativa socialista se instituya sobre bases firmes, en contra del asalto de la propaganda autocomplaciente de la ideología dominante, visible por todas partes. Pero al mismo tiempo, por otra parte, debido a la contundente evidencia histórica del desarrollo del tipo soviético, y los inmensos sacrificios que hubo que soportar en sus largas décadas, nadie puede negar hoy día la necesidad de confrontar "con implacable escrupulosidad" los problemas que habrán de surgir. Porque solo mediante el re-examen, a plena consciencia y autocríticamente comprometido, de los pasos pretendidamente*

emancipatorios que se han dado -tanto en el pasado como en el presente- puede volverse factible la construcción de unas bases del socialismo del siglo XXI más seguras de lo que resultaron ser las del XX.[25]

Vivimos las dramáticas y novedosas condiciones de la *crisis estructural del sistema de capital* como un *todo*. En otras palabras, estamos ante una *crisis sistémica* sin precedentes, que conlleva consecuencias radicales para nuestro presente y futuro debido a la *retroalimentación* entre los aspectos estrictamente económicos, los efectos científico-técnicos de la *Revolución Digital* en el *sistema productivo,* y el impacto medioambiental de una forma de crear riqueza insostenible. Por eso, la crisis *estructural* del capitalismo es la condición *negativa* de una renovación del *marxismo*. Renovación que *actualiza* su razón de ser histórica, al tiempo que convierte la *crisis* y sus *salidas* en el *objeto* principal de sus análisis, y ocasión para una *autocrítica* profunda que debe ser, a la vez, crítica *radical* del orden capitalista en todos su aspectos. Porque estamos ante una *crisis sistémica* que pone sobre el tablero *político* la urgente necesidad de formular una *alternativa* de *transformación socialista* basada en el nuevo *sujeto social* para la *emancipación* conformado por el actual capitalismo desarrollado. La aparición de nuevos *movimientos sociales* y de nuevas *formas* de lucha política parece mostrar el camino para superar los impases monstruosos de la organización del *partido-estado*. En la *praxis* política de la lucha *ideológica* por la *hegemonía* nos jugamos la posibilidad de establecer un nuevo *vínculo* entre la *teoría marxista* de la *evolución de las sociedades humanas* propuesto por Marx, y la conquista de aquellas reivindicaciones que supongan no solo la mejora de las condiciones de vida de los trabajadores, sino establecer elementos de *poder* para construir otro *sistema social* capaz de atender las demandas y expectativas de los ciudadanos. La actual *crisis sistémica* exige de la *izquierda transformadora* plantear una *alternativa* global al *sistema socioeconómico capitalista,* clara, factible y creíble, que pueda ser asumida por la *mayoría social* trabajadora. Porque el *mecanismo evolutivo* se basa tanto en las *condiciones materiales* generadas por el propio *sistema productivo,* como en el elemento *volitivo* de los *agentes sociales.* Recordando a Marx, los humanos hacemos la historia, pero a partir de las condiciones que previamente hemos creado. La dirección que adoptemos dependerá, en definitiva, del *proyecto de futuro* que elijamos. No existen *automatismos* históricos ni *determinismos* económicos.

Tómese, por tanto, este trabajo de *desencadenamiento* de Marx como una *propuesta,* urgente e incompleta, de *reformulación* de su teoría *evolutiva.* Imprescindible si queremos que la *izquierda transformadora,* se declare o no *marxista,* salga de la *ineficacia reformista* o del *dogmatismo inoperante* -que generalmente suelen ir unidas- tras el *mazazo* que ha supuesto el *derrumbe* y *metamorfosis* del antes conocido como *campo socialista.* De forma que sea capaz de dar una respuesta *alternativa* a la actual *crisis sistémica* del capitalismo global y financiero, sin caer en la *sinrazón populista,* cuya aparente *radicalidad* mira al *pasado.*

Otra cosa es que lo consiga.

I. LA COMPLEJA SENCILLEZ DE LA SOCIEDAD HUMANA

*Las cosas que en sí mismas
tienen el principio de su génesis
existirán por sí mismas cuando nada
externo se lo impida.*
Aristóteles

Una de las justificaciones más utilizada para argumentar por qué sigue teniendo vigencia el marxismo son los efectos *negativos* del capitalismo. El politólogo y sociólogo argentino Atilio A. Boron lo expresa con claridad: *En la medida en que el sistema prosiga condenando a segmentos crecientes de las sociedades contemporáneas a la explotación y todas las formas de opresión -con sus secuelas de pobreza, marginalidad y exclusión social-, y agrediendo sin pausa a la naturaleza mediante la brutal mercantilización del agua, el aire y la tierra, las condiciones de base que exigen una visión alternativa de la sociedad y una metodología práctica para poner fin a este orden de cosas seguirán estando presentes.* [26] Sin duda, la creciente *desigualdad* (lo llaman piadosamente *crecimiento asimétrico* en la *American Enterprise Institute,* el laboratorio de ideas de la nueva derecha estadounidense),[27] las bolsas de *exclusión,* la *pobreza,* la *precariedad* laboral y los salarios de *miseria,* la bárbara *explotación* de los recursos naturales, la *degradación* del medio ambiente, y el *cambio climático* que pone en peligro la existencia de la especie,[28] son algunos de los principales efectos *indeseables* del *sistema capitalista* que se deben combatir y, en todo caso, *paliar* mientras no se consiga superar sus causas. Pero, aunque *mitigados* y *compensados* con ayudas sociales, no desaparecerán, ya que se derivan de la propia naturaleza del *sistema productivo*. No son el resultado de malas *prácticas* empresariales, ni de *tramas corruptas y clientelares*, aunque también, sino del mismo *mecanismo* que impulsa la creación de riqueza, y que aporta los aspectos *positivos* ligados a su desarrollo. Por eso, todos los intentos *reguladores* del capitalismo (financiero y global) o se quedan en buenas *intenciones,* o terminan por ser *eliminados* cuando se consigue superar lo más agudo de las crisis, como se ha apresurado a hacer Donald Trump nada más alcanzar la presidencia de EE.UU., origen de la actual *crisis sistémica*. Y eso hace que cada vez sea mayor el clamor por su definitiva *erradicación*. Aún cuando persistan importantes diferencias sobre lo que eso debe significar, y cómo será posible llevarla a cabo.

Sin embargo, a pesar de la indudable contundencia *vital* y *moral* del argumento, apoyarse en los *estragos* económicos, sociales y medioambientales que produce el capitalismo, particularmente en épocas de *crisis* como la iniciada en 2008, y de la que todavía sufrimos sus efectos, es tanto como reducir el problema de la *evolución* de las *sociedades humanas* a un problema de *actitud* personal, a un asunto concerniente a los *individuos* y a su mala gestión, y no a la *naturaleza* del *sistema productivo*. Como si pudiera existir un capitalismo *liberado* de las exigencias de su *motor productivo*: la máxima obtención de *beneficio* en *libre* competencia entre capitalistas. Lo sabían muy bien los primeros teóricos del *liberalismo* económico, como Adam Smith, para quien existe una correlación entre el *egoísmo natural* del hombre y los *beneficios sociales*. De ahí que defendieran una restringida, pero esencial, participación del Estado, ciertas *regulaciones* que limitaran el *egoísmo* natural de los patronos, argumentando que la riqueza generada por el capitalismo, aunque desigualmente repartida, terminaría beneficiando a todos.[29]

Por otra parte, si nos ceñimos al rechazo *moral,* existen otras respuestas igualmente *indignadas.* Como el *socialismo utópico,* el *anarquismo,* el *socialismo cristiano,* y por supuesto la *socialdemocracia* que, al abandonar el *marxismo* y aceptar el capitalismo como el menos malo de los *sistemas productivos* posibles, ha convertido su actividad fundamentalmente en una tarea *reformista,* cuyo objetivo es defender el *sistema productivo* de si mismo. Algo en lo que coinciden con los *liberales* más lúcidos, para quienes el *sistema capitalista,* que ha aportado notables mejoras a la vida de la gente,[30] necesita *paliar* los inevitables *desequilibrios* y *externalidades negativas* que recaen sobre los más desprotegidos y el medioambiente a través de *regulaciones* y políticas estatales *compensatorias.* Esta sería para ellos la función del *Estado del Bienestar,* pero a condición de que sea *sostenible,* que es la gran coartada para *neutralizar* sus potenciales efectos *socializadores.* Lo cierto es que la forma *europea* de vida basada en el paulatino desarrollo y ampliación del *Estado del Bienestar* resulta cada vez más incompatible con las necesidades y exigencias del capitalismo globalizado de dominio financiero. Un capitalismo que, sin embargo, en su actual fase de desarrollo, necesita mantener cierto nivel de *consumo* interno para funcionar, crecer, y generar *beneficio.* Tal vez por eso, algunos economistas de izquierdas, como Varoufakis, sentencian que el *Estado del Bienestar* resulta *inviable,* y que deberíamos olvidarnos cuanto antes de el.[31] Se trata de una profecía *autocumplida,* pues si su defensa no es un objetivo *prioritario* de la izquierda, luchando contra su disminución y desmantelamiento a la vez que se ofrece una *alternativa transformadora* a un capitalismo incapaz de sostenerlo, terminará por reducirse a la mínima expresión compatible con su funcionamiento, que es lo que han hecho, y hacen, las políticas de *austeridad*. Una *jibarización* que forma parte de la salida *neoliberal* a la crisis. Pero tiene razón cuando señala que el *Estado del Bienestar* no es sostenible dentro de los *limites,* y con las *limitaciones,* del capitalismo financiero global que domina actualmente la economía. Otra cosa son las conclusiones que saca de ello.

Frente a la critica *funcionalista* y *moral,* Marx analiza la naturaleza del *sistema productivo* capitalista, busca las razones prácticas de su comportamiento, más allá de la actitud individual de los capitalistas, y *desenmascara* sus coartadas *ideológicas.* Es decir, investiga las causas por las que se generan los efectos *inmorales* del capitalismo, más allá de la actitud *ineficiente, egoísta* o *desalmada* de los empresarios. Algo que el *mercado* no puede *neutralizar* tal como pensaban los economistas *liberales,* para quienes las *perdidas* y *desarreglos* eran temporales y, finalmente, las *mercancías* se terminan distribuyendo de forma que la sociedad obtenga el mayor *beneficio.* Un adelanto de los que se conoce como *óptimo de Pareto.*[32] Y desvela la *ficción* de que el mercado *libre* convierte en *bien común* el interés particular. Esta ensoñación *liberal* solo podría ser factible en una sociedad de hombres puros, sobrios, austeros y !robotizados!, donde tanto el incentivo del *beneficio* como del *consumo* estuvieran regidos por el *bien común.*[33] Al contrario, es precisamente el predominio del interés *particular* de los capitalistas, asentado en su *propiedad* de los *medios de producción*, la principal causa de las *maldades* (junto a las *bondades,* que también reconoce) del *sistema* capitalista. Es decir, del análisis de Marx se desprende la necesidad de *transformar* el *sistema productivo* capitalista si se quiere erradicar definitivamente sus *inmorales* efectos *destruc-*

tivos, por lo que vincula *crítica* teórica con *praxis* revolucionaria. En su famosa Tesis XI sobre Feuerbach señala: *Los filósofos no han hecho más que interpretar de diversos modos el mundo, pero de lo que se trata es de transformarlo.*[34] Y admite que es precisamente ese común rechazo *moral, humanista,* y *radical,* de *marxistas, anarquistas, socialistas utópicos, reformadores, blanquistas,* incluso *jacobinos de izquierdas,* lo que hace posible y necesario el juego de *alianzas políticas* en el *horizonte* de la *transformación socialista* del capitalismo, tal como ocurrió en la breve y dramática experiencia de *La Comuna de París.* Yo añadiría que hoy ese juego *variable* y *dinámico* de alianzas incluye a *marxistas, cristianos por el socialismo, anarquistas, ecologistas, feministas, populistas de izquierdas* y *socialdemócratas,* en una *confluencia socialista* capaz de aglutinar a la inmensa mayoría de la población.

Pero aunque la lucha contra los efectos *perversos* del capitalismo, y la urgente adopción de medidas *paliativas,* sea una necesidad imperiosa que debe unir a todos los afectados, y a los que sin serlo, o siéndolo en menor medida, cuestionan su *moralidad,* la vigencia del *marxismo* de Marx no depende de ello, ni de que el balance entre lo *positivo* y *negativo* del sistema *productivo* resulte claramente inclinado a lo último. Es decir, no es una cuestión de *moralidad* (que también) sino de *funcionamiento.* No se trata de que el capitalismo sea *bueno* o *malo* (hay razones objetivas para argumentar ambas cosas),[35] sino de su *eficacia* a la hora resolver los problemas que genera en su funcionamiento. Y hacerlo de forma que atienda el bienestar general. Su permanente *actualidad* solo puede ser fruto de lo correcta y adecuada que sea su formulación del *mecanismo evolutivo de las sociedades humanas,* y de la *praxis* que de tal mecanismo se deriva a la hora de *desbordar* el capitalismo y *transformarlo* en un nuevo *sistema social*. Es decir, la teoría de Marx sigue vigente porque es una teoría *científica,* lo que incluye la dimensión *moral* y *humanista.* Tal vez ya no tenga sentido la distinción entre socialismo *utópico* y socialismo *científico* establecida por Marx, dado que no parece estar sobre la mesa de los *utópicos* ni siquiera la mera posibilidad de cambio de *modelo* de sociedad, por mucho que haya partidos que siguen llamándose socialista y obreros, y otros que no saben qué proponer perdido el *modelo* soviético. El hallazgo *germinal* de Marx a la hora de encontrar la razón de los conflictos de la *sociedad capitalista* fue comprender que la razón de dichos conflictos no estribaba en una inadecuada, o perversa, *materialización* de la *Idea hegeliana,* sino que se encontraba en la propia *estructura económica.* Y que no era el *sufrimiento* del proletariado lo que le otorgaba el papel histórico de *sujeto* fundamental del cambio *revolucionario,* sino la *posición* que ocupaba dentro del *sistema productivo.*[36] En años sucesivos, y según profundizaba en el estudio de la *economía política,* iría *afinando* su teoría. Para, finalmente, descubrir que el propio capitalismo lleva en sus entrañas las fuerzas de su *transformación,* y que en su mismo desarrollo se crean las *condiciones* para ello. Una *transformación* que no es consecuencia *directa* del progreso económico, ni resultado de la acción *automática* del *mecanismo evolutivo,* la relación *dialéctica* entre **fp-rp**, sino de la acción *consciente* de los trabajadores, la parte mayoritaria de la sociedad interesada en dicha *transformación.* En palabras de Marx, *los proletarios no tienen nada que perder en ella más que sus cadenas. Tienen, en cambio, un mundo que ganar.*[37] Por eso el *marxismo* de Marx no es solo una *teoría evolutiva de las sociedades humanas,* sino -y a la vez- una *praxis revolucionaria.* Incluye la *acción consciente,* la *voluntad de poder* de los *sujetos*, únicos *ejecutores* de la *evolución* social.[38] Este aspecto *volitivo* debería haber sido suficiente para impedir todo tipo de interpretación *mecanicista* del proceso histórico, todo *voluntarismo* y *economicismo* de la acción política, pero desgraciadamente no ha sido así. Y las distintas manifestaciones de *determinismo economicista, voluntarismo izquierdista, idealismo dualista, sectarismo doctrinario* han terminado por convertirse en formas de *encadenamiento* de Marx que es preciso romper para recuperar su validez universal.

Razones para la vigencia de Marx

Dicho lo cual (sobradamente conocido por otra parte), cabría preguntarse qué tiene el *marxismo* de Marx que no tenga ninguna otra teoría sobre la *sociedad capitalista*, sus luchas internas, sus instituciones políticas, y sus evolución. Si obviamos las respuestas simplistas, de manual, que la realidad se empeña en desmentir, vemos que la cuestión no está tan clara. Resulta evidente que no se trata de la idea de una *revolución social*, que es anterior a la obra de Marx. Ni siquiera lo es la noción de *comunismo*, tal vez la primera forma de sociedad, que instaurara Licurgo en Esparta, propusieran en el siglo XVI los *colectivistas* agrarios, describiera Tomás Moro en su *Utopía*,[39] o que intentara durante la Revolución Francesa el periodista y político Babeuf (1760-1797) con su *Conspiración de los iguales* (Conjuration des Égaux) mediante la que pretendía implantar una comunidad de bienes y de trabajos, eliminando la propiedad privada, por poner algunos ejemplos. El incipiente movimiento obrero ingles y francés había adoptado ya algunas premisas *socialistas,* tomadas de Robert Owen, Henri de Saint-Simon, Charles Fourier, Flora Tristan y Étienne Cabet, cuando Marx era aún un *hegeliano de izquierdas*. De hecho, cuesta pensar en una sola característica *política* que sea exclusiva de su pensamiento. Desde luego, no lo es la idea del *partido revolucionario*, que fue legada por la Revolución Francesa. Marx, además, tiene muy poco que decir a ese respecto. ¿El concepto de *clase social* tal vez? Tampoco, porque el propio Marx negó (y con razón) ser el inventor del concepto. Es cierto que efectuó una importante redefinición, dotando de sentido *histórico* a la idea de *clase social* en tanto que *motor* del cambio, tal como reza el *Manifiesto Comunista*. Como tampoco fue el primero en concebir la idea de *proletariado,* que ya era manejada por diversos pensadores del siglo XIX.[40] Ni en explicar los mecanismos de la *producción capitalista*, que tomó en gran medida de David Ricardo (1772-1823) y su macabra Ley de Hierro de los Salarios. Su concepto de *alienación* deriva de la filosofía hegeliana, y fue avanzado en su momento por el gran socialista y feminista irlandés William Thompson (1775-1833). Igualmente, Marx no es el único que atribuye una *prioridad* especial a lo *económico* en la vida *social*. Por supuesto, cree en una sociedad cooperativa y sin explotación, establecida y gestionada por los propios productores, y sostiene que ésta solo podría materializarse mediante la *revolución* y toma del poder por parte de la *clase obrera*. Pero también lo pensaban *anarquistas, comunistas* y *socialistas libertarios*, entre otros, y que rechazaron con vehemencia el *marxismo*. Ni siquiera es suya la idea de que la *historia* de la humanidad es una sucesión de *modos de producción*, un progreso *lineal* que va de la sociedad *esclavista*, a la *feudal, capitalista, socialista*, y *comunista*.[41]

En los últimos treinta años de su vida, desde 1844, cuando escribe los *Manuscritos económicos y filosóficos,* a 1875 con su *Crítica del programa de Gotha* (los tomos II y III de *El Capital* fueron publicados por Engels tras su muerte), Marx desarrolla un ingente trabajo teórico que es mucho más que un elaborado análisis del capitalismo, de la *lucha de clases* y su papel histórico, de los *sistemas productivos* y las *relaciones de producción*, del Estado *burgués* y la revolución *proletaria*, y del avance al *comunismo*.[42] Se trata fundamentalmente de un teoría *científica*, inscrita en el pensamiento y la confianza en la ciencia del siglo XIX, más concretamente, en una descripción mecanicista del mundo, sobre los mecanismos *evolutivos de las sociedades humanas*, tan *sencilla*, que no *simple*, como la de Darwin sobre la *evolución de la especies*, al mismo tiempo que una visión *política* de los *agentes* y *sujetos* de dicha *evolución*. Lo paradójico es que haya enérgicos defensores del *marxismo* y firmes denunciantes del *dogmatismo*, de los *manuales simplistas*, de sus manifestaciones tanto *voluntaristas* como *mecanicistas*, o de las especulaciones *estructuralistas* o *postestructuralistas*, que siguen empeñados en unir la pervivencia del *marxismo* a la veracidad *científica* de algunos de sus postulados tan vagos, poco originales y discutibles, como la *teoría del valor*, la *plusvalía*, la *dialéctica hegeliana*, la división entre *estructura* y *superestructura*, *determinación y sobredeterminación,* etc. Los intentos de separar el *grano* de la *paja*, para *salvar* el marxismo, no son nuevos: el filósofo húngaro Imre Lakatos (1922-1974) diferencia lo que sería el *núcleo duro* de la *teoría marxista,* como la *lucha de* clases, la *plusvalía*, y la naturaleza del *Estado*, de las especulaciones *tangenciales* referidas al *partido revolucionario,* la *conciencia refleja*, la *aristocracia* obrera, y demás conceptos que podrían ser refutados sin poner en peligro ese *núcleo duro*. A su vez, su compatriota György Lukács (1885-1971) consideraba que la concepción *epistemológica* de Marx, el *materialismo dialectico*, es lo que define la *ortodoxia marxista*. El *politólogo* argentino Atilio

47

A. Boron se muestra, por su parte, tajante: *Si la teoría de la plusvalía fuese refutada, la construcción metodológica del marxismo se vería irreparablemente dañada; si se llegase a demostrar que el método dialectico es un mero recurso retorico y no una estrategia válida de reconstrucción de lo real en el plano del pensamiento, las tesis centrales de la teoría marxista difícilmente podrían sobrevivir.*[43] Finalmente, no sirven de mucho, salvo para *irse por las ramas,* los intentos de *apuntalar* el marxismo recurriendo al *psicoanálisis* o a la *lingüística.* Aunque, eso sí, han provocado muy interesantes y sofisticadas elucubraciones filosóficas capaces de animar las aulas de numerosas universidades, como las del *hiperactivo* y *mediático* esloveno Slavoj Žižek.

En mi opinión, se trata, cuanto menos, de propuestas y juicios de valor bastante arriesgados. Sobre todo porque algunos de esos supuestos teóricos *intocables,* so riesgo de que el edificio marxista se venga abajo, fueron adoptados por Marx de otros pensadores. Por ejemplo, la teoría del *valor-trabajo,* pilar de la teoría económica *clásica,* la formuló Adam Smith al señalar que la verdadera riqueza de un país era la actividad del hombre, es decir el *trabajo,* y éste la única fuente del *valor.* Así, la cantidad de *trabajo* incorporada a cada mercancía era *la medida real del valor intercambiable de todos los bienes.* También hizo hincapié en la distinción entre *valor de uso* (utilidad que un bien proporciona al que lo tiene) de una mercancía, y su *valor de cambio* (capacidad para permutarlos por otros), siendo éste último el significativo, *cuantificable* mediante el *precio.* Lo mismo puede decirse del concepto *acumulación de capital,* descrito por Smith en su *teoría circular de la renta:* los *patronos* (capitalistas y terratenientes) adelantan el capital para la maquinaria, materias primas y el trabajo necesario para elaborar las mercancías → los *trabajadores* cobran su salario con el que adquieren los productos necesarios para subsistir → los *patronos* recuperan lo adelantado más un *beneficio*, lo que les permite reiniciar el ciclo. Para que el proceso funcione es necesario permitir que actúen las *leyes económicas* del capitalismo, que son acordes con la *naturaleza* humana: la libre iniciativa individual, movida por el deseo de lucro, y la libre competencia en la producción y en los precios. Basándose en el país más desarrollado de su tiempo, la Inglaterra de la I Revolución Industrial, Adam Smith constata que los individuos, al buscar su propio provecho, favorecen, aunque sin necesidad de proponérselo, el interés general de la sociedad. Así, el *egoísmo* individual se enlaza con el *determinismo* social, y los fenómenos económicos se hallan sujetos a leyes, tal como ocurre con los naturales. El capitalismo, concluyen los teóricos *liberales,* permite que la actividad económica beneficie a toda la sociedad ya que todos obtienen ventajas: los obreros pueden moverse libremente dentro de los países en busca del trabajo mejor pagado, los patronos lograr su *beneficio* como capitanes de la libre empresa, y los consumidores conseguir bienes baratos. Es el efecto beneficioso del *laissez faire,*[44] un proceso guiado por la *mano invisible* del mercado que neutraliza las *naturales* tendencias *egoístas* de los humanos,[45] y crea la necesaria *armonía* y equilibrio social para que *progresen* las naciones. En este sentido, el *neoliberalismo* es una *vuelta a los orígenes* frente a la excesiva regulación y actividad económica del Estado.[46]

En cuanto a la *plusvalía,* ya era contemplada por los *fisiócratas,*[47] si bien es David Ricardo quién primero describe su naturaleza a partir de la idea de Adam Smith de *valor.*[48] Marx introduce la distinción entre *fuerza de trabajo* y *trabajo* a la hora de analizar la *plusvalía,* lo que le permite describir la forma que adopta la *explotación* humana en el capitalismo.[49] Ciertamente, Marx dio un paso más allá de donde se atrevió a llegar Ricardo, un *liberal* consecuente al fin y al cabo. Pero ni los *valedores* más fanáticos del capitalismo niegan que una parte de la riqueza producida se la apropia el empresario, aunque argumentan que está más que *justificada* (aunque no siempre sea *justa)* por su decisivo e imprescindible papel en el *sistema productivo,* bien como *inversor* del capital necesario para la actividad económica, bien como impulsor y creador de las empresas, lo que supone asumir *riesgos* y dedicar tiempo y *trabajo* personal a la tarea. Para el *liberalismo económico* solo cabe hablar de *abuso* en el reparto de la riqueza, algo que ya denunciara Adam Smith, y que hoy *preocupa* hasta al FMI, pero no de *explotación.*[50] La *plusvalía,* por tanto, formaría parte *natural* del sistema económico. Nada que ver con que la *explotación* sea el resultado de la propiedad *privada* de los *medios de producción.* Pero es que la *plusvalía* no es una característica *exclusiva* del capitalismo. No *desaparece* en el *socialismo,* ya que si *todo* lo que se produce se lo quedaran *exclusivamente* los trabajadores, el *sistema socioeconómico* resultaría inviable. Con ello se dejaría al Estado sin recursos para financiar lo *público,* que es la forma en que se *socializa* parte de la riqueza en el capitalismo, lo que explica la *aversión neoliberal* a pagar impuestos, y sus intentos de reducir al *mínimo* el Estado, *liberalizando* sus actividades más rentables bajo pretexto de que la empresa privada lo hace mejor y más barato. De hecho, en el *socialismo,* el Estado seguirá captando *plusvalía,* incluso de manera más intensa y amplia, dada la dimensión creciente de lo *publico,* si bien cambia su *utilización, reparto* y *gestión,* de forma que la *plusvalía* termina *retornando* completamente a la sociedad. Eso sin hablar de los cambios que la *Revolución Digital* introduce en el *sistema productivo*. En un modelo *robotizado* y *automatizado,* el concepto de *plusvalía* ligada al trabajo humano carece de sentido. Por eso ya hay quien habla de aplicar un *impuesto* a los robots. Europa, ante la implementación acelerada de la *Inteligencia Artificial* (AI) en las empresas, está estudiando la posibilidad de gravar a ciertas máquinas, e implementar los necesarios cambios legislativos necesarios para ello. En cualquier caso, el debate está servido.[51]

Por supuesto, los economistas *liberales* aceptaban que la *dialéctica* entre *capital* y *trabajo* generaba una dura *pugna* a la hora de cerrar los contratos de empleo, y que es bueno que así sea mientras no se superen ciertos *límites* referidos al *beneficio* y la *competitividad*. Y no temen reconocer que los empresarios suele tener la *tentación* de *abusar* por su posición *privilegiada,* algo que Adam Smith no dudó en denunciar. Sin embargo, el mercado *libre* actuaba como un agente *justiciero* de forma que, al final, el reparto de la riqueza sería *justo*. Marx desveló la carga *ideológica* de los teóricos *liberales* a la hora de analizar la realidad socioeconómica del capitalismo, señalando que la *explotación* no desaparecía por mucho que aumentaran los salarios, ya que hacerlo hasta abarcar la totalidad del trabajo realizado impediría la *acumulación de capital* que impulsa su desarrollo. El fin de la *explotación* significaba el fin del capitalismo. Pero pese a estas importantes diferencias, la economía *clásica* y *neoclásica*, la readaptación *keynesiana*,[52] así como la aportación del *marxismo*, tienen bases teóricas comunes, si bien discrepan en sus derivaciones *políticas* y *prácticas*. Y todas se sustentan sobre un presupuesto erróneo: la concepción *lineal* de los *sistema económicos*, cuando se trata de *un sistema complejo, dinámico, abierto* y *no-lineal*, donde los resultados *finales* no son *predecibles*, sino *probables*, aunque los economistas de una u otra escuela (clásica, neoclásica, keynesiana, etc.), se sorprendan cada vez que los hechos desmienten la teoría. Unos resuelven la *molestia* diciendo que no se trata de una *ciencia exacta*, otros afirmando que la economía no es *ciencia*. Pero ambos no se cortan un pelo a la hora de pontificar sobre cuáles son las políticas económicas *correctas* y cuales *utópicas*.

Finalmente, unas palabras sobre el *método dialéctico*, piedra angular del pensamiento en Marx, y que ha sido causa de profundas y sesudas discusiones entre las distintas *escuelas* marxistas, particularmente en la Europa occidental de la segunda mitad del siglo pasado. En primer lugar, conviene no olvidar que la *dialéctica* no deja de ser una *construcción* mental,[53] de gran utilidad en algunos casos, pero discutible como *explicación* de los procesos históricos (no digamos *naturales,* como intentó demostrar Engels).[54] Las cosas no ocurren *dialécticamente,* sino que algunos fenómenos pueden explicarse *dialécticamente*. Poner patas arriba la *dialéctica* de Hegel permitió a Marx priorizar lo *material* sobre lo *espiritual*, pero introdujo el *dualismo* en el planteamiento, sin desprenderse por ello de su contenido *idealista*. Simplemente, *invirtió* los términos de la *dualidad,* convirtiendo lo *espiritual* en *producto* de lo material. Así, en *El Capital* señala: *En Hegel la dialéctica está puesta de cabeza. Es necesario darla vuelta, para descubrir así el núcleo racional que se oculta bajo la envoltura mística*.[55] En todo caso, resulta inaplicable a la *teoría de los sistemas complejos no-lineales,* o en la *física cuántica*, por poner dos ejemplos. Considerar el *método dialéctico* como la expresión del *movimiento* de la *realidad material* no es más que *hegelianismo invertido*, operación de la que se vanagloriaba Marx, mediante la cual conseguía despojarle de su *idealismo*, como las monedas caen de los bolsillos del pantalón cuando se les da la vuelta. El propio Marx lo explicó con claridad en *El Capital*:

> *La mistificación que sufre la dialéctica en manos de Hegel en modo alguno obsta para que haya sido él quien, por vez primera, expuso de manera amplia y consciente las formas generales del movimiento de aquélla. En él la dialéctica está puesta al revés (...) En su forma mistificada la dialéctica estuvo en boga (...) porque parecía glorificar lo existente. En su figura racional, es escándalo y abominación para la burguesía y sus portavoces doctrinarios, porque en la intelección positiva de lo existente incluye también, al propio tiempo, la inteligencia de su negación, de su necesaria ruina; porque concibe toda forma desarrollada en el fluir de su movimiento, y por tanto sin perder de vista su lado perecedero; porque nada la hace retroceder y es, por esencia, crítica y revolucionaria.*

Sin duda, insistir en que todo está en permanente *movimiento*, algo que ya defendió Heráclito, puede inquietar a quienes, como los hegelianos *conservadores*, pensaban que el proceso de realización del *Espíritu*, la *Nación*, la *Idea*, o el *Absoluto* había llegado a su fin con el Estado prusiano y su peculiar forma de capitalismo. Pero no justifica ni explica por qué la naturaleza y la historia se mueven dialécticamente, al menos en el sentido de Hegel: *tesis* ⟵⟶ *antítesis* ⟹ *síntesis,* que se vuelve a su vez *tesis,* etc. Un átomo, por ejemplo, no constituye una *unidad y lucha de contrarios* (protón y electrón), sino un *sistema complejo* en el que sus componentes poseen la *dualidad* cuántica *onda-partícula,* ni experimentan *síntesis superadoras.*[56] Y lo mismo pude decirse de los fenómenos químicos, biológicos y sociales, así como naturalmente, del *sistema productivo* capitalista. Éste no puede ser *reducido* a una simple lucha de contrarios: *obreros* y *patronos*, *proletariado* y *burguesía*; ni las contradicciones y luchas entre las *clases sociales* se resuelven necesariamente en una *síntesis superior*, pues la *transformación* del *sistema socioeconómico* es un proceso *complejo no-lineal abierto* en el que *interaccionan* numerosos elementos y *sistemas*. Confundir la *descripción* de un fenómeno *complejo*, que siempre es una *ideación* más o menos ajustada a la realidad (siempre necesitada de reajustes) con el fenómeno es como pensar que las *ecuaciones* de Einstein sobre la *relatividad general* son la *gravedad* que explica. Se trata, en realidad, de una forma, de *idealismo*. Sin duda Marx, un pensador riguroso y nada complaciente consigo mismo, habría reconsiderado su idea *hegeliana* de la *dialéctica*, de haber conocido los progresos científicos en el campo de la física y la mecánica. Pero el marxismo *dogmático*, y buena parte de los marxistas *clásicos*, como hemos visto, elevaron la *dialéctica marxista* a la categoría de *principio universal*, cuya refutación supondría el derrumbe de todo el edificio teórico. Sin comprender que, al hacerlo, ellos mismos se convierten en agentes de la demolición.

Marx, humano a fin de cuentas, era a menudo ambiguo, otras inconsistente, las menos contradictorio; y cambió de parecer en cuestiones tanto grandes como pequeñas, o las formuló de forma distinta. Pero no pretendo entrar en el debate sobre estas cuestiones de las que, por otra parte, existe ya abundante y prolija literatura, como he señalado en la Introducción. Me basta, por ahora, con indicar los riesgos que se corre al obviar (o negar) el valor *científico* de la teoría Marx sobre el *mecanismo de la evolución de las sociedades humanas,* aunque la haya enunciado de forma poco desarrollada pese a su trascendencia, y de que era consciente de que lo que se traía entre manos. Ante la aparición del libro *El origen de las especies* de Darwin le escribe a Engels: *En este libro se encuentra el fundamento histórico-natural de nuestra concepción.*[57] Y no duda en reconocer la relación existente entre sus trabajos y los del naturalista inglés:

> *Darwin ha dirigido el interés sobre la historia de la tecnología natural, es decir, sobre la formación de los órganos vegetales y animales como instrumentos de producción de la vida de las plantas y de los animales. ¿No merece igual atención la historia de la formación de los órganos productivos del hombre social, base material de toda organización social particular?, Y no seria mas fácil de hacer, pues, como dice Vico, la historia de la humanidad se distingue de la historia natural por el hecho de que hemos hecho una y no hemos hecho la otra.*[58]

En esta misma idea abunda Lenin, para quien lo mismo que Darwin, al descubrir la *mutabilidad* de las especies y su continuidad, puso fin a la opinión de que animales y plantas no tienen ninguna ligazón, son inmutables, *obra de Dios*, otorgando por primera vez a la biología una base científica, también Marx, con su idea de *formación socioeconómica* (conjunto de determinadas *relaciones de producción*), puso fin a la concepción de que la sociedad es un *agregado* de individuos que permite toda clase de cambios por la voluntad de jefes, dirigentes o líderes providenciales, y sentó con ello el principio de que el desarrollo de la *sociedad* es un proceso *natural*. Esta idea de proceso *natural* propiciaría la transposición *mecánica*, *cientificista* pero no *científica*, de los procesos que dan origen a las *especies*, a la *evolución* de los *sistemas productivos*, obviando que los primeros son *biológicos,* mientras que los segundos son *cultura-les.* Para los marxistas *dogmáticos,* la *evolución* crea *sistemas productivos* como la naturaleza produce insectos, reptiles, aves y mamíferos.

Así las cosas, parece evidente que la *vigencia* actual del *marxismo* no puede fundamentarse en que la teoría del *valor-trabajo* y el concepto de *plusvalía* sean o no acertados, ni en la pertinencia del *método dialéctico* para analizar la realidad. Ni esperar que la *desigualdad,* con su cohorte de *pobreza, exclusión,* y *precariedad,* y los graves daños *medioambientales* de una actividad económica globalizada y fuera de control, lo hagan. Aunque todo ello muestre y demuestre la verdadera *naturaleza* del *sistema productivo* capitalista, y nos exija combatir unos efectos *negativos* que ninguna *mano invisible* puede anular. Solo es posible pensar en la *vigencia* de Marx, ayer, hoy y mañana, si su teoría sobre los *mecanismos* que rigen la *evolución de las sociedades humanas* es correcta. Al menos tan correcta como la formulada por Darwin para el *origen de las especies.* Lo cual no significa que ya esté todo dicho, y mucho menos hecho. Pero resulta peregrino pensar que puede desarrollar una *praxis* política exitosa si no se conoce los mecanismos *evolutivos* de la sociedad. Porque aquí no actúan fuerzas *ciegas* de la naturaleza, no juega el *azar* un papel fundamental, sino que la *evolución social* es obra *consciente* de sus componentes. Será lo que decidamos, y logremos, sin más *selección* que el *acierto* a la hora de plantear y ejecutar nuestros propósitos. Es decir, la adecuación entre la *simulación de futuro* (en este caso *socialista*) y las condiciones *socioeconómicas* concretas para llevarlo a cabo. Lo que, como veremos en el III Capítulo, pasa por romper con la *subyugación* de la *ideología dominante y* conquistar *la hegemonía.*

Aquí debemos reconocer que, al menos en los países capitalistas desarrollados, el asunto de la *vigencia* o no del *marxismo* ha sido apartado, en el mejor de los casos, a un lado por los partidos políticos de la *izquierda radical* y los *movimientos sociales*, cuya acción se circunscribe a la defensa del puesto de trabajo, la lucha por los salarios, la mejora de las condiciones laborales, y la defensa de las prestaciones sociales y los derechos de las minorías. Es decir, el *movimiento obrero* en particular, y los *trabajadores asalariados* en general, se han movido dentro de la *lógica* del *sistema capitalista,* sin otro *horizonte* que defenderse de los efectos de la *crisis* y las medidas *neoliberales* para superarla, a costa de la *deflación salarial* y la *precariedad*; pero sin que su lucha suponga poner en peligro el *sistema productivo*. Esta *limitación ideológica* del terreno de juego ha sido posible porque la *transformación* del capitalismo en un *sistema socioeconómico* superior, el *socialismo,* ha dejado de ser una posibilidad *creíble* para la mayoría de los trabajadores, no digamos para las llamadas *clases medias*. Y eso pese a que el *sistema capitalista,* sin negar los avances sociales conseguidos por la lucha reivindicativa y la acción política de los partidos de izquierda, ha demostrado sobradamente su *incapacidad* para atender las demandas de los trabajadores, las mismas que el propio *sistema* genera. Ciertamente, las *externalidades negativas* impulsan las protestas, agudizan la *lucha de clases*, y plantean la cuestión *política* de si no hay otra forma de producir riqueza. Pero las causas de la *desigualdad económica,* la *precariedad laboral,* la *pobreza crónica* y *exclusión social,* la *injusticia* en el *reparto* de la riqueza en suma, se encuentra en la naturaleza del propio *sistema productivo*, cuyo núcleo son las relaciones **fp-rp**. Describir ese mecanismo *evolutivo* es merito de Marx, y la razón de su *vigencia*. Lo que nos lleva al tema central de éste capítulo: cómo entender el *sistema socioeconómico* capitalista más allá de la descripción de su *funcionamiento*.

Una visión lineal y dualista

Para entender cabalmente la pertinencia del *mecanismo evolutivo* propuesto por Marx y comprender las *leyes* que lo rigen, es necesario desprenderse de la visión *lineal* y *dualista* que dominaba el pensamiento científico de su época, donde el *movimiento* en la naturaleza se regía por el *modelo* de Newton. Marx encuadra sus investigaciones, y formula sus tesis, dentro del marco dominante de las *ciencias naturales,* lo que le obliga a sustentar las afirmaciones teóricas en proposiciones *científicas* basadas en hechos y datos. Por eso, su actividad intelectual se orienta a demostrar *científicamente* la validez de sus ideas. Ese espíritu, derivado de la *Ilustración,* es el que le permite establecer las líneas *maestras* del *mecanismo evolutivo de las sociedades humanas,* al igual que Darwin lo hizo con la *evolución biológica,* tratando de desarrollarlas, argumentarlas, y documentarlas como el *naturalista* inglés. De ahí su dedicación intensa y prolongada al análisis de la *naturaleza* del capitalismo de su tiempo, lo que culminaría con la redacción de *El Capital.* Sin embargo, la amplitud de la tarea y la actividad política como cofundador y dirigente de la I Internacional de los Trabajadores (PIT), le resta tiempo para centrarse en *fundamentar* suficientemente su novedosa y revolucionaria teoría. Por otra parte, las *evidencias* con las que contó Marx no eran tan fáciles de encontrar en el terreno, siempre *opinable* y *discutible,* de la historia. Si para reconstruir la *evolución* de la especie *homo* se precisa de varias disciplinas científicas como la *antropología* física (restos óseos), la *arqueología* (útiles, herramientas, pinturas, construcciones), la *biología* molecular y la *genética* (procesos de *hominización* y biodiversidad), y la paleobotánica (entorno medioambiental), para entender la *evolución* de las *sociedades humanas* es necesario tener en cuenta las aportaciones *multidisciplinares* de las *Ciencias de la Complejidad,* la *Teoría de Conjuntos,* las *Ciencias Sociales y Culturales,* incluso las *Ciencias de la Información y Computación* (IA). Pero Marx a lo único que tenía acceso (en la sala de lectura del Museo Británico) era a estudios y datos del *sistema productivo* capitalista elaborados por pensadores y economistas *liberales,* referidos fundamentalmente a la fase de su desarrollo correspondiente a la I Revolución Industrial, y a ello dedicó sus mayores esfuerzos. El resultado es un conjunto disperso de formulaciones brillantes y profundas, básicamente acertadas, aún cuando el trabajo teórico contenga dosis elevadas de *idealismo,* así como contradicciones y deducciones arriesgadas, cuyo análisis no vienen a cuento, ni es necesario para las intenciones de este libro.

Marx formuló su teoría de la *evolución de las sociedades humanas* en distintas ocasiones, aunque las más explicitas se encuentran en la *Miseria de la Filosofía* y en el *Prefacio de la Contribución a la crítica de la economía política,* tal como he señalado en la Introducción. Pero estas formulaciones contienen más preguntas que respuestas. Por ejemplo, como señala Marilena Chaui, profesora del Departamento de Filosofía de la Universidad de São Paulo, Marx oscila en la búsqueda del factor de cambio: habla del desarrollo de las *fuerzas productivas,* pero tiene que reconocer que, aun cuando este desarrollo modifique la configuración de las *relaciones sociales,* no modifica la forma *comunitaria;* por eso recurre a otros factores, como la migración y la guerra, y alterna la afirmación de un tiempo endógeno y un tiempo exógeno.[59] Por otra parte, mientras en la *Crítica de la filosofía del derecho de Hegel* y en *La ideología alemana* Marx insiste en la diferencia esencial entre el *sistema productivo* precapitalista y capitalista, esa distinción no está tan clara en los *Grundrisse*. En todo caso, para Marx las *fuerzas productivas* se refieren a la *relación* del hombre con la naturaleza, el *trabajo*, mientras que la *relaciones de producción* se refieren a las *formas* del *proceso productivo*, básicamente la *propiedad*, que se manifiesta como *dominación* pero que, a su vez, *garantiza* la existencia de la *comunidad*. Y sobre la *propiedad* se tejen las relaciones *comunitarias* de *poder, jerarquía* y *dominación-sumisión ideológica*. En suma, el *modo de producción* lo caracteriza el *trabajo*, mientras que la *forma de producción* está determinada por la *propiedad*. Ahí radica la *contradicción fundamental* del *sistema social*, una vez superado el llamado *comunismo primitivo*. Es la *contradicción* entre *producción* y *apropiación* del *excedente* generado por las *fuerzas productivas*, cuya manifestación es la *lucha de clases*. Así lo proclama en el *Manifiesto Comunista*.

Ahora bien, en su formulación, Marx incurre en algunas inconsistencias. Por ejemplo, el desarrollo de la *lucha de clases* no implica necesariamente la *transformación* del *sistema productivo*, ya que no es el *motor* de la *evolución*, sino su *manifestación* en la sociedad clasista. Y no lo es, entre otras razones, porque eso significaría que no hubiera sido posible superar la etapa del *comunismo primitivo*, ni el *sistema productivo* podría seguir *evolucionando* posteriormente en el *socialismo* y el *comunismo*, donde la humanidad alcanzaría su plena realización. Aquí Marx recupera la visión *finalista* de Hegel, pero puesta del revés. Al mismo tiempo, como ya he citado en la Introducción y vuelvo a repetir, Marx formula claramente como actúa el *mecanismo evolutivo*:

> *En una determinada fase de su desarrollo, las capacidades productivas materiales de la sociedad entran en conflicto con las relaciones de producción existentes o –y esto no*

es sino una expresión legal de lo mismo—
con las relaciones de propiedad dentro de
las cuales aquellas han operado hasta en-
tonces. De haber sido medios para el desa-
rrollo de las capacidades productivas, estas
relaciones se convierten en barreras. En-
tonces sobreviene una época de revolución
social.[60]

Por tanto, lo que permite la *transformación* del *sistema productivo,* su verdadero *motor,* es la *relación conflictiva* que puede llegar a darse, y en la medida en que eso ocurra, entre **fp-rp**. Las *tensiones, fluctuaciones, turbulencias, caos y crisis* del *sistema productivo,* y las *luchas de clase* que ello genera, lo que hacen es *presionar* para que dicha *transformación* pueda llegar a producirse, pero no garantizan *mecánicamente* que vaya a ocurrir. Es necesario que suceda lo que Marx llama una *revolución social,* la conquista por los trabajadores del *poder político.* Es decir, tenemos un *motor* que genera la *posibilidad* de *transformación* del *sistema productivo* y un *mecanismo* específico para que ocurra. Una característica común, por otra parte, de los procesos *evolutivos.* En el caso de la *sociedad capitalista* desarrollada, el factor movilizador de mayor impacto es la *desigualdad* (curiosamente, los teóricos más lúcidos del *neoliberalismo* se han percatado de ello antes que algunos teóricos marxistas). Así, las *disfunciones* que provoca un *sistema socioeconómico* capaz de generar *expectativas* sociales que no pude satisfacer, mientras aumenta la *brecha* entre los que más tienen y el resto de la sociedad, resulta inaceptable para la gran mayoría de los ciudadanos; lo que *promueve* la aceptación por los trabajadores de un nuevo *modelo* de sociedad.

De todas formas, que la *relación conflictiva* **fp-rp** sea el *motor* de la *evolución* no significa que sea el *único* factor de cambio. El más importante y trascendental es el comercio, verdadero *difusor* de la *cultura*, las innovaciones tecnológicas y el conocimiento científico. En cierto sentido, la historia de la humanidad es la de su comercio. Desde sus inicios en el *neolítico*, y gracias al desarrollo de la agricultura y la generación de excedentes, se pudo intercambiar *mercancías* entre distintas grupos humanos mediante trueque, lo que supuso también un intercambio de técnicas e innovaciones productivas, como la alfarería, el trabajo del bronce y hierro, la rueda, el torno, la navegación, la escritura, nuevas formas de urbanismo, y un largo etcétera, propiciando las divisiones sociales entre agricultores, artesanos, comerciantes, guerreros, registradores, burócratas... Sin el comercio no existiría la moneda, aparecida en torno al año 600 a. C., ni las cartas de pago, o letras de cambio, lo que permitió su expansión y la creación de rutas comerciales y expediciones para descubrir nuevos territorios. Finalmente, el comercio ha sido la causa principal de la *globalización*, tanto económica como científica, tecnológica, y social. Cuando el comercio se reduce (*autarquía*), las sociedades se estancan y exponen a la desaparición. El comercio ha conocido bajo el capitalismo un desarrollo imparable, impulsando el progreso, creando organismos internacionales de regulación (OMC), en un proceso de *homogenización cultural* sin precedentes. Pero también ha generado guerras, colonialismo y explotación.[61]

En algunos casos, el *sistema productivo* se ha impuesto por la fuerza sobre una sociedad más atrasada que, sin embargo, suele conservar sus viejos *modos de producción* durante un tiempo. Sin duda, las *fuerzas productivas* pueden estancarse, incluso retroceder por factores *exógenos* y *endógenos,* en cuyo caso el *sistema socioeconómico* y sus *relaciones de producción* permanecen prácticamente inalterables, como ocurría hasta hace poco en las tribus de la amazonía, o en África y Oceanía. Sin embargo, lo habitual es que se desarrollen paulatinamente, *reconfigurando* las *relaciones de producción* en un proceso de *ajuste* más o menos dificultoso, pero sin que ello signifique una verdadera *transformación* del *sistema productivo*. Pero generalmente la situación termina por *normalizarse* y las *fuerzas productivas* continúan su desarrollo hasta que entran en conflicto con las *relaciones sociales de producción* cuando *crecen* hasta llegar a un punto (*limite del caos,* como veremos) en el que ya no pueden seguir desarrollándose.

En cuanto a las *relaciones de producción,* hay que destacar el hecho de que sus distintos aspectos se relacionan preferentemente con la *propiedad*, aunque no se reducen ella. También incluyen relaciones de *poder, jerarquía, dominación* y *sumisión*, como señala Marx en los *Grundrisse*. Solo que en el capitalismo, la *propiedad privada* de los *medios de producción* se impone sobre el resto de sus manifestaciones *de hecho* y *de derecho,* que dejan de tener amparo *jurídico* al liberar al siervo del dominio feudal (aunque establece un nuevo tipo de *feudalismo* empresarial), y equiparan a los trabajadores con los empresarios, ambos ciudadanos iguales ante la ley. Sin duda, se trata del mayor avance, acumulativo e irreversible, de la humanidad. Y, en ese sentido, expresan la *flecha del tiempo* histórico. Un *sistema socioeconómico* que incremente su *complejidad* es *irreversible*, salvo acción externa. En el capitalismo *desarrollado*, las fronteras o límites de la *propiedad* son difusos y cambiantes: el *propietario* puede ser al mismo tiempo *trabajador* de su empresa, y el *trabajador* parte de la *propiedad* empresarial invirtiendo sus ahorros en acciones o fondos de inversión. Es el *capitalismo popular* del que tanto se ufanaba Margaret Thatcher. Todo eso hace que la clásica *dicotomía* entre *trabajo/propiedad* se constituya hoy como una *constelación* de fronteras *difusas,* o *líquidas,* por usar el término popularizado por el filósofo y sociólogo polaco Zygmunt Bauman (1925-2017).[62] Pese a todo ello, y sin negar su importancia *política,* la base de la *transformación* del *sistema socioeconómico* capitalista sigue siendo, hoy como ayer, la *socialización* de la *propiedad* de los medios de producción.

El capitalismo, impulsado por la *competencia* y la necesidad de incrementar la *productividad,* precisa promover la *innovación* científico-técnica, que es el factor principal de desarrollo de la *fuerzas productivas,* y con ello *acelera* como nunca hasta ahora el *mecanismo evolutivo.* Todos los grandes cambios y transformaciones en los *sistemas socioeconómicos* tienen como base los avances *científico-técnicos,* y su implantación en el *sistema productivo.* Lo que en su momento supusieron la *revolución agraria y ganadera,* la *revolución artesanal y comercial,* la *revolución industrial* y *financiera,* hoy lo supone la *Revolución Digital,* una economía basada principalmente en el *conocimiento* y no en la fuerza *muscular* (auxiliada por la energía natural) como hasta ahora, cuyo total despliegue culminará en la plena *robotización* y *automatización* del *sistema productivo,* lo que sin duda exigirá un cambio drástico de las *relaciones de producción.* Si el trabajo humano se *robotiza* en las cadenas de montaje es lógico que el *robot* termine sustituyendo al trabajo humano. Seguirá haciendo falta *capital,* pero no serán necesarios los *capitalistas.* En una genial anticipación de lo que ocurriría con la *Revolución Digital,* Marx señala en los *Grundrisse* que la tendencia del capitalismo a aumentar la productividad del trabajo, y por tanto la composición orgánica del capital -la porción de la inversión total que corresponde a los medios de producción- transformará el proceso de trabajo en un *sistema automático de maquinaria* que el trabajador sencillamente *supervisa... y cuida de que no se interrumpa.* Lo que no pudo imaginar es el profundo impacto *socioeconómico* del impresionante incremento de la *fuerzas productivas* provocado por la *Revolución Digital,* ni las modificaciones que está produciendo en las *relaciones de producción,* presionando *evolutivamente* hacia la *transformación* del *sistema productivo* de tal manera que se ve obligado a aceptar en su seno *espacios* de *socialización* en pugna con los pilares del capitalismo: la *propiedad* privada de los medios de producción y el mercado *libre.*

Hoy es una evidencia cada vez más extendida, y que estamos experimentando, en vivo y en directo, las consecuencias de dicho incremento de las *fuerzas productivas*, lo que está generando una grave situación de *inestabilidad política* y *perturbación social.* Los efectos de la *Revolución Digital* terminarán trastocando el *sistema productivo,* cambiando las viejas *relaciones de producción, y* generando otras *nuevas,* en un proceso *adaptativo* cuyo desenlace dependerá de la actitud y protagonismo de los trabajadores, el *sujeto social* de la *transformación.* Esto lo veremos con más detalle en el siguiente capítulo. Mientras, lo importante es comprender que entramos en un *impasse* histórico en el que lo viejo no acaba de *desaparecer* y lo nuevo no consigue *imponerse.* Es la forma que adopta, en la situación actual del capitalismo desarrollado y *Estado Social y democrático de Derecho*, la *revolución social* de la que hablaba Marx. Un periodo de gran *incertidumbre,* donde entran en juego los mecanismos de *subyugación ideológica* con los que el *sistema* trata de defender lo *esencial* cediendo en lo *accesorio,* mientras se *readapta* a la nueva situación. Como veremos, eso supone que la lucha *reivindicativa,* necesita pasar de la fase *defensiva* ante las medidas *neoliberales* y *reformistas* para salir de la *crisis sistémica* y la reorganización de las *relaciones laborales* provocada por la *digitalización* del *sistema productivo*, a la *ofensiva*, pugnando por implementar *soluciones socialistas*. Algo que solo será posible si la *voluntad de poder* de los trabajadores se impone sobre la *voluntad de resistir* de los capitalistas. Es decir, la *transformación* del *sistema socioeconómico* capitalista es siempre una cuestión de *praxis política*. Por ello para impedir tal *posibilidad,* es preciso que el *sujeto social* potencialmente interesado en su *transformación,* los trabajadores, acepten que el *modo de producción* capitalista es *necesario, racional, inmutable* y *universal*. Es decir, como *natural...* aunque no les guste. Es su principal mecanismo de *supervivencia*. En ese sentido, la *transformación* del *sistema socioeconómico* es una *revolución cultural,* representa el triunfo de la *razón científica* sobre la *creencia supersticiosa*. Lo veremos en el siguiente capítulo.

Cerebro, mano, herramienta, sociedad

Al igual que ocurre con la *evolución* biológica, dónde intervienen múltiples factores, pero el *motor evolutivo* se encuentra en los *errores* y *mutaciones* del ADN sobre los que luego actúa la *selección natural,* en las *sociedades humanas* los desajustes entre **fp-rp** crean la posibilidad de una *evolución transformadora,* que se resuelve en la *lucha de clases*. Es necesario tener en cuenta distintas disciplinas para entender cabalmente su *evolución*. Pero no basta con señalar la relación *conflictiva* entre **fp-rp** para explicar la *evolución* concreta de un *sistema productivo*. Los *modelos* sirven para *explicar* la realidad pero no la *describen* en su complejidad. Y en el caso de los *sistemas productivos,* todavía menos, al tratarse de formas *específicas* concretas de un *sistema dinámico complejo, no-lineal, abierto y adaptativo*. Dicho lo cual, espero se me permita ahora hacer un poco de *antropología-ficción,* al modo del ameno, aunque discutible, *best seller* internacional *Sapiens,* del historiador, profesor y escritor israelí Yuval Noah Harari.[63]

Pero antes recordemos algunos conceptos básicos sobre los que se asienta la teoría *evolucionista* de Marx: el *sistema productivo* tiene tres componentes fundamentales: la *actividad* necesaria para superar una *necesidad* (alimentarse, vestirse, cobijarse, etc.); la *materia* de dicha *actividad* (animales y plantas, salvajes o domesticados); y los *instrumentos* con que realiza la *actividad* (armas, utensilios, máquinas, etc.). Se trata de *momentos* de un todo *sistémico,* el *trabajo humano.* Y, a su vez, ese *trabajo* exige, para su realización, unas *relaciones sociales* que *ordenen* la actividad, *regulen* la propiedad, y *expliquen* la razón (*ideología*) de todo ello. No se trata, por tanto, de instancias *separadas,* sino de *campos* o *sistemas* propios de un *megasistema dinámico, no-lineal, abierto y adaptativo,* dotado de mecanismo de *retroalimentación* y *autorganización.* Y recordemos también que, para Marx, la *comunidad tribal* está en el origen de las tres formaciones *precapitalistas:* asiática, antigua y germánica (*feudal* más propiamente dicho), y algunos aspectos y formas de sus *sistemas productivos* perviven durante la *evolución* mientras sigan teniendo utilidad, aunque sea *marginal.* Se trata de la diferencia entre el *devenir* y la *génesis;* o en términos de *evolución biológica,* entre *ontogénesis* y *filogénesis.* Así, en la *génesis,* ciertas *modos productivos* y *relaciones sociales* anteriores persisten, modificándose *adaptativamente* de acuerdo al desarrollo de las *fuerzas productivas,* y los cambios que inducen en las *relaciones de producción.* Es lo que ha ocurrido, por ejemplo, con el desarrollo del capitalismo desde la I Revolución Industrial, y su máquina de vapor, hasta nuestros días con la *Revolu-*

ción Digital. En cambio, el *devenir* significa una *transformación* del *sistema productivo*, lo que supone establecer nuevas *relaciones de producción*, y un cambio radical, aunque no necesariamente brusco, del *paradigma cultural*, tal como ocurrió con el paso del *feudalismo* al capitalismo. Sin embargo, *génesis* y *devenir* no son procesos distintos y separados, sino *momentos* de un mismo proceso *evolutivo*, algo que Marx supo expresar *dialécticamente.* No así muchos *marxistas* posteriores, para los cuales la historia es un *encadenamiento* progresivo y *lineal* de sucesivos *sistemas de producción*. De ese error nacerían muchas de las posturas *mecanicistas* y *voluntaristas* posteriores.[64]

Lo mismo que ocurre en la *evolución biológica*, aunque lógicamente en menor medida, la *evolución* de las *sociedades humanas* conforma una figura *arbórea*, con algunas ramas creciendo rápido, otras prácticamente quietas; unas veces ramificándose, otras desarrollándose linealmente. En cualquier caso, nada que ver con la propuesta de una sola línea *progresiva*. Y si no ocurre con la *evolución* de las *especies*, mucho menos con el *Homo sapiens*, una *especie* de primate cuya impresionante capacidad de *supervivencia* y dominio sobre la *naturaleza* radica en su *emergente* dimensión *cultural*, su característica definitoria y diferenciadora del reino animal. Eso hace que su *sistema social* no *evolucione* por la acción de un *mecanismo* selectivo *aleatorio*, *azaroso*, carente de *objetivo*, como ocurre con todas las *especies biológicas*, sino por la acción *consciente* de los individuos agrupados socialmente. El *Homo sapiens*, pese a que sigue experimentando los lentísimos procesos *evolutivos biológicos*, ya no está sometido exclusivamente a ellos como el resto de las *especies*. Por el contrario, la *evolución* de los *sapiens* es fundamentalmente *social*. Lo que *evoluciona* son las *sociedades* y su *cultura*. Hasta el extremo de *mitigar,* y en algunos casos incluso *anular,* los efectos de la *selección natural* sobre su cuerpo gracias a los avances técnico-científico, principalmente la ingeniería genética, las ciencias de la salud y la alimentación. En ese sentido, es la primera *especie* capaz de actuar como el *agente consciente* de su propia *evolución.*

Imaginemos ahora un pequeño grupo de *sapiens.* Les une fundamentalmente relaciones de *parentesco,* como a sus vecinos cercanos evolutivamente, los *chimpancés.* Pero ellos tienen un cerebro mucho más desarrollado, y no solo en volumen. Poseen fundamentalmente un *córtex* cuya capa superior, el *neocortex,* controla los comportamientos *cognitivos* más *sofisticados.* Este *neocortex* posee una estructura de gran *complejidad,* hasta el extremo de que pese a no ser más grueso que una servilleta constituye más de dos tercios de la masa cerebral. Máxima *complejidad* en el mínimo espacio, capaz por si misma de generar *emergencia.* De la importancia del cerebro humano dan fe la impresionante codificación del ADN destinada a construirlo: un 80 por ciento de los *genes* trabajan en ello. Un prodigio *biológico* formado por 100.000 millones de *neuronas,* dotadas de entre 12 y más de 1.000 *dendritas,* lo que le permite establecer hasta 100 trillones (un uno seguido de veinte ceros) de interconexiones en serie y en paralelo. De esta *complejidad,* sin parangón en la naturaleza, emerge la *conciencia* y el *pensamiento abstracto,* lo que unido a cambios morfológicos de la laringe, les permite *articular* una amplia gama de sonidos para expresar sus emociones, ideas, y proyectos, mediante el *lenguaje.* Un cerebro que les posibilita no solo utilizar rudimentarios objetos para obtener comida, como hacen otros grandes simios, sino construir *herramientas* y *socializar* las habilidades *individuales* mediante la transmisión del *conoci-*

miento adquirido en la manipulación de la naturaleza. Un cerebro capaz de pensar el *pasado* para *simular* el *futuro* y gestionar el *presente*. Un cerebro que analiza, planifica, evalúa, deduce, aprende y comunica. Es un proceso lento, *gradualista,* de cientos de miles de años en los que la *evolución* da paso a un nueva *especie* donde lo *social* se hace *cultural*. Es una *ventaja evolutiva* que le permitirá conquistar el mundo, dominar al resto de *especies*, y manipular la naturaleza. Como dice la genial poetisa Emily Dickinson: *El cerebro es más grande que el cielo/ Si los pones uno junto a otro, el primero contiene con holgura al segundo.*

Y dado que los *Homo sapiens* ya no *evolucionan* tan solo *biológicamente*, sino que lo hacen como *grupo*, necesitan afrontar los desafíos, viejos y nuevos, naturales y sociales, de *supervivencia*, gestionando las posibilidades abiertas con la fabricación de *herramientas* y la exploración *territorial* en busca de caza y alimentos vegetales. La *complejidad* del grupo aumenta con la rudimentaria *especialización* que incrementa su *eficiencia*. Todo ello impulsa el progreso *intelectual* y les obliga a elaborar *construcciones ideológicas* mediante las cuales *regular* la actividad del *grupo* y *socializar* las experiencias. Su *conciencia* no solo les permite *reconocerse* y *conocer* al prójimo, sino asomarse al misterio de la *muerte* y comenzar, por tanto, a plantearse el *sentido* de la vida. Con el tiempo, los lazos *sociales* de parentesco se amplían, surgen bandas, clanes, agrupaciones tribales, ciudades-estado. Se hace necesario un *relato* común que consolide su unión más allá de la *consanguineidad*, un *pegamento* que les confiera un origen común, un *mítico* padre o madre de todos ellos en los que reconocerse, una *estirpe* que les identifique y diferencie de los demás. Y que justifique las *relaciones sociales* creadas para la actividad *económica* y *defensiva*. En la incipiente sociedad de aquellos primeros cazadores-recolectores comienzan a consolidarse las *jerarquías,* surgen y aumentan las *desigualdades,* se establecen *tabúes,* se dictan *reglas* comunitarias cada vez más estrictas, y con ellas nacen formas embrionarias de *dominación.* La tribu se ve sometida tanto a peligros externos como a las pugnas que surgen en su seno debido a la formación de distintos *grupos sociales* ligados el reparto de la riqueza y el acceso a las *prerrogativas* de la estratificación *jerárquica.* El riesgo de *desaparición* ya no se encuentra solo en las inclemencias naturales, la acción de los depredadores, la proliferación de enfermedades, o la incursión agresiva de otros grupos. El aumento de la *desigualdad,* la prepotencia y privilegios de las *jerarquías,* y el uso violento de métodos de *dominación,* crean pugnas internas, enfrentamientos, conatos de rebeldía. Hay que proteger a la tribu, o el incipiente estado, mediante el uso de la *fuerza* sobre el cuerpo, y el control de las mentes a través la gran *narrativa* que explica la *razón* de ser de las *normativas* y justifica la *necesidad* de sus *relaciones sociales.* El *guerrero* y el *sacerdote* hacen su aparición en escena. Cuando el tamaño, la riqueza, y la fuerza de la sociedad alcanzan el nivel necesario, cristalizan las formas de *poder,* se desarrolla la administración pública y nace el Estado.

Aunque muy esquemático y obviamente simplista, este es el *modelo básico* de la *sociedad humana* hasta nuestros días, su *génesis* y *devenir.* Bueno, al menos tan esquemático y simplista como el *modelo atómico estándar.* Pero sirve para el propósito de esclarecer el *mecanismo evolutivo* descubierto por Marx. Por ejemplo, la relación entre *trabajo* y *sistema social.* La primera *herramienta* creada por el *Homo habilis,* que da un nuevo impulso a la *evolución,* no es fruto del *azar,* aunque la *casualidad* pueda haber jugado un importante papel, sino de la *capacidad evolutiva* del cerebro humano para el pensamiento *abstracto* y *consciente*, para crear *cultura*. Gracias a esa capacidad, posteriormente los *Homo sapiens* pueden formularse preguntas sobre el por qué de los sucesos *naturales,* y sacar conclusiones ante el resultado de su actos al manipular la naturaleza. Pueden intentar distintas *respuestas* que luego comprobarán en la *práctica*, lo que les permite *refinar* las siguientes *preguntas*. Sin esta capacidad *cultural* no hay *trabajo*. A su vez, el *trabajo* es parte del desarrollo *cultural*. Gracias a la *experiencia* acumulada, y su capacidad de *pensamiento abstracto,* los humanos pueden *idear* la realidad *futura simulando* posibles *escenarios* antes de actuar en el *presente*. Esa *praxis transformadora* es, sobre todo, un proceso de *conocimiento,* y como tal lo describe Marx. Nada que ver con las interpretaciones *dualistas,* las formulaciones esquemáticamente *deterministas,* y sus resultados: desde el *fatalismo histórico* al *voluntarismo revolucionario,* pasando por toda una gama de posiciones *políticas* y falsos *dilemas binarios.*

Retomemos la teoría de Marx sobre las relaciones *fp-rp.* Evidentemente, la explicación de los procesos *evolutivos* de las *sociedades humanas* no puede reducirse a un esquema de relaciones básicas. El profesor y crítico cultural inglés, Terry Eagleton, por ejemplo, se pregunta la razón de que sea siempre el mismo *mecanismo* -el conflicto entre las *fuerzas productivas* y las *relaciones de producción*- el que actúa en el paso de una era de sociedad de clases a otra. O el cómo se justifica la extraña *continuidad* a lo largo de tan prolongados intervalos de tiempo histórico. Y señala lucidamente que podría darse el caso de que el crecimiento de las *fuerzas productivas* termine por debilitar a la *clase trabajadora,* inicialmente destinada a tomar el poder. Por ejemplo, las nuevas tecnologías pueden empujar a más personas al paro y, por lo tanto, a la *pasividad* política. No es menos cierto que, tal como indica el profesor, ningún cambio en las *relaciones sociales* puede explicarse, sin más, por una expansión de las *fuerzas productivas*; como tampoco todos los cambios *innovadores* en el ámbito de las *fuerzas productivas* dan necesariamente como resultado unas nuevas *relaciones sociales*. Y acierta plenamente cuando constata que *la historia deja de ser un tapiz recorrido de punta a punta por un mismo hilo para convertirse en un conjunto de diferencias y discontinuidades.*[65]

Pero ninguna de estas objeciones refuta el *motor evolutivo* descubierto por Marx. Lo mismo que en la *evolución* biológica los órganos se desarrollan sólo cuando los *beneficios* que aportan a la *especie* son mayores que los *costes de supervivencia* que supone desarrollarlos, los *sistemas productivos,* y con ellos las *sociedades* en su conjunto, *evolucionan* y se transforman *exitosamente* cuando los *beneficios sociales* superan a los *costes humanos.* Y lo hacen en un lento y gradual proceso sacudido periódicamente por *crisis adaptativas* que rigen en los *sistema dinámicos no-lineales.* Es lo que Marx quería decir cuando afirmaba que ninguna *sociedad* desaparece hasta que no ha desarrollado todo su potencial:

> *Ninguna formación social desaparece antes de que se desarrollen todas lus fuerzas productivas que caben dentro de ella, y jamás aparecen nuevas y más altas relaciones de producción antes de que las condiciones materiales para su existencia hayan madurado en el seno de la propia sociedad antigua. Por eso, la humanidad se propone siempre únicamente los objetivos que puede alcanzar, pues, bien miradas las cosas, vemos siempre que estos objetivos sólo brotan*

cuando ya se dan o, por lo menos, se están gestando, las condiciones materiales para su realización.[66]

Ciertamente, la formulación es esquemática y determinista (¿cómo saber qué tal cosa ha ocurrido?), e implica cierto *fatalismo evolutivo*, pero es acertada en lo esencial. Como veremos, de esta idea se derivan aspectos trascendentales desde el punto de vista de la *estrategia política*. Como la pertinencia, yo diría necesidad, de introducir en el *sistema socioeconómico* capitalista *reformas estratégicas,* y aplicar cambios *gradualistas revolucionarios,* en la lucha por la *transformación* del *sistema productivo.* Más concretamente, incidir en el *sistema productivo* creando nuevas, y ampliando las existentes, *áreas de socialización* frente a la tentación *adanista,* que necesita recurrir a métodos *dictatoriales* para imponerse, con elevados *costes* económicos y políticos, inasumibles por la *mayoría social.* Y que hasta ahora siempre ha terminado en fracaso.

Todas esas preguntas *retóricas,* aunque bien intencionadas, de Eagleton, y las respuestas *falaces* de quienes se aprestan a enterrar definitivamente a Marx a causa de las obras de los *marxistas*, son fruto de una visión poco rigurosa de la teoría del pensador revolucionario alemán. Particularmente las *codificadas* en el llamado *marxismo-leninismo.* En su obra *La Sagrada Familia,* Marx ya había subrayado que:

(...) la historia no hace nada, no posee una riqueza inmensa, no libra combates. Ante todo es el hombre, el hombre real y vivo, quien hace todo eso y realiza combates; estemos seguros de que no es la historia la que se sirve del hombre como de un medio para realizar (como si ella fuera un personaje particular) sus propios fines; no es

más que la actividad del hombre que persigue sus objetivos.[67]

La Historia, el Espíritu, la Idea, el Absoluto, son creaciones del ser humano, construcciones *culturales*, partes de una *narrativa ideológica* que trata de *explicar* y *justificar* la realidad, sobre todo si esa realidad se encuentra sacudida por grandes convulsiones sociales como ocurría en el Siglo XIX. Lo lamentable, aunque tal vez lógico, es que sigan gravitando todavía sobre nosotros, formando parte *supersticiosa* de la *cultura*. La única forma de escapar a las trampas *dialécticas* de un debate que se mueve entre el *escolasticismo intelectual* y el *rigorismo pseudoreligioso*, es abordar la cuestión del *mecanismo evolutivo* de las *sociedades humanas* propuesto por Marx desde la óptica de las *Ciencias de la Complejidad*. No por capricho, ni para escurrir el bulto, sino porque las *sociedades humanas* constituyen, como vengo reiterando, un caso específico de *sistema complejo no-lineal, abierto, dinámico y adaptativo*. Un sistema que incluye el *caos* en la *interacción* de los elementos constituyentes, pues en el comportamiento *no-lineal* los aspectos *deterministas* (orden) se conjugan con los *probabilistas*, lo que impide alcanzar la *certeza*. Ciertamente, esa mismo carácter *probabilístico,* la ausencia de *certezas* lineales, y el alto grado de *incertidumbre*, ha llevado a muchos científicos sociales a rechazar que existan *leyes* en la *evolución de las sociedades humanas*. El error tal vez proceda de que en la visión *clásica* y *dogmática* del marxismo, no digamos en la *codificación* de los *manuales soviéticos,* se aplican de manera *reduccionista* las *leyes evolutivas naturales* (físicas, químicas, biológicas) a la *sociedad* humana. Marx, desde luego, no está libre de responsabilidad, pero cuenta al menos con el atenuante de que el *paradigma binario* y *lineal,* basado en las leyes de Newton, lo impregnaba todo en su época. Hoy solo se explica desde el *doctrinarismo y* la asunción *religiosa* de los escritos de Marx y Lenin. Para regocijo del pensamiento *neoliberal* hoy dominante.

El rechazo a que lo *social* se rija también por *leyes* no es más que un viejo resabio *místico,* la presunción de que los humanos somos seres plenamente *libres,* sometidos tan solo a los *dictados* de nuestra *Conciencia,* o condenados inexorablemente a cumplir los designios de la *Historia.* Pero al igual que en la *evolución biológica* nada está *predeterminado* ni tiene más finalidad que la *reproducción* y *supervivencia* de las *especies,* sin dejar por ello de estar sometida a *leyes evolutivas,* también las *sociedades humanas,* pese no tener un rumbo *prefijado,* ni un destino *manifiesto* que cumplir, *evolucionan* de acuerdo a *leyes* específicas, *emergentes,* de carácter *cultural.* Se trata de *leyes* que resultan *incomprensibles* sin tener en cuenta que la *sociedad* es un *megasistema no-lineal, abierto, dinámico y adaptativo.* Como escriben Alan Sokal y Jean Bricmont en su excelente, y muy recomendable, libro titulado significativamente *Imposturas intelectuales,* las raíces del árbol de la ciencia quizá sean amargas, pero los frutos son dulces.[68] Claro que hay que atreverse a comerlos sin miedo a perder el *paraíso* de las certezas *reveladas.*

Llegados a este punto, ya es hora de ver con detalle que es eso de los *sistemas complejos dinámicos, no-lineales, abiertos, y adaptativos,* cuáles son sus características principales, y cómo se expresan en las *sociedades humanas.*

II. FLUCTUACIONES, CAOS, Y SISTEMAS NO-LINEALES.

> *El talento acierta en la diana*
> *donde los demás yerran.*
> *El genio acierta en la diana*
> *que los demás ni siquiera ven.*
> Arthur Schopenhauer

Debo empezar por una advertencia: el estudio y descripción de los *sistemas complejos no-lineales* exige un alto conocimiento matemático, manejarse con soltura entre fórmulas enrevesadas para un lego (entre los que me encuentro), y dominar las ecuaciones diferenciales (parciales y ordinarias).[69] Nada de esto es necesario, sin embargo, para comprender lo que supone la *teoría* de los *sistemas complejos no-lineales,* cuyo impacto en campos tan diversos como la física, la química, la biología, la neurología, la antropología, la paleobiología, la economía y, naturalmente, los sistemas *sociales*, es evidente. No creo que resulte excesivo calificar las *Ciencias de la Complejidad* como la *revolución científica* que caracterizará nuestro siglo, junto con la *Revolución Digital*. De lo que estoy convencido es de su utilidad para entender lo que son y cómo funcionan las *sociedades humanas* en su conjunto, y cada uno de los *sistemas* que la integran, particularmente el *productivo* y el *cultural*, con particular énfasis en lo *ideológico*.

En efecto, la *complejidad* es la gran aportación a la ciencia del siglo XXI. Nace inicialmente como respuesta matemática a fenómenos físicos cuyo comportamiento desafía a las leyes establecidas, principalmente las de Newton, para ampliarse posteriormente a los campos de la química, la biología, los sistemas computacionales y las tecnologías convergentes. Más complicado es su aplicación a las *ciencias sociales* y *humanas* dado su carácter *interdisciplinar,* lo que complica el diálogo y la interacción entre *complejidad* y *ciencias sociales.* Por todo ello, la aplicación de las *Ciencias de la Complejidad*, que incluye la *teoría del caos*, la *teoría de los sistemas complejos*, la *teoría de las catástrofes* (morfogénesis*)*, la *teoría de redes*, la *teoría de la información,* etc., tiene escaso eco *científico*, al menos que yo sepa, en el terreno del *pensamiento,* la *conciencia,* la *cultura,* y la *dinámica evolutiva* de los *sistemas sociales humanos.* Sin embargo, sin ella es prácticamente imposible evitar las *falacias idealistas,* siempre latentes tras siglos de interpretar los fenómenos de la *naturaleza* de manera exclusivamente *lineal.* Por supuesto, existen fenómenos *mecánicos* que responden a una relación *causa-efecto* predecible, por tanto, repetible, como demostraron matemáticamente Newton y Leibniz, cuyas ecuaciones del movimiento sirven básicamente para mandar naves espaciales exploradoras con alta precisión, o colocar un hombre en la Luna. Sin duda ningún astronauta se subiría a un cohete si su trayectoria fuera *caótica.* Sin embargo, incluso en un *sistema* (real) de dos elementos pueden darse componentes *impredecibles* que exijan pequeñas *correcciones,* pese a que no afecten seriamente al resultado final. Por eso, a la hora de explicar las *dinámicas* de la realidad *socioeconómica* es necesario recurrir a conceptos, herramientas y lenguajes propios de los *sistemas complejos no-lineales.* No es tarea fácil ni sencilla -¡cómo lo iba a ser la *complejidad*!- pero no veo otra forma de *desencadenar* a Marx de las ataduras *lineales,* del *fisicismo mecanicista,* de los resabios *hegelianos,* y de las interpretaciones *deterministas* de sus seguidores, *clásicos* y *dogmáticos*.

Como iremos viendo, debe entenderse por *complejidad* la unidad *no-lineal* de la *diversidad*, concebida ésta como el resultado de la coexistencia o interacción de elementos y aspectos *heterogéneos* en un *sistema*. La *diversidad* en un *sistema* favorece su *multifuncionalidad* y su *dinámica*, evitando el estancamiento; posibilita la *adaptabilidad* y *armonía*, lo que le permite tanto cambios como nuevas formas de *organización*; propicia la *diferenciación* e *integración* de los distintos elementos y aspectos del *sistema*; posibilita la *creatividad* necesaria para *transformarlo*; establece las referencias y jerarquías que son las bases de su *organización*. A su vez, la *complejidad* representa la existencia de *atractores*, *activadores* y *receptores de caos* que modifican continuamente su *orden* y *armonía*, lo que se manifiesta en conflictos capaces de alterar su *diversidad*. Todo ello presupone la capacidad *adaptativa* del *sistema*, con resultados diversos: puede mejorar su *eficiencia*, o perder total o parcialmente las *estructuras* originales, dando lugar al nacimiento de cualidades *emergentes* irreversibles, como la aparición o desaparición de nuevas *especies* biológicas, o nuevos *sistemas sociales*. Estos últimos conforman una dimensión especial de *complejidad* y *diversidad*, un *megasistema*, o *sistema de sistemas*, una especie de *matrioska* constituido por diversos *sistemas* que integran, a su vez, distintos *subsistemas*, cuya *evolución* es fruto de su capacidad de *automodificación*, y de la *conectividad* o *interrelación* del conjunto, que es lo que caracteriza su *unicidad*. Esta *conectividad* de las partes, y su papel *autorregulador*, es como su *sistema circulatorio*: alimenta todas sus partes con la actividad de cada una de ellas, de forma que los fallos o modificaciones de una afectan, para bien o para mal, a todo el conjunto, que debe *reajustarse* en respuesta a esas modificaciones para *mantenerse*. En el caso de los *sistemas productivos*, las innovaciones tecnológicas, por ejemplo, actúan no solo sobre la *competitividad* y la *eficiencia* a la hora de crear riqueza, sino que lo hacen también sobre las *relaciones de producción* y, por tanto, sobre el conjunto del *sistema socioeconómico*. Lo veremos con mayor detenimiento. Añadamos a lo dicho que el incremento en la *complejidad* conlleva necesariamente un aumento de la *inestabilidad*. Un reloj de arena se avería con menor frecuencia que un reloj de pulsera.

Bien, sentados los conceptos básicos de la *complejidad*, avancemos en la descripción de los *sistemas complejos*, un concepto científico que implica tanto *evolución* como *emergencia*, y que expresa las *fluctuaciones* del mundo en general, sus *turbulencias, inestabilidades, bucles*, e *incertidumbres*. Lo primero, señalar que todo en la *naturaleza*, desde el átomo hasta el universo, se organiza en *sistemas* (que son más que *modelos* matemáticos, aunque ese sea su *lenguaje*). Y que es la *interrelación* entre sus componentes lo que genera las propiedades *emergentes* que les define,[70] y las *leyes* específicas que rigen su comportamiento. En un *sistema* el *todo* es más que las *partes*. De hecho, es *distinto,* pese a ser lo *mismo*. Para comprenderlo basta un sencillo ejemplo: Las piezas sueltas de un reloj, por muy perfectas que sean, no dan la hora. Necesitan *relacionarse* de una manera precisa en un *sistema* mecánico para que *emerja* su capacidad de marcar con precisión el paso del tiempo. Olvidemos aquello de que todo reloj necesita, precisamente por eso, de un relojero. Admitamos ahora que por su *afinidad*, o por la acción de un *agente mediador,* las piezas se pudieran *autoorganizar* al entrar en contacto entre ellas si se dan determinadas circunstancias *ambientales*. Así ocurre en los sistemas *biológicos,* o en el *autoensamblaje* o *autoagregación* (self-assembly) molecular, químico o biológico.[71] Es el principio de *autosuficiencia* que actúa en la *naturaleza* sin necesidad de ningún *relojero* externo. Sin duda, esa *capacidad natural* de los *sistemas* resulta *anti-intuitiva* para los humanos, fabricantes de herramientas, lo que propicia que la percibamos como un *misterio:* ¿qué había antes del Big Bang?, ¿cómo surge la vida de la materia muerta? Preguntas que los científicos dejan a los filósofos, y que las religiones, generalmente en pugna con la ciencia, responden *dogmáticamente.* Así es como se maneja la ciencia y avanza el conocimiento científico. Lo dijo con sencilla contundencia el astrónomo Pierre-Simón Laplace (1749-1827) en respuesta a la pregunta de Napoleón sobre cuál era el papel que jugaba Dios en sus teorías sobre la mecánica celeste: *Sire, no necesito esta hipótesis.* Tal vez se trate de una *leyenda,* pero sintetiza perfectamente lo que entendemos como *método científico.* La cuestión se hace más peliaguda cuando tenemos que tratar con *sociedades humanas,* ya que éstas sí tienen un *creador* que, para complicar las cosas, es además su *componente* esencial y *agente* de su *evolución.* No es de extrañar que muchos *científicos sociales* renuncien lisa y llanamente a calificar de *ciencia* su trabajo. Con razón si entendemos por ciencia solo la *natural.* Desde luego, ni el *fisicismo* ni el *biologismo* pueden explicar satisfactoriamente la naturaleza y funcionamiento de los *sistemas sociales humanos,* pese a que tengan mucho en común.[72] El principal escollo es que la *autoorganización* en los *sistemas sociales* no está *predeterminada* por la *naturaleza* de los componentes del *sistema,* salvo la base biológicamente condicionada de su comportamiento *individual* y *social.* Al contrario, la *autoorganización social* es el resultado de la acción *consciente* de los humanos, gracias a su *dimensión cultural*, adquirida *evolutivamente,* y que *emerge* debido a la increíble *complejidad* de su cerebro. Sin esa *complejidad* formaríamos parte de los chimpancés, primates de los que nos separamos *evolutivamente* hace unos 7 millones de años. Un *individuo* puede actuar *libremente* dentro de amplio rango de posibilidades, variables y abiertas, pero un *colectivo* tiene restringidas esas posibilidades. Engels lo vio con agudeza cuando señaló *lo que uno quiere tropieza con la resistencia que le opone otro, y lo que resulta de todo ello es algo que nadie ha querido.*[73]

Pero tal vez vayamos muy deprisa. Retomemos el hilo de los *sistemas.* Debemos precisar que no son todos iguales, aunque tengan rasgos comunes. Se diferencian principalmente por el nivel de *complejidad,* que es la *dimensión* que da lugar al surgimiento de las propiedades *emergentes* que los definen. Pueden ser *simples, complicados,* y *complejos.* Un sistema *simple* es, por ejemplo, el péndulo, cuyo comportamiento resulta generalmente regular y *predecible*; un sistema *complicado* es el que cuenta con varios componentes organizados para realizar una *función*, como ocurre con el reloj de cuerda mencionado antes, o con un motor de coche, donde la regularidad es menos *predecible*; finalmente, un sistema *complejo* se caracteriza por ser *abierto,*[74] estar formado por un gran número de elementos que *interactúan* de manera *no-lineal,* y es muy sensible a las mínimas *variaciones* en las condiciones de *origen*, lo que convierte la *predicción* de resultados en *probabilística,* caracterizada por la *incertidumbre.* Obviamente, lo que nos interesa son éstos últimos, así que pasemos a describir lo que les caracteriza, y cómo se manifiestan dichas características en las *sociedades humanas:*

- Pueden presentar la propiedad de *autoorganización* en forma de nuevas *estructuras* y formas de comportamiento, y *autorregulación*,[75] consecuencia de la *interacción* de los *agentes* entre sí, pero también entre ellos y el *medio* del *sistema*, y viceversa.

- Juegan un papel importante, entre otros, las *interacciones* entre los elementos y su número; el carácter *no-lineal* de esas *interacciones*; los procesos de *retroalimentación* (feedback); la existencia de estados *críticos*, en el *límite del caos*, y *transiciones de fase*;[76] la *percolación*, o proceso de *penetración* de factores externos, como pueden ser pandemias o *ideas*, si se trata de un sistema *cultural*.

- Contienen mecanismos distintivos de la *evolución* de los *sistemas complejos no-lineales* como la *adaptación* y la *bifurcación*, y *conexiones* entre sus componentes, lo que hace *emerger* propiedades *dinámicas*, que pueden cambiar en el *tiempo*.

- Los elementos de un *sistema* pueden ser *sistemas* de un orden menor, y los objetos que pertenecen a un *subsistema* pueden considerase, a su vez, como partes de otro *subsistema*. Es lo que determina el orden *jerárquico* en los *sistemas complejos*.

- La *complejidad* posee propiedades de *inclusión*, lo que permite que un *sistema* pueda desarrollarse al aumentar (*incluir*) más elementos, referentes o estructuras al *sistema* original. Esta propiedad proporciona los atributos de *heterogeneidad*, *multicausalidad*, *multifuncionalidad*, y *multidisciplinariedad* a los *sistemas complejos*. La respuesta del *sistema* a la *inclusión* de nuevos elementos o relaciones que presentan *incompatibilidad*, genera *conflictos*, provocando los *cambios*, muchas veces imprevistos.

- Aunque no es posible en los *sistemas* físico-químicos y biológicos, los *sistemas sociales* son *anticipantes,* pueden *prever* cuáles serán sus estados *futuros.* Ello es debido a su dimensión *teleológica,*[77] ya que la acción humana, individual o colectiva, siempre está orientada a *objetivos* y *fines* decididos previamente. Esto hace que su *complejidad* aumente exponencialmente, lo mismo que los niveles de *impredictibilidad.* Cuando un *sistema complejo no-lineal* aumenta sus niveles de *complejidad* (físico-química, biológica, mental, social), más claramente se evidencia la *flecha del tiempo* (entropía) creadora de estructuras.[78] Es lo que debemos entender como *progreso histórico,* que no es *lineal,* ni está *predeterminado*, ya que eso iría en contra de su dimensión *teleológica.* La *entropía* no aumenta por prescripción cósmica, sino porque la *probabilidad* de que lo haga es muy superior a la de que no lo haga.

Naturalmente, existen muchas más propiedades, como que los componentes de un *sistema complejo* pueden ser relativamente *simples* y *estables,* o *complejos* y *cambiantes*; que puede *variar* sólo una o más propiedades, o bien adoptar muchos estados distintos; que el *sistema* puede ser *abierto* o *semicerrado,* cuando el *exterior* actúa sobre el *sistema* y éste sobre el *exterior* de manera definida. Características que no se dan en todos los *sistemas complejos,* por lo que carecen de interés a la hora de analizar el comportamiento *no-lineal* de los *sistemas sociales humanos,* que es lo que nos ocupa. Así que, antes de seguir, parece oportuno fijar las características que más nos interesan. Someramente, ya que no se trata de un trabajo especializado, resaltaría las siguientes: *emergentes, fluctuantes, auto-organizativos, autorregulables, jerárquicos, anticipantes, teleológicos, impredecibles, y adaptativos.*

El catastrófico aleteo de una mariposa

Consideremos ahora globalmente las diferencias fundamentales que existen entre un *sistema lineal*, y uno *no-lineal*. De forma sucinta, pero suficiente para nuestro propósito, podemos afirmar que en los *sistemas lineales* resulta en principio factible, y generalmente suficiente, separar sus partes, normalmente no más de dos, analizarlas, y resolver los problemas que planteen para obtener la solución completa de su funcionamiento. Es lo que permitió a Kepler y Newton formular sus leyes de la mecánica celeste, como el movimiento de la Tierra en torno al Sol. La física newtoniana, que dominó la *mecánica* durante casi trescientos años, condicionando la visión del mundo, es *lineal*, una física de dos cuerpos, evidenciado por la segunda ley de la gravitación universal de la *acción* y la *reacción*. Y es así porque un *sistema lineal* permite, teóricamente al menos, aplicar los llamados *principio de superposición*,[79] algo que, por cierto, el marxismo *dogmático* utiliza recurrentemente para justificar su *mecanicismo*.

Sin embargo, contra lo que pueda parecer, los *sistemas lineales* son poco comunes en la *naturaleza*, donde los componentes de un *sistema* suelen ser más numerosos, por lo que en su *relación* se producen fenómenos de *interferencia, competencia* o *cooperación*, impidiendo que actúe dicho *principio de superposición*. Esto no es determinante en fenómenos macroscópicos, como el movimiento de los planetas y similares, aunque la acción de distintos cuerpos y fenómenos imprevistos exige continuas correcciones en una nave espacial, por ejemplo. Pero descendiendo de escala, cuando intervienen más cuerpos, que es lo habitual, el sistema pierde su *linealidad*. Si escuchamos simultáneamente dos hermosas piezas musicales no por ello sentimos el doble de placer, más bien todo lo contrario.

Por su parte, los *sistemas no-lineales* se caracterizan precisamente por las variadas *interacciones* existentes entre sus elementos (siempre tres o más), lo que posibilita que *pequeños cambios iniciales* puedan llegar a tener *grandes consecuencias futuras*. Debido a ello los *sistemas no-lineales* carecen de la justa proporcionalidad *causa-efecto*. Por el contrario, tienen, como ya he señalado, una elevada *sensibilidad* a las condiciones de *origen*, lo que se conoce popularmente como el *efecto mariposa*.[80] Este feliz término, que se ha hecho popular, lo utilizó en 1963 el genial astrónomo y matemático estadounidense Edward Lorenz (1917-2008), padre de la *teoría del caos*.[81] Aunque, en justicia, hay que señalar que fue el matemático, físico y científico teórico francés Henri Poincaré (1854-1912) quién, en 1908, lo describió primero: *Una causa muy pequeña, que se nos escapa, determina un efecto considerable que no podemos prever, y entonces decimos que dicho efecto se debe al azar*.[82] Hoy el efecto mariposa es un recurso habitual, y abusivo, para indicar lo *imprevisible* de la mayoría de los acontecimientos naturales y sociales. Lo que no impide que la mayoría de las personas piensen *linealmente*, y que el tan alabado *sentido común* sea un compendio de deducciones *lineales* donde predomina lo *mítico* sobre lo *científico*. Por ejemplo, Galileo y su *ley de la inercia*, rebatió el *sentido común* de Aristóteles quien, basándose en la experiencia cotidiana, sostenía la necesidad de *empujar* un objeto para que no se detuviera. Que muchos políticos utilicen el *sentido común* como argumento supremo demuestra hasta qué punto sigue *gravitando* la mecánica newtoniana sobre su pensamiento. Tendremos ocasión de volver sobre ello.

Detengámonos ahora un momento en el concepto de *caos*, ya que juega un papel muy importante en las *Ciencias de la Complejidad*, y explica la mayoría de los procesos *dinámicos* de la naturaleza. Entenderlo es fundamental para comprender cómo *evolucionan* los *sistemas complejos no-lineales*, y de qué manera se puede intervenir en dicha *evolución* cuando se trata de *sistemas sociales humanos*. En primer lugar, se trata de algo bien distinto a lo que entendemos popularmente por *caos*, y que la RAE define como *descontrol, confusión*. Lo mismo ocurre con el término *orden,* este más polisémico, con 21 definiciones en el Diccionario de la Lengua Española, pero que entendemos como que las cosas se encuentran en el lugar que les corresponde. Ambos vocablos expresan una visión *antagónica* entre *orden* y caos. Para la *teoría del caos*, éste por contra, es el factor *dinámico* que impulsa el *sistema* hacia un tipo de *orden* más *complejo*.[83] Por cierto, y dicho sea de paso, los empresarios han terminado por aceptar la negociación sindical como un mecanismo para introducir *orden* en el *sistema productivo* capitalista, recorrido por tensiones *caóticas,* que en el *ciclo límite* de las *crisis* ponen en peligro el *sistema productivo*. Es la *bipolaridad* de los sindicatos: *mecanismo* del *sistema productivo* y, en cuanto tal, *agentes de orden*; y uno de los *instrumentos* fundamentales de *lucha* y *transformación,* lo que les convierte en potenciales *agentes de transformación*. Por eso, en los países de *socialismo real*, los sindicatos debían comportarse *exclusivamente* como agentes del *orden* socialista. Las luchas obreras *ilegales* evidenciaron pronto la realidad de un *sistema productivo* que se había convertido en una forma *transitoria* de capitalismo de Estado. Pero volvamos al tema que nos ocupa.

Con el término *caos* se indica que los elementos del *sistema* operan de manera *inarmónica,* han perdido *coherencia* y ganado *aleatoriedad,* lo que se pone de manifiesto en el movimiento *errático,* o el *cambio* brusco, de los eventos del *sistema* afectado. La *teoría del caos* es un intento, basado en las matemáticas, de explicar la ruptura en la *armonía* de los *sistemas*, la pérdida momentánea, en un punto de su desarrollo, de *orden* y, por tanto, de *predictibilidad*. Y, paralelamente, de qué forma puede *recuperarse* dicha *armonía*, ya que el *caos* es la otra cara del *orden*. Dicho de otra manera, la *teoría del caos* trata de precisar el comportamiento de los *sistemas no-lineales*, y mostrar sus *transformaciones* y capacidad de *adaptación*. El *orden* deviene *caótico* para recuperar el *orden* (adaptación) o para *transformarse* en un nuevo *orden* (evolución). Y así sucesivamente. Se trata de un proceso *cíclico* que lleva el *sistema* que, en su *dinámica no-lineal,* se manifiesta en las *bifurcaciones* en el límite del *caos*, como veremos más adelante. Cuando un *sistema* se hace *caótico* caben distinguir distintos *niveles* de trastorno del *orden*. Podemos hablar de *microcaos*, prácticamente consustanciales con *sistemas dinámicos* como el capitalista, que generan *molestias* y provocan pequeños *cambios*; de *macrocaos,* cuando causa en el *sistema* distintas *reformas* o nuevas *regulaciones*, pero sin llegar a *modificarlo* radicalmente; y, finalmente, de *megacaos*, cuyas consecuencias en el *sistema* ocasionan tales *conmociones* que facilitan su *transformación*. Crisis *sistémicas* como las de 1929 y 2008 abren una *ventana de oportunidad* para *transformar* el *sistema socioeconómico* en uno nuevo, pero no se anula con ello el *caos* (significaría la destrucción total del *sistema productivo* y la desaparición de la *sociedad*), sino que se establece una nueva relación *orden-caos* sin la cual el *sistema* se paraliza y colapsa. Esto significa que lo *nuevo* siempre es una *evolución transformadora* de lo viejo. Y que la *evolución*, como la naturaleza, *aborrece el vacío*, como sostenía Aristóteles muchos siglos antes de que la física cuántica demostrara que el *vacío* no existe, es un *campo* de mínimas *fluctuaciones* de energía.

Otra cuestión a tener en cuenta es que, desde el punto de vista de lo que se conoce como *estructuras disipativas*[84], el *caos* es el precursor asociado del *orden* y no su opuesto, lo que facilita, en vez de impedir, el surgimiento espontáneo de *autoorganizaciones*. Por ejemplo, la lucha reivindicativa, que es una manifestación más o menos amplia e intensa de *caos*, propicia la *autoorganización* del movimiento, aunque sea de manera temporal. Esto tiene gran importancia desde el punto de vista de la *transformación* del *sistema productivo*, y de la *ampliación* de la *democracia* mediante formas de *democracia participativa, deliberativa* y *directa*. Luego veremos que un sistema *caótico* encierra *orden* gracias a los *atractores extraños*.[85] Lo que me interesa resaltar ahora es que el *caos* actúa de forma *constructiva*, aunque ese momento de *vulnerabilidad* del *sistema* abra la posibilidad de su *transformación*. Otro aspecto importante es que las *fluctuaciones* del *sistema* posibilitan la aparición de nuevos *subsistemas*, lo que permite a la *evolución* utilizarlos *creativamente*. Y en el caso que nos ocupa, al *megasistema social humano,* donde los *componentes* son a su vez *agentes conscientes,* gobernar la *evolución*. Es lo que Marx quería subrayar cuando denunciaba el supuesto *determinismo económico* de su teoría, tal como he señalado en la Introducción, y que nunca se repetirá suficientemente:

> *Los hombres hacen su propia historia, pero no la hacen a su libre arbitrio, bajo circunstancias elegidas por ellos mismos, sino bajo aquellas circunstancias con que se encuentran directamente, que existen y les han sido legadas por el pasado. La tradi-*

89

ción de todas las generaciones muertas oprime como una pesadilla el cerebro de los vivos. Y cuando éstos aparentan dedicarse precisamente a transformarse y a transformar las cosas, a crear algo nunca visto, en estas épocas de crisis revolucionaria es precisamente cuando conjuran temerosos en su auxilio los espíritus del pasado, toman prestados sus nombres, sus consignas de guerra, su ropaje, para, con este disfraz de vejez venerable y este lenguaje prestado, representar la nueva escena de la historia universal.[86]

Hay que entender las palabras de Marx en el contexto de una época mecanicista donde el mundo es ciegamente *determinista*, de forma que la libertad individual, como las moléculas de un gas, tiene un comportamiento general *determinado* por *la estructura productiva*. Pero fíjese el lector en que Marx, sin decirlo abiertamente, esta describiendo la acción *moduladora* de la *ideología dominante,* tema que abordaremos con mayor detalle en el IV Capítulo. Dejemos el estudio de este importantísimo aspecto para entonces, y constatemos ahora que, ciertamente, la misma idea de *caos* y de *vulnerabilidad* potencia la imagen de un *sistema complejo no-lineal* que, en determinadas circunstancias, puede llegar a *colapsar* por si mismo. Sin embargo, la realidad muestra que los *sistemas complejos no-lineales* solamente *colapsan* cuando se ven sometidos a condiciones *extremas*, o a cambios *drásticos,* generalmente por efecto de presiones *externas*, ya que poseen la propiedad de *autorregularse* para *adaptarse* y sobrevivir a los cambios y circunstancias *caóticas* a las cuales se enfrentan. Pero eso no significa que la estabilidad, resistencia, preservación y capacidad de *supervivencia* sean más sólidos y estables en los *sistemas complejos no-lineales* que en los *sistemas lineales*. La realidad es que resultan mas *frágiles*, ya que un pequeño cambio puede llegar a desequilibrarlos. La naturaleza es todo menos *estable*, pese a su majestuosa apariencia de *orden*. Esa *vulnerabilidad* aparece por doquier, como ocurre con las *crisis* económicas, o con la búsqueda a cualquier precio de la *rentabilidad* económica, capaz de favorecer procesos de reducción o eliminación de la *diversidad* (climática, biológica, social, etc.) y el *agotamiento* de recursos naturales que, de seguir así, se convertirá en el principal problema de *supervivencia* para la humanidad. La zona de *transición* entre *orden* y *caos* significa, desde el punto de vista que nos interesa, un *espacio de soluciones,* lo que permite intervenir en la *dinámica sistémica* (pequeña entrada/gran cambio), y plantearse una *estrategia* de *transformación* basada en lo que denomino *reformismo estratégico* y *gradualismo revolucionario*, del que ya he hablado, y al que me referiré con mayor detalle más adelante. Plantearse, en suma, lo que en lenguaje técnico se designa como *la-vida-tal-y-como-podría-ser* (life-as-it-could-be).

Añadamos a lo dicho que en los *sistemas sociales* pueden darse tres tipos de comportamiento *evolutivo*: puede ser relativamente *estable*, cuando el *sistema* entra en un periodo de consolidación, seguido de un periodo de estabilidad; *cambiante*, como respuesta a las *fluctuaciones* y *turbulencias*, lo que le obliga a *reformarse* para afrontar los problemas generados por su propio desarrollo; y *caótico*, cuando dichas *fluctuaciones* y *turbulencias* adquieren un elevado nivel *crítico*, cuyo resultado tiende a recuperar el estado de *estabilidad* necesario para iniciar la reproducción del *ciclo*, ahora con mayor *complejidad*. Cuando los problemas tienden a ser *permanentes*, cuando se *cronifican* por falta de soluciones *adaptativas* viables, el *caos* suele operar en *rizos de retroalimentación* de la estructura del *sistema*, como ocurre con el *paro crónico* y su círculo *vicioso* de pobreza, desigualdad y exclusión del *sistema socioeconómico* capitalista.

Un sistema *caótico* nunca se *repite exactamente* ya que, como hemos visto, su comportamiento *futuro* es extremadamente *sensible* a las condiciones *de inicio,* por lo que incluso diferencias *infinitesimales* pueden llegar a causar significativos cambios en el comportamiento del *sistema.* Una mala noticia para los que esperan una *segunda oportunidad* en sus *ensoñaciones* revolucionarias, fracasado el primer intento de la URSS. Además no lo hace siempre de la misma manera, ya que el *sistema* contiene *pautas* de *orden* en el *desorden,* comportamientos *restringidos,* cuyas gráficas dan cuenta de la existencia de *atractores extraños,* como los que producían una figura en forma de mariposa descubiertos por Lorenz al desarrollar un diagrama del corte bidimensional de sus soluciones tridimensionales (ver fig.1).

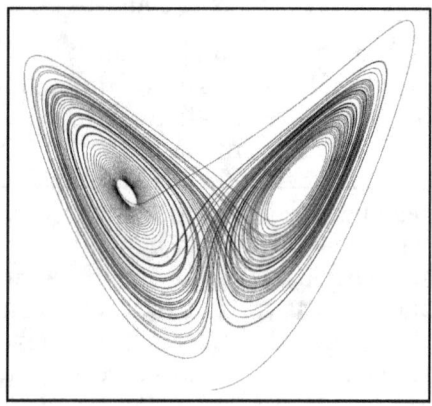

Figura 1. Diagrama de la trayectoria del sistema de Lorenz.

Lo describió como *un complejo infinito de superficies*, uno de cuyos ejemplos más conocidos son los *fractales,* objetos con *patrones* que repiten el mismo diseño, detalle o definición (*autosemejanza*), y que se representan por figuras geométricas *complejas,* en que sus partes constituyen una réplica del todo a escala reducida. Fueron descubiertos por el matemático polaco Benoît Mandelbrot (1924-2010). Ejemplos son los helechos y los copos de nieve (ver fig.2). Los *fractales* introducen la dimensión de *escala* en el análisis de los fenómenos *complejos* y posibilitan su aplicación en diversas ramas de la ciencia y la tecnología: computadoras, optimización de recursos, modelado geológico y geográfico, desarrollo de poblaciones, configuraciones galácticas y formaciones planetarias, meteorología, cálculo de probabilidad y estadística, medicina, reacciones químicas, dinámica de fluidos, etc.

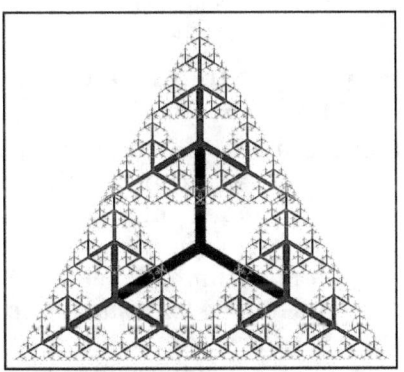

Figura 2. Un fractal.

Por su parte, el matemático y físico norteamericano Mitchell Feigenbaum demostró la existencia de leyes que rigen la *transición* del comportamiento regular al *caótico* y que hay distintos caminos u opciones para avanzar hacia el *futuro.* Son las *bifurcaciones,* desdoblamientos sucesivos con cierta *probabilidad* de suceder (ver fig.3). Dicho de otra manera, los *sistemas complejos no-lineales,* pese a tener comportamientos *caóticos,* contienen suficientes elementos de *orden* como para sustentar *procesos dinámicos* y almacenar *información,* lo que permite su *modelación matemática* que muestra tanto la existencia de *atractores extraños* como *bifurcaciones que* pueden conducir al *caos.*

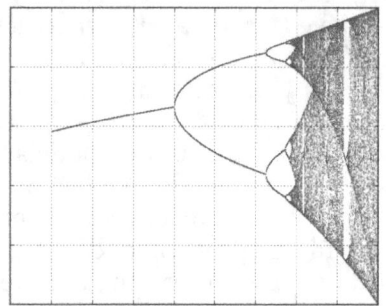

Figura 2. Bifurcaciones de Feigenbaum.

El transformador impulso de los *atractores*

Detengámonos un momento en esa extraña figura llamada *atractores,* concepto que unido al de *activadores* resulta fundamental para entender lo dicho hasta ahora, y lo que viene a continuación, ya que juegan un importante papel como *reguladores* del comportamiento de los *sistema sociales.* Porque es mediante la *interacción* de los *atractores* y *activadores* como los *sistemas complejos* confirman su carácter *cambiante*, su comportamiento *no-lineal,* su naturaleza *oscilante* entre el *orden* y el *caos.* Para entenderlo de una manera gráfica podemos utilizar el símil de una obra de teatro: los *atractores* serían el *escenario* donde va a desarrollarse la *trama,* y los activadores los *actores.* Evidentemente, la función exige la existencia de ambos, pero solo arranca en su *interacción*. Un *escenario* sin *actores* carece de sentido, y los *actores* necesitan un *escenario* para actuar. Volviendo a la ciencia, un *atractor* (de *caos*) lo conforman, por ejemplo, los *desórdenes* económico-sociales del *sistema capitalista*, mientras que un *activador* (de *caos*) es el *agente* o conjunto de *agentes dinámicos* (económico, social, político, cultural o ambiental) capaces de activar los *atractores*. Esos *atractores* surgen de las *interacciones* entre los distintos *sistemas*, *subsistemas*, y *componentes* de la sociedad (económicos, políticos, culturales, ecológicos, etc.) que caracterizan un *sistema social* determinado, que operan mediante los *activadores*. Estos pueden ser grupos políticos, líderes sociales, instituciones, ideologías, etc. Quizás todo lo dicho resulte un tanto enrevesado y poco comprensible. No importa mucho, porque su cabal conocimiento no es necesario para el propósito de este libro: aclarar el funcionamiento de los *sistema sociales humanos*, sus *leyes* y *procesos dinámicos*, su *evolución* en el tiempo, y las posibilidades de su *transformación*.

Antes de ver como *caos, atractores, activadores*, y demás componentes de los *sistemas complejos no-lineales* afectan al capitalismo, me gustaría señalar otros aspectos a tener en cuenta en el análisis del *mecanismo evolutivo* de las *sociedades humanas*. Lo primero es que contienen suficiente grado de *libertad* como para crear *creatividad*. Es lo que ocurre con el *sistema productivo* capitalista. Basado en la propiedad *privada* de los *medios de producción* y en el *mercado libre* (mecanismo de *autorregulación* económica), el capitalismo genera *inestabilidades y disfunciones* por la falta de suficiente nivel de *racionalidad*.[87] Ello es debido, en parte, a problemas *afectivos y emocionales* inherentes a toda *decisión humana*, pero también a la ausencia de suficiente *información* en *tiempo real*, ya que los efectos del mercado son *a posteriori*. En ese sentido la *Revolución Digital* significa un incremento notable de la capacidad de procesar la ingente *información* que genera el *sistema productivo*, pero que se *fragmenta* por efecto de la *propiedad,* lo que impide el aprovechamiento *integral* de la *información* y su *bucle retroactivo.*[88] En el capitalismo, la *información* generada por cada una de las empresas en *competencia adaptativa* debe volver *exclusivamente* a ellas para alimentar las decisiones de producción y venta (con mayor o menor acierto, ya que la *información* es pasado y la *proyección* se refiere al futuro) que se validará posteriormente en el mercado. Sin embargo, para que el *sistema productivo* funcione con plena *eficacia* sería necesario que la *información* se compartiese, lo que choca con las exigencias de la *competencia.* Por eso, el único *socializador de información* en el capitalismo es el Estado. Pero solo puede hacerlo de manera general, a nivel *estadístico.* Todo ello propicia la aparición de *fluctuaciones* y *despilfarro.* La búsqueda de la *optimización* del *beneficio*, si no está *reglada* por el Estado (reglamentación que no puede *sobrepasar* los *marcos funcionales* del capitalismo) conduce a las *crisis* y a la aparición de *avalanchas destructivas* que depuran el sistema (la *destrucción creativa* de Joseph Schumpeter).[89] Como consecuencia de la contestación social, la necesidad de *reglamentación* consigue imponerse... hasta que se supera la situación de *crisis* y se apacigua la contestación social. Las *ordenes ejecutivas* de Trump, eliminando las tímidas *regulaciones* de Obama, a los pocos días de llegar a la Presidencia de los EE.UU. no pueden ser más elocuentes. Como que representantes de Wall Street y la banca se hayan hecho cargo de la política económica.

Otra manifestación de la *complejidad nolineal* del *sistema productivo* capitalista es lo que podríamos llamar su *disbiosis* productiva, o pérdida de *equilibrio* entre *producción* y *consumo*, que lleva inexorablemente a las clásicas *crisis* de *superproducción*. Ello es debido a que el funcionamiento del *mercado libre* se basa en *supuestos* de compra, y no en la *racionalidad* que permite el conocimiento *predictivo* en base al *Big Data* de la *sociedad de la información*, cuyo uso está restringido por la *propiedad* y la *competencia*, como he señalado. Por eso las *crisis* del capitalismo son *inevitables* y periódicas, pero también *impredecibles*, como ocurre en los *sistemas complejos no-lineales*. [90] Todo ello agravado por la dificultad de implementar la adecuada *regulación* del *sistema productivo*, pese a que ya existe la posibilidad *técnica* para hacerlo: la *Revolución Digital*, debido a la *restricción* insalvable de la *propiedad*.[91] El resultado es una seria *limitación* de su potencial capacidad *productiva* y, por tanto, de la creación *sostenible* de la riqueza necesaria para satisfacer las crecientes *demandas* de bienestar y progreso social de los ciudadanos. *Demandas* que, paradójicamente, el propio capitalismo desarrollado, y su *sociedad de consumo*, necesita alimentar continuamente. Crear necesidades y no poder satisfacerlas en la medida y amplitud necesarias, esa es la *trampa autoinfligida* por el capitalismo desarrollado, y la principal *motivación* que impulsa la necesidad de *transcenderlo*. Algo que no ocurrirá por si solo, porque los *sistemas complejos adaptativos*, por muy *caóticos* que sean, no se *suicidan*. Al contrario, se *autorregulan*, se *autoorganizan*, se *adaptan*, pero no se *autodestruyen*. La *apoptosis* nunca afecta al *sistema* en su conjunto, sino a aquellas partes que lo ponen en peligro. Como veremos en el siguiente capítulo, el capitalismo es un sistema que se *autoorganiza*, regulado por las propias convulsiones *no-lineales* generadas por las *turbulencias* de las *crisis* y sus *intermitencias* de *caos* y *orden*. Pero no puede llevar su *autodefensa* hasta el extremo de *liquidar* a los trabajadores, que son el *sujeto social* que puede *transformarlo*. Por eso, su principal *mecanismo* de *supervivencia* no es el *coercitivo*, la *represión violenta* institucional, sino el *ideológico*. Y es en ese campo donde se dirime la lucha por la *Hegemonía;* al menos mientras se *enmarque* en las condiciones *democráticas* del *Estado de Derecho,* cuya defensa es, por tanto, un objetivo *prioritario* para los trabajadores.

La dinámica evolutiva *no-lineal* del sistema capitalista

Los *sistemas complejos no-lineales* poseen dinámicas *dicotómicas* cambiantes que los impulsan a crecer frente a otras que actúan en sentido contrario. La *sensibilidad a las condiciones de origen* y las dinámicas *dicotómicas* permiten modificar sus estados internos, y con ellos el *sistema* en su conjunto, de manera que el resultado puede ser su *transformación* en algo cualitativamente distinto, sin que por ello pierda las propiedades *emergentes* que lo caracterizan. En el caso de los *sistemas sociales humanos*, con un elevado nivel de *variables cualitativas* (institucionales, organizativas, económicas, políticas, psicológicas, ideológicas y culturales, etc.) y por tanto de una gran *complejidad,* el nivel de *incertidumbre* propio de la *no-linealidad* aumenta notablemente, por lo que la visión de su *naturaleza* y *dinámica* nunca puede basarse en un zafio y estrecho determinismo *lineal*, reduccionista y mecanicista, que trabaja con eventos *causales* capaces de ofrecer resultados *predecibles* e inexorables, como sostiene la visión *dogmática* del marxismo. Ni puede abordarse desde unas pocas disciplinas, como la economía y la política, sino que exige la participación de distintos dominios, como he señalado anteriormente, si queremos aumentar el valor descriptivo, explicativo y predictivo de las *sociedades humanas*, un *megasistema complejo, dinámico, no-lineal, abierto* y *adaptativo* que incluye a todos los demás *sistemas*. Digo esto, aún a riesgo de repetirme, porque para una *praxis transformadora* exitosa del *sistema capitalista* no se puede recurrir a esquemas simples ni propuestas simplistas, como es habitual hoy en la vida política.

En un *sistema complejo no-lineal* como el capitalista existen múltiples *atractores* (básicos, intermedios, profundos) por lo que se originan diferentes niveles de *estabilidad-inestabilidad*. Pero el *atractor extraño* fundamental es el *beneficio privado*: todo tiene que terminar generando *beneficio* empresarial para que el *sistema productivo* funcione. De ahí que para los *neoliberales* cualquier traba *regulatoria* suponga reducir la *eficiencia* del *sistema* y, finalmente, impedir que toda la *sociedad* termine beneficiada con la creación de la *riqueza*, obviando, lógicamente, el tema espinoso de su *distribución*. Es lo que llamo *complejo de Epulón*,[92] según el cual el flujo de *riqueza* solo puede moverse de *arriba-abajo*. Por eso, Lázaro tiene dos opciones: o esperar pacientemente bajo la mesa a que caigan la migas del banquete, rezando para que éste sea lo más abundante posible; o decidir que su sitio se encuentra en el centro de la mesa, con el resto de los comensales. Lo asombroso es que la parábola bíblica se ha convertido en *ciencia económica* ¡veintiún siglos después de Cristo! Sin embargo, en las *sociedades humanas* en general, y en el *sistema socioeconómico capitalista* en particular, existe un *ingrediente* especial, que es tanto un *subsistema* con características propias, por lo que puede ser analizado separadamente, como un factor de *cohesión* esencial que lo impregna todo, por lo que no puede ser *excluido* a la hora de analizar cada una de sus partes. Se trata de una nueva dimensión del *sistema,* sumada a las de orden *espacial* y *temporal*:

la *emergente* dimensión *cultural*. Una *dimensión* que *naturaliza* el resto de las *variables no-lineales* del *sistema,* abarcando desde lo económico, político y social a lo *ideológico*. Hay un aspecto de la *dimensión cultural* que afecta al carácter *abierto* del *sistema*, pudiendo actuar como un *input externo* determinante, con capacidad para *transcender* el funcionamiento del propio *sistema* del que forma parte. Me refiero a la capacidad *volitiva* de sus componentes, los humanos, que les permite *simular su futuro,* y orientar su actividad para lograrlo, aunque estén *constreñidos culturalmente* y *dominados ideológicamente* por mitos y tabúes, costumbres y reglas de conducta, normas jurídicas y obligaciones sociales, etc. Porque los *individuos* pueden ser impelidos, forzados, o convencidos para actuar en determinado *sentido,* sin que desaparezca su capacidad *volitiva*. Así, una parte sustancial de los componentes del *sistema capitalista*, los trabajadores, al actuar en el *marco* del *sistema* lo hacen, al menos inicialmente, como si no pudieran actuar de otro modo, aunque rechacen y *combatan* los aspectos concretos que les perjudican. Eso es el significado de la frase de Marx, citada anteriormente, sobre que los hombres hacen su propia historia, y no supuestas *determinaciones* económicas. Lamentablemente, en ocasiones Marx reflexiona sobre la *sociedad* como si se tratara de un *sistema lineal, natural,* dominado por la ley de la *causalidad*.[93] En ese no hacía sino reflejar la arraigada idea en su tiempo de que tanto la economía, como la física, estaban gobernada por leyes básicas e inmutables. Las palabras de Emerson son significativas:

> *Las leyes de la naturaleza se manifiestan a través del comercio, igual que una pila manifiesta los efectos de la electricidad. El nivel del mar no se mantiene con mayor seguridad que en la sociedad el equilibrio de*

valores mediante la oferta y la demanda; y el artificio, o legislación, se castiga a sí mismo con reacciones, beneficios exagerados y bancarrotas. Las leyes sublimes rigen independientemente de que se trate de átomos o de galaxias.[94]

En su afán por *simplificar* el mecanismo *evolutivo,* y resaltar la *contradicción fundamental* del *sistema productivo capitalista,* Marx lo reduce todo a la *dicotomía* proletarios/capitalistas, o clase obrera/burguesía, expresado dialécticamente como la *negación de la negación.* Esto propició que buena parte de los marxistas *clásicos* se instalaran en el confort *metafísico* que daba saber que, pasase lo que pasase, la inevitable revolución proletaria triunfaría, lo que les dispensaba de tener que *mancharse las manos.* La misma visión que, en el otro extremo, llevó a que la III Internacional apostara por la política de *clase contra clas*e, facilitando así el ascenso del nazismo.[95]

Los *sistemas sociales humanos* no son físicos, aunque los contenga; y no son biológicos, aunque los incluya, sino *culturales.* Esa es su *emergencia* definitoria, la que los convierte en una categoría especial de *sistemas complejos no-lineales,* y a la que no es posible aplicar *mecánicamente* los presupuestos del resto. Por lo tanto, carece de sentido, salvo a efectos de *estudio,* introducir *dualismos* y *dicotomías lineales* en su descripción, como *estructura-superestructura,* que es la fórmula con la que Marx trató de poner sobre sus pies la dialéctica idealista de Hegel:

> (...) *el conjunto de estas relaciones de producción forma la estructura económica de la sociedad, la base real sobre la que se eleva un edificio (Uberbau) jurídico y político y a la que corresponden determinadas for-*

mas de conciencia social. El modo de pro-
ducción de la vida material determina
(bedingen) el proceso de la vida social, polí-
tica y espiritual en general. No es la con-
ciencia del hombre la que determina su ser
sino, por el contrario, el ser social es lo que
determina su conciencia.[96]

Sin duda, el lenguaje *filosófico* de Marx, deudor de Hegel, resulta confusamente *dualista*. No existen *determinaciones* (*condicionamientos* en la formulación *blanda*),[97] sino *relaciones* propias de un *sistema complejo no-lineal*, consecuencia de la *dimensión cultural* de todo lo humano. Más cerca de una concepción *científica* se encuentra el filósofo húngaro Georg Lukács (1885-1971), quien en el capítulo dedicado Rosa Luxemburgo, de su libro *Historia y conciencia de clase*, señala:

El reinado de la categoría de totalidad es el
portador del principio revolucionario en la
ciencia (...) El método dialéctico en Marx
apunta al conocimiento de la sociedad co-
mo totalidad. Mientras que la ciencia bur-
guesa atribuye, bien sea, por realismo in-
genuo, una «realidad», bien sea, de
manera «crítica», una autonomía a las
abstracciones -necesarias y útiles desde el
punto de vista metodológico para las cien-
cias particulares- que resultan por una
parte de la separación entre los objetos de
la investigación y, por otra, de la división
del trabajo y de la especialización científi-
cas, el marxismo, en cambio, rebasa esas
separaciones elevándolas y bajándolas al
rango de momentos dialécticos. El aisla-
miento —por abstracción— de los elementos
tanto de un dominio de investigación como
de grupos particulares de problemas o de

conceptos en el interior de un dominio de investigación, es ciertamente inevitable. Sin embargo, lo decisivo es saber si ese aislamiento es solamente un medio para el conocimiento del todo, es decir, si se integra siempre en un justo contexto de conjunto que él mismo presupone y requiere, o bien si el conocimiento —abstracto— del dominio parcial aislado conserva su «autonomía», sigue siendo un fin para sí. [98]

Por su parte, Antonio Gramsci insistía en que las distinciones o *separaciones* (*fuerzas productivas-relaciones de producción, estructura-superestructura, sociedad política-sociedad civil,* etc.) sólo pueden tener una función *analítica,* recortes conceptuales que permitan *delimitar* campos de reflexión a ser explorados de un modo sistemático y riguroso, pero que de ninguna manera pueden ser pensados -en realidad, *reificados* o *cosificados-* como realidades *autónomas* e *independientes,* convirtiendo una *distinción metodológica,* como la que separa la economía de la política, en una *distinción orgánica,* y presentada como tal. En nuestros días me parecen muy pertinentes algunas de la ideas de Edgardo Lander, profesor e investigador de la Facultad de Ciencias Económicas y Sociales de la Universidad Central de Venezuela (UCV):

> (...) *la separación, con su extraordinaria eficacia tanto fraccionadora como naturalizadora de las relaciones de la sociedad capitalista, no fue superado plenamente por la crítica marxista. La crítica de la economía política parte del reconocimiento expreso de que no hay un ámbito separado –con lógica y leyes propias de funcionamiento– que pueda llamarse producción o mercado, ya que este opera en el contexto de una ins-*

titucionalidad política y de determinadas relaciones de poder. Sin embargo, con las categorías de infraestructura y superestructura, y su articulación dentro de un modelo explicativo de determinación en última instancia de la superestructura por la infraestructura -especialmente en el marxismo soviético y en el trabajo de la escuela de Althusser-, se introduce un esquematismo simplificador que amputa severamente la posibilidad de explorar las múltiples determinaciones recíprocas entre diferentes ámbitos de la vida histórica social... Lo cierto es que cada fase de desarrollo de las fuerzas productivas abre todo un abanico de posibles relaciones sociales y nada garantiza que un grupo concreto de ellas sea el que al final se acabe imponiendo.[99]

Resumiendo: es la *dimensión cultural* del *sistema capitalista* la que convierte la *praxis* del *sujeto social* en la única verdaderamente *determinante*, englobando en ella la *subjetividad* individual de sus componentes. Sin que ello suponga reducir la importancia de los distintos *condicionantes*, el principal de todos, el *ideológico*, que *delimita* la acción de los individuos, y del que depende, por lo tanto, la *supervivencia* del *sistema social*. Por su parte, dentro del conjunto de *sistemas* y *subsistemas* (políticos, económicos, ideológicos) que conforman el *megasistema social humano,* el fundamental es el *sistema productivo* en cuanto que supone su *soporte material,* las condiciones mínimas de subsistencia. Por eso es el *dominante*, el que tiene mayor capacidad de resistencia a la *transformación*. Y el que, a su vez, caracteriza el *sistema social* en su conjunto.

Como puede verse, la naturaleza *sistémica* del capitalismo tiene muy poco que ver con el fantasioso juego de *determinaciones* y *sobredeterminaciones* de los *estructuralistas*. Ni con los diversos intentos para salvar al marxismo de la *trampa* determinista, olvidando que Marx siempre consideró sus proposiciones *científicas* como *aproximaciones,* como descripción de *tendencias* que se pueden *rastrear,* sin que sea viable acceder al detalle y al conocimiento *íntimo* de todas las influencias y condicionamientos que actúan en la *sociedad capitalista,* a cuyo estudio dedicó sus mayores esfuerzos. Desgraciadamente, las *Ciencias de la Complejidad* tardarían todavía décadas en ser formuladas. Y, dicho sea de pasada, no deja de ser sorprendente que el viejo *reduccionismo económico* se ve reemplazado hoy por el *reduccionismo tecnológico,* en una curiosa pirueta *adaptativa* del más vulgar de los *materialismos.*

Por tanto, para comprender la *dinámica* del *sistema social capitalista,* y poder plantearse *su transformación socialista* de una manera *científica,* como pretendía Marx, y no solo *moral,* como los *socialistas utópicos,* es necesario no perder de vista varios aspectos. En primer lugar, que el capitalismo es lo que en *Ciencias de la Complejidad* se conoce como un *sistema consolidado,* donde una *entrada* tiene *efecto* en todo el *sistema.* Por ejemplo, la adquisición de un coche no es solo un acto *económico* que incide en la producción, la red comercial, el marketing, etc., sino que *interactúa* con otros *subsistemas* (la compra como afirmación del *status social*) que a su vez lo hacen sobre otros, todo lo cual genera *información* (Big Data) que posibilita la creación de nuevos *estímulos* de diseño industrial y comercial. A su vez, la *interacción* y *autorganización no-lineal* de los *subsistemas,* y de la propia *dinámica no-lineal* de estos, ocurre sin que exista *de-*

terminación del *sistema productivo,* aunque si una *jerarquía,* que es, como hemos visto, una de la cualidades de los *sistemas complejos no-lineales adaptativos.* La ubicación *espacio-temporal-cultural* de sus componentes es la forma de *jerarquía* que da sentido a su *interacción.* Ocurre como con la *disposición* de las palabras en el lenguaje. No es lo mismo decir: *el niño se comió una angula,* que *la angula se comió al niño.* Sin comprender esto es imposible establecer una exitosa *estrategia transformadora,* y la acción política queda reducida a la inoperante *dicotomía* del *todo* o *nada* que caracteriza tanto al *voluntarismo* revolucionario (*socialismo o muerte*) como al *fatalismo* histórico (el capitalismo caerá por su *propio peso*). Como avance de lo que trataré con mayor detalle en el tercer capitulo, me gustaría volver a señalar que la naturaleza *compleja no-lineal, dinámica, abierta* y *adaptativa* del *sistema socioeconómico* capitalista permite *introducir* elementos (*reformas estratégicas y gradualismo revolucionario*) cuyos *efectos* a largo plazo generan una elevada *densidad probabilística* de *transformación.* Para lo que es necesaria la *presión social permanente* (lucha de clases) a fin de mantenerlos y desarrollarlos frente a los intentos del *sistema* por *depurarlos.* Lo veremos con más detalle.

Crisis, bifurcaciones y senderos evolutivos

Estamos ahora en mejores condiciones de entender cómo actúa el *mecanismo evolutivo* de la *sociedad capitalista* descubierto por Marx: la relación *no-lineal fp-rp*. Se trata de un *sistema complejo dinámico* en el que los dos *subsistemas* se relacionan entre sí y con el *medio,* de forma que los cambios en uno de ellos afectan al otro, y a su relación con los demás *subsistemas* y, por lo tanto, al *sistema capitalista* en su totalidad. Aunque se puedan, y deban, estudiar por separado, forman una *unidad* inseparable, cada uno existe porque existe el otro y, en función del otro. Sus *propiedades funcionales* derivan de la *unidad sistémica* y no de cada componente por separado. Recordemos, en un *sistema complejo* sus características *funcionales* son siempre *emergentes*. Así, un pequeño incremento en la capacidad *productiva,* debida, por ejemplo, a cambios en la *tecnología,* puede tener grandes consecuencias en las *relaciones de producción,* y viceversa. Pero dado que la *propiedad* de los *medios de producción* es una *constante fuerte* del *sistema capitalista*, protegida jurídicamente, la relación *no-lineal fp-rp* tiende a *bloquearse* cuando se hace *conflictiva*. En consecuencia, la capacidad *productiva* del *sistema,* llegado a un nivel, se estanca, ralentiza, y finalmente entra en *crisis*. Es la situación en la que se encuentra actualmente el capitalismo desarrollado debido a la aplicación en el *sistema productivo* de la *Revolución Digital* (informatización, robotización, automatización). Esta imparable renovación tecnológica, impulsada por la competencia, se ve *limitada* por las actuales *relaciones de producción,* y muy particularmente por las relaciones de *propiedad*. Lo que, unido a los efectos de la *crisis financiera*, da como resultado un nulo o débil crecimiento económico, pese al gran potencial productivo. En consecuencia, se genera pobreza, *precariedad* en los puestos de trabajo, aumento del paro (parte del cual se *cronifica*), y pérdida del poder adquisitivo de gran parte de la población. Todo ello se manifiesta no solo en protestas ciudadanas y movilizaciones laborales reivindicativas, sino en un *malestar* social muy peligroso para la estabilidad política del *sistema* (rechazo generalizado al *establishment*). La pugna entre *austeridad neoliberal* y *keynesianismo socialdemócrata* evidencia la dificultad del *sistema* para encontrar una salida exitosa y eficaz a los efectos combinados del impacto tecnológico y la crisis financiera. Una respuesta es garantizar un ingreso mínimo. Lo hacen *liberales* como Friedrich A. Hayek, Nobel de Economía en 1974,[100] o el laboratorio de ideas *Adam Smith Institute* (ASI), que apoya la idea, esgrimida hasta ayer por una parte de la *izquierda*, de una *Renta Básica Universal* (RBU) que reduzca la intervención del Estado y garantice tanto la *paz social* como el mantenimiento del *consumo*.[101] Sin duda, la necesidad de alguna modalidad de *renta básica* terminará imponiéndose, almenos en los paises más ricos y con mayor sensibilidac social y luchas reiviicativas, que cumple cumple una triple función, erradicar la pobreza, impedir la exclusión social, y permitir la necesaria *movilidad* laboral en la *economía del conocimiento*. Más adelante hablaré de la *Renta Básica Garantizada* como una propuesta de la izquierda *transfornadora* dentro de sus *reformas estratégicas* orientadas a potenciar el carácter progresivo de la imposición tributaria, y a incrementar las vías directas de redistribución. (ver pag. 234).

Ante una *crisis* como la iniciada en 2007, capaz de provocar serios deterioros (*avalanchas destructivas*), las medidas de *austeridad* para superar las *turbulencias* y *fluctuaciones* del *sistema productivo* resultan *ineficaces*, incluso si están *moderadas* por la *intervención* del Banco Central Europeo. Las primeras afectadas son las políticas de *bienestar*, que ven el *gasto social* notablemente reducido, por lo que la imprescindible capacidad *mitigadora* del *sistema*, tan duramente conquistada, se debilita peligrosamente, aumentando el sufrimiento de los más desfavorecidos y desprotegidos. A su vez, se busca ganar *competitividad* mediante la *devaluación* salarial, la *reforma laboral* regresiva que facilita el despido, reduce la capacidad negociadora de los trabajadores, y favorece la *precariedad* del empleo. Todo ello supone aumento de la *desigualdad* pese a la mejora del PIB. No hay que olvidar que la actividad económica capitalista tiende a generar *desigualdad,* y que todos sus *ciclos* terminan pasando por ella, en una *pauta fluctuante* inevitable, que así experimenta un crecimiento global pese a espacios relativos de disminución.[102] Cierto, la *pobreza* puede verse notablemente *reducida,* como ocurrió en Brasil con los gobiernos de Lula. Pero hasta en donde disminuye, la *desigualdad* sigue aumentando, tal como han demostrado los estudios de Piketty.[103] Incluso en situaciones donde las políticas *redistributivas* han seguido actuando, y el *Estado del Bienestar* no han sufrido los efectos de la crisis, la *desigualdad* no ha disminuido (Curva de Kuznets, trabajos de Stiglitz, etc.).

Todo lo dicho hasta ahora demuestra *empíricamente* cómo en las situaciones de grave *crisis sistémica* se manifiestan con claridad los fenómenos de los *sistemas complejos no lineales,* tal como los venimos describiendo. Inevitablemente, en su *dinámica* llegan a alcanzar un *estado crítico,*[104] se convierten en *caóticos,* pierden temporalmente sus *escenarios armónicos* (donde predomina el *orden),* y alcanzan el *estado de bifurcación,* donde hay que tomar una decisión, lo que propicia dos *posibles* desenlaces con sus *campos de soluciones*: o se *reajustan* (al tiempo que se *defienden*) para recuperar las *pautas* de *funcionamiento* (mediante políticas económicas de *ajuste*), asumiendo sus *costes* (conflictos sociales) e iniciar así un nuevo ciclo económico; o se dirigen hacia un proceso de *transformación.* Es la *ventana de oportunidad* que se *abre* en el *límite del caos,* un *estado crítico* que, paradójicamente, es también el punto de máxima *eficiencia* productiva.[105] El camino que seguirá el *sistema* dependerá de que triunfen sus *mecanismos* de *salvaguarda,* principalmente *ideológicos,* o que se imponga la acción *consciente* del *sujeto social* (trabajadores) interesado en dicha *transformación.* Se trata de un proceso *cíclico* sin una resolución *predeterminada,* pero que tiende a mantenerse dentro de sus propios parámetros. Y ello es así porque, como hemos visto, se trata de un *sistema abierto no-lineal* donde la acción *consciente* de la parte de sus componentes (*clase*) que pugnan por la *transformación* depende del *subsistema cultural* que permite la *dominación ideológica.* O, dicho de otra manera, la posible *transformación* no surge *espontáneamente,* ni es producto de las *metástasis* internas del *sistema productivo* de las que habla Paul Mason en su libro *Post capitalismo* (aunque *habelas, hainas*), sino de la *acción consciente* del *sujeto social* que puede beneficiarse del nuevo *sistema productivo* y, con ello, el conjunto de la *sociedad.* Los que no poseen la *propiedad* del capital y, por consiguiente, los *medios de producción,* los trabajadores asalariados, constituyen, por utilizar un término de la *evolución* biológica, la *especie clave,* indispensable para el *sistema productivo,* y cuya composición (variada y cambiante) constituye la gran mayoría de la población. Pero para ello hace falta que una parte significativa (*dirigente*) de dicha mayoría social se *libere* de la *subyugación ideológica* y proponga una *alternativa* creíble y *demostrable* en el mismo proceso de *transformación.* Esa es la tarea del *agente político,* los elementos del *sujeto social* que ya se han *liberado* y actúan como *factor de liberación* en el conjunto. Es el triunfo de la *razón emancipadora* frente a la *razón opresora,* que trataré en el próximo capítulo.

Para defender *ideológicamente* el capitalismo del efecto *deslegitimador* de sus *crisis,* consecuencia de la naturaleza *no-lineal* del *sistema productivo* capitalista, los *neoliberales* y *reformistas* recurren al gran *fetiche* del crecimiento económico, medida de todo lo bueno del capitalismo. Pero el PIB no significa gran cosa, salvo para sus adoradores, si no se le relaciona con el *índice de calidad de vida,*[106] donde se tiene en cuenta otros indicadores como la pobreza, el desempleo, la desigual distribución de ingreso, la vivienda, salud y educación (*real y no solo de derecho*), el impacto *medioambiental,* etc. que han sido considerados los *desórdenes* tradicionales del *sistema.* Estos aspectos *vividos* por la población, y no tanto los datos *macroeconómicos,* con su comportamiento *disruptivo,* son los que inciden en los sucesos *sociopolíticos* que agitan y ponen en cuestión, en situaciones *caóticas,* el *orden* establecido. La conjunción de tales *desordenes* interacciona a su vez con el *sistema productivo,* evidenciando así su carácter *complejo no-lineal.* En ese sentido, puede afirmarse que *no hay orden sin sacrificio.* Y que en el *sistema productivo capitalista* el *sacrificio* siempre corre a cargo de los mismos, precisamente los que menos se benefician del *orden.* Por eso las *limitaciones* del capitalismo no estriban tanto en sus inevitables ciclos de *orden-caos-orden,* sino en que solo puede resolverlos de una manera *socialmente injusta,* aunque aumente su *eficacia económica.* El capitalismo no puede salir de ellas al modo del barón de Münchhausen, que consiguió escapar de las arenas movedizas tirando de las lengüetas de sus propias botas, técnica conocida como *bootstrap* (lengüeta en inglés).[107] Esa imposibilidad es la que plantea la necesidad de *superarlo,* o soportar *ad æternum* sus *crisis destructivas.*

Tenemos, por tanto, dos aspectos del *sistema complejo no lineal capitalista* que posibilitan sus *transformación* y que, paradójicamente, han sido rechazados airada y violentamente por los marxistas *dogmáticos* en su lucha contra la *social-democracia* cuando se ha intentado una respuesta distinta al capitalismo que no fuera la revolución: la alta *sensibilidad a las condiciones de origen* y las *bifurcaciones* en el *límite del caos,* con la consiguiente *ventana de oportunidad*. De no existir, la acción política de los trabajadores solo podría alcanzar sus *objetivos* socialistas mediante el *asalto* al poder y la *destrucción* desde fuera del *sistema* para construir el nuevo sobre sus ruinas. Hay que tener en cuenta que esta visión *fatalista* del *derrumbe* del capitalismo, y su entierro por los *sepultureros* proletarios, tal como se anuncia *proféticamente* en el Manifiesto Comunista, y llevada a la práctica por Lenin (pero que Marx matiza y relativiza en sus escritos económicos y filosóficos), se inscribe en la tradición revolucionaria europea, cuyo origen es la Revolución Francesa y las posteriores convulsiones revolucionarias del siglo XIX. Se olvida, sin embargo, que básicamente se trataba de violentas *luchas populares* donde intervenía -y dirigía- una parte de la burguesía, cuyo objetivo era *eliminar* las trabas *absolutistas* al crecimiento pleno y libre del capitalismo, aunque en ellas participara, como fuerza más combativa y con intereses propios, la *clase obrera*. Violencia que se volvía contra los trabajadores cuando intentaban desbordar sus límites, y adquiría un protagonismo peligroso. Es decir, lo que se dilucidaba era una *revolución democrático-burguesa* para limpiar de obstáculos un *sistema productivo* ya implantado, o incipiente, pero *constreñido* por unas *relaciones de producción* que suponían un freno a su desarrollo. Incluso la *Comuna de París*, donde Marx quiso ver la forma, al fin descubierta, de *dictadura del proletariado*, no se planteó la *instauración* del *socialismo*, sino instaurar un poder *comunal,* defender la *Nación* de los invasores alemanes ante la claudicación de los dirigentes republicanos franceses, e implementar medidas *socioeconómicas* que no desbordaban el marco *capitalista*. Pero de esto ya he hablado.[108]

La primera revolución *proletaria* propiamente dicha es la soviética de 1917. Un acontecimiento que supuso la *prueba de fuego* de la teoría marxista *clásica,* su constatación *empírica.* Como señaló el filósofo y escritor mexicano Adolfo Sánchez Vásquez, en su discurso de investidura como Doctorado Honoris Causa en la Universidad de La Habana, el 16 de septiembre de 2004, *en cuanto teoría de vocación científica, el marxismo pone al descubierto la estructura del capitalismo, así como las posibilidades de su transformación inscritas en ella, y, como tal, tiene que asumir el reto de toda teoría que aspire a la verdad: el de poner a prueba sus tesis fundamentales contrastándolas con la realidad y con la práctica. De este reto el marxismo tiene que salir manteniendo las tesis que resisten esa prueba, revisando las que han de ajustarse al movimiento de lo real o bien abandonando aquellas que han sido invalidadas por la realidad.* Y la realidad de la URSS ha resultado una *refutación* en toda regla del marxismo *dogmático.* En lo que aquí nos interesa, una impugnación trágica, no del *marxismo,* sino de su concepción *lineal, binaria, dualista,* y *maniquea* de la historia, fruto de su ignorancia del *mecanismo evolutivo de las sociedades humanas* descubierto por Marx, que se explica *científicamente* desde la *Ciencias de la Complejidad* y la teoría de la *praxis política.*

Cien años después sabemos que la toma *violenta* del poder y la *destrucción* del Estado solo puede tener justificación en situaciones *excepciona* *les* (guerra, dictadura, colonización, etc.), permite construir el *socialismo* a *golpe de decreto.* En esos casos concretos, los cambios radicales del *sistema productivo* solo son *efectivos* para el objetivo *socialista* si se realizan sobre, y en, el *sistema realmente existente.* Así lo entendió, aunque tal vez demasiado tarde, Lenin cuando no dudó en aplicar la *Nueva Política Económica* (NEP) para salvar la revolución del inminente colapso económico. Lo que le supuso tener que vencer la oposición y resistencia de una gran parte de la dirección bolchevique. A su muerte, Stalin la abolió para continuar con la construcción del *socialismo en un solo país* mediante el control absoluto del Estado sobre la sociedad. Un verdadero desastre que, al menos, nos permite entender y corregir las *falacias* teóricas y las *ilusiones* prácticas del *corpus* marxista *dogmático.*

Un pequeño cambio hoy, un gran cambio mañana

La *evolución* no da saltos *creativos* en el vacío, ni los *sistemas complejos* se *autodestruyen* para *transformarse.* Son los cambios *acumulativos,* generalmente pequeños, los que dan origen a nuevas *especies* y a nuevos *sistemas productivos,* para lo que es precisa la *interacción* de ciertos factores *internos* y *externos,* propios de todo sistema *abierto.* En el caso de las *especies,* los cambios, incluso *catastróficos,* del medioambiente; en el de los *sistemas productivos,* la *acción consciente* de una parte de sus componentes. Sin embargo, no todos los cambios generan la aparición de una nueva *especie,* ni provocan la *transformación* de la *sociedad.* Hay cambios *adaptativos* que mejoran la capacidad de *supervivencia* hasta cierto *nivel* en que, como he dicho, los *costes* son superiores a los *beneficios.* Por ejemplo, la *eficiencia* en la carrera de una yegua supone no superar un punto en el que la *fragilidad* de sus patas corre peligro. El *equilibrio* entre *coste* y *beneficio* se traduce en *congelamiento* adaptativo hasta que cambian las condiciones de *interacción* con el medio. Para seguir con el símil: sin los colmillos del lobo la gacela no tendría su elegante ligereza. Por eso, para que los cambios se inscriban en un proceso de *transformación* es necesario que su *interacción* dentro del *sistema* suponga, en el *tiempo,* la aparición de una *potencialidad evolutiva* nueva. De ahí que los cambios *graduales* no impliquen necesariamente un final *transformador*; ni que todas las *reformas* conduzcan necesariamente a un cambio en la *naturaleza* del *sistema*. En el caso de los *sistemas productivos* resulta fundamental que los cambios *graduales* y las *reformas* estructurales se enmarquen, tengan sentido, y adquieran su razón de ser, dentro de una *estrategia* de *transformación socioeconómica*, en el *horizonte* socialista.

De ahí que, para resultar *factible* ese *horizonte* socialista, los trabajadores deban enfrentarse al mecanismo de *conservación reformista* formulando un <u>proyecto de sociedad</u> que se inscriba en un proceso *democrático* y *participativo* de *transformación*, basado en los ya mencionados *reformismo estratégico* y *gradualismo revolucionario*. Se trata de dos conceptos que exigen una mayor precisión porque contienen términos susceptibles de ser malinterpretados. Y con razón, ya que *reformismo* y *gradualismo* han sido invocados como coartada y justificación de las políticas *socialdemócratas*, en cuyo *horizonte* no se encuentra precisamente el *socialismo*. Sin embargo, Marx y Engels, en el *Manifiesto Comunista*, ya señalaban que *el proletariado utilizará su primacía política para arrancar <u>poco a poco</u>* (el subrayado es mío) *a la burguesía todo el capital, para centralizar, en manos del Estado, es decir, del proletariado organizado en clase dirigente, todos los medios de producción*. Pero no se trata de coger por los pelos unas palabras de Marx, sino de comprender cuál es el *mecanismo* real de *transformación*, más allá del *voluntarismo revolucionario*, hoy tan inoperante como pernicioso al fortalecer algunas *ideas-fuerzas* de la *ideología dominante*. Veamos.

En primer lugar, tal como hemos dicho, la *no-linealidad* de los *sistemas complejos* supone que cambios pequeños iniciales pueden tener efectos extremos en el tiempo, el famoso *efecto maripo-sa*. Pero también que de grandes cambios pueden resultar efectos pequeños. Es decir, no todos los cambios *graduales* de un *sistema abierto* generan los mismos resultados. En los *sistemas sociales humanos,* esta característica permite establecer la diferencia fundamental entre *reformismo estraté-gico,* que termina *transformando,* y *reformismo táctico,* que solo busca *conservar.* Utilizaré un ejemplo de *reformismo estratégico* tomado de la *genética* para explicarlo. El gen *Notch* determina una proteína esencial en la ruta de *señalización* in-tercelular, una cadena de interacciones moleculares dentro de una célula que se inicia mediante una *se-ñal* generada en otra célula lindante. La célula así *estimulada* tiene un *destino de desarrollo* diferente al que hubiera seguido de no haberse producido la *señal.* Es decir, un cambio en los mecanismos de *poder* en algunos *subsistemas* de la sociedad puede orientar el *destino de desarrollo* en dirección dis-tinta al capitalista, como puede ocurrir en las for-mas de *propiedad* y su relación con la *democracia* en la empresa y la economía (*autogestión democrá-tica y cogestión vinculante*).[109] En cambio, el *siste-ma inmunológico,* por ejemplo, genera cambios fi-siológicos para mantener la salud del organismo. En el caso del *reformismo conservador* lo que bus-ca es *adaptar* el *sistema* a las exigencias de su pro-pio desarrollo, como ocurre con los cambios, algu-nos profundos, en la organización de la *administración,* la *competencia,* el *comercio,* etc. Es decir, las *reformas* pueden ser tanto *adaptati-vas* para la *mejora funcional,* tal como ocurre con las leyes laborales, funcionamiento de la administra-ción, regulaciones comerciales y medioambien-tales, etc.; como pueden tener por objetivo imple-mentar *reformas estratégicas* que *alteren* la funcionalidad del *sistema.* Un ejemplo son las que yo llamo *áreas de socialización,* espacios socioeconómicos de *propiedad* pública, como todo lo concerniente al *Estado del Bienestar,* la creación de un sector financiero estatal, la nacionalización de industrias básicas vinculadas a las comunicaciones, la energía y la salud, etc. Son propuestas habituales en los programas políticos de la *izquierda,* pero que no acostumbran a estar vinculadas a un *horizonte de transformación socialista* que les de sentido y permita aprovecharse de sus *sinergias,* por lo que suelen entenderse como un *mientras tanto* con el que hay que transigir a la espera de que llegue la *revolución.*

Una de la *reformas estratégicas* de mayor impacto en el proceso de *transformación socioeconómica* consiste en implantar la *democracia* en el ámbito de la economía (*autogestión democr* de lo público, *cogestión* de lo privado), rompiendo con la exigencia *liberal* de que la democracia se *detenga* a la puerta de la empresa, ya que no puede actuar en el ámbito de la *economía* privada, cuyo funcionamiento se deja a la acción del *mercado,* donde se realiza la *ficción liberal* de un *contrato libre entre iguales.* Los trabajadores son *ciudadanos* en la *sociedad civil,* pero *súbditos* en el ámbito *empresarial,* sin capacidad para *gobernar* su propio trabajo. La *igualdad* jurídica, que está en la base de la democracia, desaparece, y el *ciudadano* debe perder su condición *política* para convertirse en *trabajador* sometido a la *autoridad* del empresario, con el que se supone ha pactado *libremente* su relación laboral. Se trata de la ruptura *jurídica* del *trabajador-ciudadano* para anular la dimensión *política* de la actividad *económica,* negando su naturaleza de *zoom politikón* (dimensiones social y política de la gobernación de la polis) de la que hablaba Aristóteles. Esta forma de *neofeudalismo* es el gran *déficit* democrático del *sistema capitalista,* y campo *estra-*

tégico de las *reformas transformadoras*. Lo mismo ocurre en el campo *institucional* de la *democracia representativa*. Además del desarrollo y defensa frente a la *regresión* autoritaria, del *Estado Social y democrático de Derecho*, el *reformismo estratégico* busca *ampliarlo* más allá de sus *limitaciones liberales,* con el desarrollo de la *democracia participativa, deliberativa y directa.*

Lo mismo cabe señalar respecto a la diferencia entre *gradualismo revolucionario y gradualismo reformista.* Diferencia en nada fortuita ni aleatoria, como ocurre en el resto de los *sistemas complejos no-lineales,* sino causada por la *acción consciente* (principio de *volición*) de los componentes (*sujetos sociales*) del *sistema.* El *gradualismo revolucionario* consiste en introducir en el *sistema* un incremento *progresivo* de cambios que inciden de manera *determinante* en él, *transformando* finalmente su *naturaleza.* Es lo que ocurre, por ejemplo, con los elementos de la tabla periódica; por el contrario, los cambios introducidos por el *gradualismo reformista* no afectan a la *naturaleza* del *sistema,* sino que alteran determinadas *características* suyas, como cuando un átomo pierde o gana (en realidad *comparte*) uno de sus electrones, cargándose positivamente (*catión*) o negativamente (*anión*), perdiendo su neutralidad eléctrica; o cuando se añade un neutrón al núcleo del átomo (*isótopo*).[110] Aplicado a los *sistemas socioeconómicos,* el *gradualismo revolucionario* se orienta a provocar un resultado final *transformador* partiendo de modificaciones iniciales (*sensibilidad a las condiciones de origen*).

Ambos mecanismos, *reformismo estratégico y gradualismo revolucionario*, interaccionan entre si, y sobre el *sistema socioeconómico* en su conjunto, en un proceso de *retroalimentación* que potencia los efectos *transformadores*. Y, al mismo tiempo, posibilitan avanzar *posiciones* en el entramado *institucional*, lo que permitirá, de acuerdo con la *correlación de fuerzas* políticas y la presión social, implementar medidas que mejoren *inmediatamente* la vida de los trabajadores, y *ejemplarizar* así la posibilidad del nuevo *modelo de sociedad*, tal como señala acertadamente el Catedrático de Economía Juan Torres López en su artículo *Los retos de las izquierdas*.[111] Es el verdadero sentido de tan cacareada, como mal comprendida, *guerra de posiciones* teorizada por Gramsci. Algo fundamental debido a la *preeminencia* inicial del *reformismo táctico* y *gradualismo reformista*, ya que son las formas y mecanismos del *sistema* para su *supervivencia*, mientras que el *reformismo estratégico* y *gradualismo revolucionario* tienen que vencer las resistencias *naturales* del *sistema*.

Se trata, en suma, de implementar *soluciones socialistas* a la *crisis sistémica* del capitalismo desarrollado en un proceso de *reformas estratégicas* y *gradualismo revolucionario* encuadradas en un nuevo *horizonte socialista* acorde con la realidad de nuestro tiempo. Un proceso que, partiendo de la más amplia *confluencia socialista,* y mediante el juego cambiante y dinámico de *alianzas coyunturales* (fundamentalmente con la *socialdemocracia,* y siempre que sea posible), permita dar respuesta a las *demandas* populares con medidas que busquen la paulatina *transformación* de la realidad *socioeconómica*, y no *ajustándose* a ella para *reformarla*. Por supuesto, está por ver lo que puede dar de sí una *praxis* política de *reformas estratégicas* y *gradualismo revolucionario,* ya que el sistema capitalista tratará de *neutralizarla*. No será fácil, salvo que se apoye en la gran mayoría de trabajadores, proclives inicialmente a soluciones *reformistas,* cuyos efectos beneficiosos han podido comprobar en las épocas de crecimiento acelerado. Pero en la situación actual de *crisis que no cesa,* donde interviene el efecto *disruptivo* de la *Revolución Digital,* resultaría disparatado tratar de ganarse esa mayoría mediante políticas *socialdemócratas,* más o menos *radicales,* que han demostrado su *inoperancia* al basarse en presupuestos similares a los del *neoliberalismo,* eso sí, con retoques *keynesianos.*

En resumen, es una evidencia empírica, aunque no suficientemente estudiada desde el punto de vista de las *Ciencias de la Complejidad,* que el *sistema productivo* capitalista cambia, se *reforma* y adapta *gradualmente* hasta que alcanza un *estado crítico,* tal como ocurre en los *sistemas complejos no-lineales, dinámicos, abiertos y adaptativos,* aunque con la peculiaridad de poseer una dimensión *emergente* más, la *cultural.* Dimensión que es, a su vez, un *sistema* con distintos *subsistemas.* Es decir, se trata de un *megasistema* de una *complejidad* no superada por ningún otro *sistema,* lo que supone un incremento notable de *incertidumbre,* y un rango elevado de *maleabilidad* o *autotransformación,* debido a que sus componentes, los seres humanos, son los *agentes conscientes* de su *sistema social.*

Por otra parte, como hemos visto, las grandes *crisis* del *sistema productivo* capitalista son las *escaladas adaptativas* en el modelo de los *sistemas complejos dinámicos no-lineales y abiertos.* Esas *escaladas* se inician con la aparición de *fluctuaciones* en los *valles,* por seguir con el símil topográfico, lo que impulsa la adopción de *reformas* para recomponer y reorganizar los elementos del *sistema* y sus *interacciones* en un proceso *no-lineal* que culmina en el *pico adaptativo,* zona de máxima *eficiencia,* que es el *límite del caos.* Proceso *adaptati-*

vo posible porque el *sistema* tiene poderosos *atractores extraños,* principalmente el *beneficio privado,* que se realiza en el *mercado libre* y la *libre competencia,* lo que presupone que dentro del sistema se *mercantilice* todo lo que puede ser mercantilizado, *conditio sine qua non* para que entre en el circuito comercial y pueda generar *beneficio.* En eso estriba tanto su inmenso potencial *creativo,* como sus efectos *perversos,* piadosamente conocidos como *externalidades negativas,* que no surgen por *maldad* de los capitalistas (aunque puedan agravarse por falta de escrúpulos a la hora de saltarse las propias reglas del *sistema*) sino como consecuencia *inevitable* de su naturaleza *productiva.*

El principal impulsor de los *reajustes adaptativos* es el *incremento* de las *fuerzas productivas* por innovación *científico-técnica.* Así ocurrió con el fuego, la rueda, el arado, la imprenta, la máquina de vapor, el motor eléctrico, el motor de combustión, el transistor, o está ocurriendo con la informática, Internet y la Inteligencia Artificial. Incrementos que necesitan modificar las *relaciones de producción,* reconfigurándolas para que puedan actuar *eficazmente,* y las empresas competir en el mercado, crecer y *sobrevivir* en la confrontación. Esta *dinámica* genera episodios *caóticos,* con sus *fluctuaciones* y *turbulencias,* cuyos efectos *sociales* sobre la mayoría de la población, y el rechazo a asumir sus consecuencias, pueden llegar a poner en riesgo de *supervivencia* el *sistema productivo.* A su vez, las *convulsiones sociales* se resuelven *políticamente* en el seno de la *instituciones* y *aparatos* de poder, el Estado, que es el gran *mediador* y el último recurso de *supervivencia.* De ahí la trascendencia de conquistar *posiciones* en la sociedad *política,* ya que en el *Estado Democrático* los procesos *adaptativos* se *regulan,* en gran medida, *legislativamente,* actuando el Estado de *facto* como el principal *agente económico* (leyes laborales, mercado de valores, competencia, impuestos, legislación medioambiental, empresas estatales, prestaciones sociales, obra pública, etc.) Si el *poder político* lo ejercen las fuerzas defensoras del *sistema productivo* capitalista, bien en su formulación *neoconservadora,* que tratará de reducir esa *intervención estatal* al mínimo, bien en la *social-liberal* y *socialdemócrata,* que intentará dotarla de *contenido social,* el *sistema productivo* se *reformará* más o menos *eficazmente,* pero no se *transformará* (si bien es preferible que lo haga bajo la dirección *reformista* con mayor *sensibilidad* social). Por el contrario, si el *poder político* lo ejercen fuerzas cuya acción *legislativa estatal* está *orientada* hacia la *transformación* del *sistema productivo,* el proceso concluirá con la formación de un nuevo *sistema productivo.* Se trata de un proceso *continuo* en el que se produce una especie de *cambio de fase.*[112] La *naturaleza* del sistema se *transforma* sin saltos en el *vacío,* por otra parte necesariamente *destructivos,* y que, finalmente, desembocan en la *desaparición* del *sistema* y la *restauración* del anterior, como ha ocurrido en el llamado *socialismo real.*

Como puede verse, esta realidad, *empíricamente* avalada tanto por el desarrollo de un capitalismo que se suponía *agonizante,* como por los intentos *totalitarios* de construir el *socialismo,* choca con la visión simplista del Estado como algo que se debe *ignorar,* en el caso de los anarquistas, o *destruir* como proclaman los *ultrarevolucionarios* y, curiosamente también los *ultraconservadores,* especie de *anarquistas de derechas* abundante en EE.UU. Hoy parece evidente que *ocupar posiciones* (conquista política *democrática* sometida a *revocación*) en el Estado y sus instituciones, implementar *reformas estratégicas* y aplicar un consecuente *gradualismo revolucionario,* acorde a la realidad socioeconómica (y las posibilidades de la actual *globalización* capitalista), es el camino hacia la *transformación* socialista del capitalismo. Lo que exige *ampliar* la democracia *representativa* liberal con el desarrollo de *formas estales externas* de *democracia participativa, deliberativa y directa.*[113]

Ahora bien, el ritmo, intensidad y profundidad de las *reformas estratégicas,* y la dimensión, amplitud y ritmo del *gradualismo revolucionario,* dependerá de la *correlación de fuerzas* entre *neoliberales, socialdemócratas,* y la *izquierda* (o izquierdas) *radical.* No hay recetas ni procesos previsibles *a priori,* al tratarse de un *sistema complejo no-lineal.* Es necesario evaluar adecuadamente la *situación* concreta en cada país capitalista, sus instituciones y desarrollo socioeconómico. Y ser capaces de establecer los acuerdos y alianzas precisos. Porque cuando el futuro no está *predeterminado,* el resultado de la acción es *probabilístico,* y la *incertidumbre* muy alta, la única guía para la acción *política* es el *horizonte socialista,* punto de no retorno donde la *transformación* del *sistema socioeconómico* se hace *irreversible.*

El viejo eje izquierda-derecha y las nuevas dicotomías

Eso nos plantea el problema de los *ejes* de la lucha política y el *juego de alianzas.* Parece existir ciento consenso en que la vieja *dicotomía* entre *izquierda-derecha* tiene cada vez menos sentido en las sociedades de capitalismo desarrollado. La ciudadanía ya no percibe la política exclusivamente desde esa óptica *ideológica,* sino desde la urgente necesidad de soluciones concretas a sus problemas concretos, vengan de donde vengan. De ahí que el campo de la *táctica* política no pueda substraerse al *juego de alianzas* cambiantes, que solo pueden transcender la *coyuntura* si existe un horizonte *estratégico* de *transformación* del *sistema socioeconómico* en el que se inscribirla, dentro de la lucha por la conquista de la *hegemonía*.

El eje *izquierda-der*echa es siempre una *simplificación*, útil en los países del capitalismo poco desarrollado, con fuerte *dicotomía* social y política. Lo que se ocurre en las sociedades desarrolladas es una pugna *ideológico-práctica* entre las opciones políticas que buscan la *conservación* (que en el caso de la *extrema derecha populista* contiene una fuerte nostalgia por los viejos tiempos); las *reformas funcionales*, incapaces de satisfacer las *demandas* sociales generadas por el propio *sistema*; y las propuestas *transformadoras* orientadas a implementar las necesarias *reformas estructurales* para *superar* los condicionantes y las trabas del *sistema productivo* capitalista a un desarrollo *sostenible* y el reparto de la riqueza *equitativo*, como veremos en el último capítulo.

Es decir, el *eje izquierda-derecha* ya no resulta *operativo* cuando los partidos políticos apuestan por la *transversalidad,* e incorporan en sus programas aspectos que antes se ubicaban en alguno de los dos campos, como ejemplariza la sorprendente (y preocupante) coincidencia entre numerosas propuestas de la *extrema derecha* parafascista del Frente Nacional francés, y la *izquierda populista* de la Francia Insumisa. Esa misma *transversalidad* permite ampliar los puntos de acuerdo entre las distintas fuerzas políticas de *izquierda* y *centroizquierda* a ciertas formaciones del *centro liberal*. Por ejemplo, las políticas *neoliberales* tratarán de reducir al máximo el *Estado del Bienestar*, mientras que las políticas *reformistas* buscarán hacerlo más *eficiente* y menos *costoso*, privatizando aquello que pueda ser más útil a tal fin (que incluye la obtención del beneficio empresarial), mientras las políticas de *izquierda* luchan por consolidarlo y desarrollarlo, ampliando su campo de *socialización*. De ahí que, según la *correlación de fuerzas,* es posible, y tal vez sea necesario, articular acuerdos *coyunturales* con *centristas* y *socio liberales* frente a *conservadores* y *neoliberales.*

Esta realidad *compleja* y *dinámica* es la que permite una gran variedad de acuerdos tácticos *coyunturales* que es la base de lo que yo llamo política de *reformas estratégicas* y *gradualismo revolucionario*, la forma mediante el cual se desarrolla lo que Gramsci llamaba *guerra de posiciones.* Es decir, ganar *espacios institucionales* de *transformación* madiante el control *democrático* los instrumentos de *poder* que permite el *Estado Social y democrñatico de Derecho.* Por no comprenderlo, *Podemos,* atenazado por su *momento populista,* impidió en Marzo de 2016 la investidura de Sánchez, permitiendo el gobierno de Rajoy, en una apuesta de *todo o nada* fallida, como era de prever.

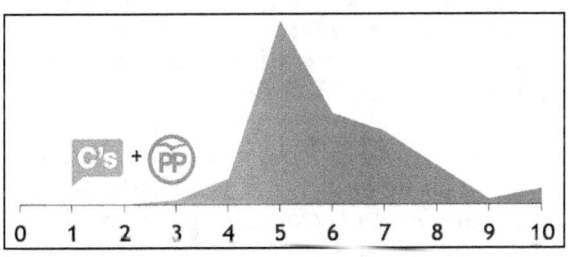

Fig. 1. *Perfil ideológico de los votantes de Ciudadanos y Partido Popular en el eje izquierda-derecha. Fuente: Metroscopia.*

En resumen, frente al diagrama convencional (y *lineal*) del *eje izquierda-derecha,* resulta más ajustado a la realidad un *diagrama de campos,* donde las *respuestas* programáticas son *conservadoras, reformistas* y *transformadoras,* y se solapan en numerosos aspectos. Y donde la ubicación espacial *política* que no es ya *absoluta*. (ver fig.1 y 2).

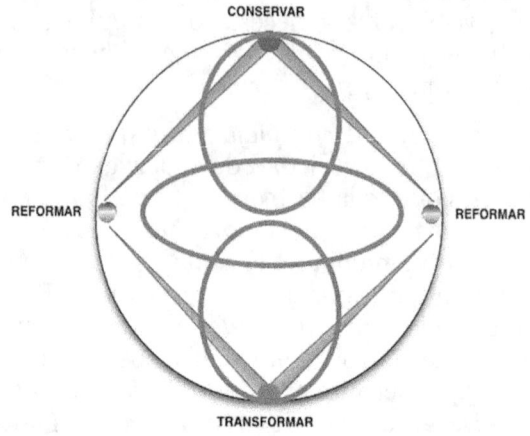

Fig. 2. Diagrama de la ubicación de fuerzas políticas según los campos conservador, reformista y trasformador.

Como he dicho, y repito a riesgo de resultar pesado, en la situación actual de salida *neoliberal* o *social-liberal* a la *crisis sistémica* es necesario implementar una amplia *confluencia socialista* entre las fuerzas políticas, sindicales y movimientos sociales si se quiere dar adecuada respuesta a la *recesión-estancamiento-crecimiento insuficiente* que opere sobre las *relaciones de producción* causantes de la *desigualdad-precariedad-pobreza-exclusión*. El desarrollo del capitalismo en su fase financiera global, y la conquista del *Estado Social y democrático de Derecho,* obliga a todos los *agentes políticos* a definir sus *estrategias* y readaptar sus métodos. Para ello es necesario alcanzar el suficiente *poder político* que permita utilizar las *instituciones estatales* en todos sus niveles (nacional, autonómico, municipal), ¿supranacional? y la capacidad *legislativa* y *reguladora* para avanzar en la *transformación* del *sistema socioeconómico* y dar satisfacción a las *demandas* y *expectativas* de trabajo, vida y bienestar de la ciudadanía que el capitalismo es incapaz de *satisfacer* adecuadamente.

Hay que tener en cuenta que la *Revolución Digital*, con la *sociedad de la información,* el *Internet de las cosas,* las *redes sociales,* la *inteligencia artificial,* la *robotización* y *automatización,* y el resto de los demas campos de la llamada *economía del conocimiento,* están ya *transmutando* las *viejas* formas de producir y generar riqueza, están creando nuevos productos de *consumo,* y están articulando distintas formas de obtener *beneficio.*[114] Nos encontramos ante las primeras manifestaciones del inicio de un nuevo *periodo histórico,* cuya trascendencia es difícil de prever y describir sin caer en la *ciwncia-ficción.* Un nueva estapa en el desarrollo de las *sociedades humanas* cuyas primeras manifestaciones son el preludio de la que puede ser la gran *transformación socioeconómica* de nuestro tiempo: el *nuevo socialismo científico.* Solo hace falta la *voluntad política* y la *mayoría social.* O lo que es lo mismo, que el *agente político* lo proponga y el *sujeto social* lo realice. Para lo que es necesario librar una dura y difícil batalla en el terreno de la *ideología.* Ese es el verdadero desafío para la izquierda *transformadora.*

Lo que nos lleva al siguiente capítulo.

III. LA CONCIENCIA, INSTRUMENTO DE LA EVOLUCIÓN

*Tan pronto como un hombre se atreve
a pensar se derrumba el dominio del cura.*
Holbach

En el capítulo anterior he señalado en varias ocasiones las muestras de *idealismo* y *dualismo* que se cuelan en algunos de los más significativos escritos de Marx (mucho más claramente en Engels), y que han dado lugar a las distintas formas de *reduccionismo mecanicista* y *determinismo economicista,* tanto en el marxismo *clásico* como, acentuadas, en el *dogmático*. Antes de entrar de lleno en el tema de este capítulo, la *conciencia* y su papel en la *evolución* de las *sociedades humanas*, es conveniente insistir, ya que nos volveremos a topar con dichas muestras a la hora de analizar el papel de los *trabajadores* en la *sociedad capitalista*, así como a la *relación* entre condiciones *materiales* y relaciones *sociales*, entre *conocimiento* y *praxis,* entre *conciencia* y *transformación* del *sistema socioeconómico*. Los conceptos de *determinación, sobredeterminación, condicionamiento, primacía,* etc. resultan incomprensibles e inoperantes sin aclarar primero cuáles son los presupuestos filosóficos, *ontológicos y gnoseológicos,* de los que se parte. Pero no se trata de inaugurar aquí un nuevo capítulo en el eterno debate sobre *objeto* y *sujeto, materia* y *espíritu,* o *cuerpo* y *alma*, que cada vez tiene menos sentido en un mundo dominado por la *ciencia*, salvo en las facultades de filosofía.

A grandes rasgos puede decirse que el gran debate sobre qué es la *realidad* y, por lo tanto, cómo se puede actuar sobre ella, se da entre el *monismo* y el *dualismo*. Ambos pueden ser *idealistas* o *materialistas*, según *reduzcan* esa misma *realidad* a *idea* o *materia,* en el caso de los *monistas*, o admitan ambas aunque *primen* una sobre otra, en el caso de los *dualistas*. Sin duda, en la historia de la cultura occidental, desde Platón, Aristóteles o Santo Tomás de Aquino, hasta su culminación con Descartes, el *dualismo idealista* ha predominado. Y, pese a la *autoridad* del pensamiento *científico*, todavía sigue vivo en nuestro tiempo bajo la forma de *dualismo materialista mente-cerebro*. Resistencia a desaparecer que se apoya en la percepción *inmediata* de la vida cotidiana, y el llamado *sentido común,* entendido éste como la capacidad del cerebro para hacer asociaciones primarias entre personas, objetos, sucesos e ideas a fin de reducir la *actividad* (ahorro de energía) *consciente*. Por ejemplo, cuando atravesamos un descampado tenemos la tendencia a seguir el sendero ya formado por otros caminantes, sin pensar si verdaderamente es la ruta más directa. Esta vinculación, basada en *abstracciones* o generalidades de las *experiencias* que tenemos desde bebés, es una ventaja *evolutiva* que nos permite ahorrar esfuerzo y tiempo a la hora de elaborar *simulaciones realistas del futuro* para relacionarnos eficazmente con el entorno físico y social.[115] Así lo demuestra la prevalencia del *dualismo materia-espíritu* en tribus aisladas culturalmente, descrita por los psicólogos S. Atran y A. Norenzayan, y el hecho de que aparezca *rudimentariamente* en niños.[116] Al parecer se trata de una función característica *evolutiva* de nuestro cerebro, localizada en el lóbulo parietal inferior izquierdo, y no solo una manifestación *cultural*.[117]

Es decir, somos dualistas de *fábrica,* lo que nos permitiría una *relación* distinta y *especial* con nuestros semejantes, diferenciada nítidamente de la que establecemos con los objetos; y, a su vez, podríamos separar mentalmente la *causa* del *efecto* sin necesidad de tener conocimientos filosóficos, que en todo caso vendrían después. Algo similar defiende, como veremos más adelante, la teoría *cognitiva* neurológica de la *conciencia* como resultado de la capacidad desarrollada por el cerebro humano (es posible que también presente, aunque de manera mucho más elemental, en los chimpancés) para *simular el futuro* y, por tanto, ser capaces de analizar las cosas y lo que ocurre *distanciándonos* de ellas, pudiendo así *anticipar* comportamientos, algo imprescindible para desarrollar la *actividad social.*[118] En dicha *simulación* nos vemos como protagonistas, porque imaginamos lo que nos puede ocurrir, y al *proyectarnos* en la *simulación,* adquirimos *autoconciencia,* junto con ese sentido *dualista.* No hay *conciencia* sin relación con el mundo.[119] Otra cosa es la *simulación científica* que para serlo tiene que *anular,* hasta donde sea posible, precisamente ese protagonismo y sustituirlo por el *objeto* de estudio. El mejor ejemplo son los *experimentos mentales* que acostumbran a realizar los físicos teóricos como Schrödinger y su famoso gato. Todo ello daría a los *Homo sapiens* una ventaja sustancial sobre el resto de las *especies.*[120] Esta visión *genetista* del *dualismo* permite ampliar el campo a otras áreas como la religión, que ya cuenta con una *ciencia cognitiva* (Cognitive Science of Religion). Según dicha teoría, la arquitectura de la mente humana origina el *artefacto cultural* que conocemos como *religión* (Bering 2010; Bloom 2007; Dawkins 2006, Dennett 2006), que estaría basada, y sería posible, gracias a los requerimientos de los *sistemas cognitivos* de nuestra especie (Bering 2005: 412). Sea como fuese, y sin entrar en la calidad de la base *empírica* de tal propuesta, es evidente que el *conocimiento* no está *prefijado* en nuestros genes, porque de ser así la supuesta ventaja *evolutiva* en los primeros *sapiens* se convertiría en una *desventaja evolutiva* con el desarrollo de la *humanidad,* enfrentada a nuevos desafíos, en gran parte creados por ella misma. De manera que sea cierta o no esa *tendencia innata* al *dualismo,* debemos encarar la cuestión *exclusivamente* desde el punto de vista *cultural.* Es decir, desde la respuesta que la humanidad ha venido dando a la cuestión de si existen dos *realidades* de distinta *naturaleza,* o si solo existe una, aunque se manifieste de *diversas* maneras. Empecemos por el *monismo,* la única visión realmente *materialista,* y consecuentemente *idealista.*

Mundo, materia, espíritu

La concepción *monista* se ha defendido del ataque *dualista* por *reducción,* o *anulación,* del contrario, sea éste *material* o *espiritual.* Así, para un *monista* solo hay dos opciones, radicalmente enfrentadas: o todo es *espíritu* o todo es *materia,* no caben componendas. El paradigma de *reduccionismo,* en este caso *materialista,* es el científico, profesor de ciencias naturales en Ginebra, y filósofo alemán, Karl Vogt (1817-1895) para quien *el cerebro segrega el pensamiento como el estómago segrega el jugo gástrico, el hígado la bilis y los riñones la orina.* Una idea que se ha mantenido en el tiempo, como lo demuestra que el filósofo norteamericano John Rogers Searle, profesor de filosofía en la Universidad de California, no dude en afirmar que las propiedades fisicoquímicas del tejido cerebral producen, de algún modo que todavía no conocemos, la *mente,* de la misma forma que el tejido de los senos de una mujer produce leche o el tejido de las plantas produce azúcar.[121] Se trata de un *materialismo fisicista,* que ya fue en su día motivo de una dura crítica por parte de Marx.[122] Claro que el rechazo a una visión tan burdamente *monista* no basta para resolver el *enigma*: ¿si el pensamiento no es un producto *segregado* por el cerebro, lo cual resulta evidente, cuál es entonces su *naturaleza*? El *radicalismo materialista* de Vogt era una respuesta sin duda burda, acorde con el *reduccionismo cientificista* habitual en la ciencia de su tiempo, pero era una respuesta. Sus detractores tenían serias dificultades para dar otra respuesta que no supusiera aceptar, de alguna manera, el *dualismo* que, por otro lado, negaban. Con el desarrollo de la *neurología* muchos creyeron haber encontrado la salida a la *trampa dualista*. Pero, como veremos, la cosa no es tan simple, y las teorías sobre las *capacidades cognitivas* del cerebro en general, y de la *conciencia* en particular, se han multiplicado, sin que al día de hoy haya un consenso *materialista* que esquive definitivamente el *dualismo*.

Para el *monismo idealista* la cosa es mucho más sencilla, dificultades *lógico-formales* aparte, ya que no es posible someter sus teorías y *construcciones* filosóficas a comprobación *empírica,* por lo que escapan al fastidioso *escrutinio* de la ciencia. Pero, como veremos, su raíz *monista* no le aleja tanto como podría pensarse del *materialismo.* Su hipótesis parte de que la *realidad* está constituida por una sola *causa* o sustancia *espiritual,* tal como relata Parménides, argumenta Plotino, o sostiene el genial e inconmensurable *panteísta* Spinoza, que identifica a Dios con la *totalidad* de lo existente, *substancia infinita* compuesta de innumerables atributos, de los que conocemos sólo dos: el *pensamiento* y la *extensión*, y niega que *cuerpo* y *alma* sean sustancias independientes: el orden y conexión de las ideas es el mismo que el orden y conexión de las cosas (*idem est ordo et conexio idearum et ordo et conexio rerum*), lo que evita el imposible lógico de la *interacción* entre *materia* y *espíritu*, tal como proponía Descartes. Para Berkeley el *ser* es *ser* percibido (*esse est percipi*), mientras que Hegel concibe el *ser* de la *realidad objetiva* como *no-ser* que solo existe de manera *ideal* como realización del *Espíritu*, y cuya tensión *dialéctica* entre el *ser* y el *no-ser*, entre lo *ideal* y lo *real*, le dota de *historicidad*.

Por contra, para el *monismo materialista* consecuente solo existe *materia* en sus variadas formas, combinaciones y manifestaciones, tal como defendieron en la antigüedad clásica Demócrito y Leucipo (teoría atomista), Epicuro y Lucrecio. Posteriormente, tras el aporte fundamental de Hobbes, lo harían los pensadores de la Ilustración D´Holbach, Diderot, y La Mettrie, autor de un libro que lo dice todo sobre el concepto *materialista* en los inicios de la industrialización: el *Hombre máquina*. Posteriormente destacan Feuerbach, y su *materialismo antropológico*, para quien *la unidad del ser y del pensamiento no tiene verdadero sentido sino cuando se toma al hombre como base, como sujeto de esa unidad*,[123] y los *hegelianos de izquierda* como Johann Kaspar Schmidt, conocido como Max Stirner, y naturalmente, Marx.[124] Lo paradójico es que el *monista* Marx, al dar la vuelta al *monista* Hegel para liberarlo de su *idealismo*, se vuelve *dualista*, aunque lo hace afirmando la *primacía* de las condiciones *materiales* (estructura) sobre las *culturales* (superestructura). Por supuesto, cabria señalar más pensadores dentro del llamado *materialismo filosófico* como, Husley, Haeckel, Paul Kurtz, Carnap, Ernst Mach, Bueno, Bunge, etc.[125]

Pero el *materialismo monista* se enfrenta al difícil problema de conciliar los atributos específicos de la *materia*, que puede ser objetivable, observada, manipulada, medida, pesada, y ocupa un lugar en el espacio-tiempo, con la realidad intangible, subjetiva, inobservable, como el *pensamiento* y los *fenómenos mentales* en general. Para resolverlo, pensadores como Hume, Wundt, James, Freud o Popper, han ensayado distintas teorías y propuesto diversos modelos para explicar y describir la relación *mente-cerebro* como realidades distintas y separadas pero íntimamente *interrelacionadas*. Nada nuevo, por cierto. Ya lo planteaba el *idealista* Platón en su obra Fedon, donde dice que el *alma* puede ser entendida como la *armonía* de una lira, algo *inmaterial* que surge de un cuerpo *físico*, de forma que una vez destruido el instrumento desaparece la melodía. Los argumentos más modernos se apoyan la idea *intuitiva* de que no es posible dar una explicación convincente de los procesos mentales como la *conciencia,* la *voluntad,* el *pensamiento abstracto,* o la *creatividad.* Por ejemplo, Lacan, con su proverbial sorna, decía que nunca había visto un solo *pensamiento* en una radiografía del cerebro. Algunos han llegado a proponer la participación de *dendronas* (agrupaciones de *dendritas*) y *psiconas* (unidades de activación *mental*) en las *sinapsis* neuronales de la corteza cerebral. Puestos a fantasear, es una alternativa a los conceptos *literarios* del psicoanálisis.

Algunos *materialistas,* conscientes de que esos intentos suponen, de una manera u otra, caer en el *idealismo,* rechazan el *monismo* como punto de partida, y proponen el *materialismo ontológico* de la doctrina de los *Tres Géneros de Materialidad* (M1, M2, M3), que puede representarse como: Mi={M1,M2,M3}, donde Mi=Mundo. En el fondo lo que hacen es llamar *materia* a todo los existente. Una brillante exposición y desarrollo es la realizada por Gustavo Bueno, quien integra la *ontología* platónica, incluso la teología, en la perspectiva del *ma-*

terialismo filosófico, con su teoría del *entrelaza-miento* empírico (*symploké*) de los *Tres Géneros de Materialidad*, que serían equivalentes a las ideas de *Mundo*, *Alma* y *Dios*.[126] Otra corriente *materialista* que trata de escapar a la trampa de *idealismo* estricto, sin tener que renunciar por ello a la fe religiosa, es el *dualismo mentalista*, cuya manifestación en psicología es el *conductismo* (Wundt, Freud, James, Popper -éste en la variante *interaccionista*-, Skinner, Kantor, Guidano, Maturana). Admiten que las capacidades *mentales* son fruto de la actividad *neurofisiológica* del cerebro, y el *alma*, de existir, sería una manifestación divina separada del cuerpo, irrelevante a efectos del análisis de la conducta humana; con ello evitan que el reconocimiento y apoyo de los avances científicos en neurología perturben la serena tranquilidad del *espíritu* de los creyentes, si los hubiera. Como se ve, algunas de las *soluciones* estriban en negar que exista el *problema*.

Así las cosas, el *monismo materialista* necesita explicar las funciones *mentales cognitivas*, y la actividad *psíquica* en general, sin caer en el *dualismo* ni recurrir a planteamientos *reduccionistas, fisicistas, y mecanicistas,* aunque se vistan con el ropaje científico como hacen, cada uno a su manera, el filosofo analítico británico Gilbert Ryle, el filósofo de la ciencia austriaco Paul Feyerabend, el filosofo norteamericano Paul Chuchuland, y en cierta forma el también filosofo y director del Centro de Estudios Cognitivos de la Universidad de Tufts, Massachusetts, Daniel Dennett, del que tendré ocasión de hablar en más de una ocasión. Y mucho menos, echando mano de la *falacia intelectual* de las distintas *materias*, o *géneros de materialidad*. Tarea ardua, sin duda, para la que cuenta con *aparatos* intelectuales poderosos y contrastados, como las *Ciencias de la Complejidad* y *las Ciencias Neu-*

rológicas. Las primeras explican por qué la *materia* puede llegar a *pensar,* y la segundas cómo lo *hace.* Hoy existe consenso entre los neurólogos *cognitivos* de que la *conciencia* es una manifestación de la *actividad neuronal,* lo mismo que caminar es una actividad muscular de las piernas. Con sondas de *estimulación profunda* se pueden alterar los *estados* de *conciencia,* desde despertar a pacientes en coma a tratar enfermedades mentales. Y eso demuestra que *conciencia y autoconciencia* no son más que *estados funcionales* del cerebro. No se trata de que exista un *homúnculo* dirigiendo la actividad de las neuronas, sino de la capacidad especifica del cerebro humano, desarrollada *evolutivamente,* para *formular juicios, simular el futuro,* y crear *cultura,* lo que ha supuesto una gran ventaja *adaptativa* al poder transmitirse de generación en generación sin necesidad de codificaciones *genéticas.* Como dice en su *Ensayo de epistemología evolutiva,* el biofísico norteamericano de origen alemán, galardonado con el Premio Nobel de Medicina, Max Delbrück (1906-1981), *el punto de vista evolucionista nos obliga a situar la mente en el mismo contexto que otros aspectos de la evolución y nos hace establecer paralelismos con otras formas de evolución menos espirituales, como la de los órganos de locomoción y digestión. En el contexto de la evolución la mente del humano adulto, objeto de tantos siglos de estudio filosófico, deja de ser un fenómeno misterioso y un asunto excepcional. Todo lo contrario, la mente se considera una respuesta adaptativa a las presiones selectivas, igual que casi todo lo que existe en el mundo viviente.*[127]

Dualismo y materialismo mecanicista

Puede parecer que este debate entre *monistas* y *dualistas, materialistas* e *idealistas,* y sus distintas combinaciones, tienen poco que ver con el propósito de *desencadenar* a Marx, y reivindicar su genial, aunque esquemática, descripción del *mecanismo evolutivo de las sociedades humanas.* Sin embargo, tener las ideas claras en este aspecto aparentemente *escolástico* es de vital importancia para evitar los errores del *marxismo dogmático,* su *materialismo mecanicista* y *determinismo economicista,* así como la interpretación *dualista* de algunos conceptos de Marx, como *estructura* y *superestructura,* por mencionar solo el más característico. Porque dichos errores proceden del mismo Marx. Su ruptura *materialista* con el *idealismo* de Hegel se llevó por delante, aunque sin teorizarlo ni explicitarlo claramente, el *monismo* del filósofo del *Espíritu,* introduciendo en su concepción *materialista* de la historia un *dualismo* implícito en la *separación* entre la actividad *material* y la *cultural,* lo que generó un serio problema que Marx quiso resolver con la *determinación* (o *condicionante*) en *última instancia,* de la *economía* sobre la *ideología.* Esa *aparente* solución lo único que consiguió fue originar debates interminables sobre cómo esa *primacía* se resolvía en la realidad concreta de las *sociedades humanas,* dificultando que se comprendiera el *significado* de la *cultura* en su esquema *evolutivo.* Por ejemplo, Marx arranca de una *evidencia* de *sentido común* a la hora de reivindicar las *necesidades materiales* como la *base* de la vida *social,* que condicionan todo lo demás:

> *Debemos comenzar señalando que la primera premisa de toda existencia humana y también, por lo tanto de toda historia, es que los hombres se hallen, para "hacer historia", en condiciones de poder vivir. Ahora bien, para vivir hace falta comer, beber, alojarse bajo un techo, vestirse y algunas cosas más. El primer hecho histórico es, por consiguiente la producción de los medios indispensables para la satisfacción de estas*

necesidades, es decir, la producción de la vida material misma, y no cabe duda de que es este un hecho histórico, una condición fundamental de toda historia que lo mismo hoy que hace miles de años, necesita cumplirse todos los días y a todas horas, simplemente para asegurar la vida de los hombres.[128]

La necesidad de resaltar la base *material* de la historia llevó a Marx a propiciar, sin proponérselo, su interpretación *economicista*, tal como hicieron los primeros *marxistas,* en los que, por cierto, Marx no se reconocía. Posteriormente, el esquematismo *dogmático* llegaría a simplificar la *compleja* realidad social en tres niveles ascendentes: *infraestructura, estructura y superestructura,* correspondientes a las *fuerzas productivas,* las *relaciones de producción* y la *sociedad civil,* donde incluir el Estado, la *ideología,* la ciencia, el arte, *etc.* Pero *esquematismos* a parte, la realidad es que afirmaciones de Marx como que *el modo de producción de la vida material condiciona el proceso de vida social, política e intelectual en general,* del *Prólogo a la Contribución a la crítica de la economía Política,* no ayudan precisamente; más si se inscriben en un pensamiento *lineal,* y por lo tanto *predecible.* Es lo que hace Lenin cuando afirma:

> (...) *al remitir las relaciones sociales a las relaciones de producción y a estas últimas al nivel de las fuerzas productivas, se ha descubierto la única base sólida que permite estudiar el desarrollo de las formaciones sociales como un proceso de <u>historia natural</u>* (el subrayado es mío).[129]

Tal vez eso explique su célebre frase: *el comunismo, es el poder* (soviético) *más la electrificación de todo el país,* pronunciada en diciembre de

1920, en vísperas de promulgarse la NEP, durante el VIII Congreso de los Soviets donde se aprobó el plan GOELRÓ (Comisión Estatal para la Electrificación de Rusia).

Sin embargo, se olvida que Marx no concibe las *fuerzas productivas* aisladas de las *relaciones de producción*. Tanto en *El Capital* como en obras posteriores, argumenta que para producir los hombres tienen que relacionarse: *en la producción, los hombres no actúan sólo sobre la naturaleza sino también los unos sobre los otros*.[130] Ciertamente, hay muchas otras formulaciones donde puede apreciarse la tendencia a *menospreciar* el papel de la *cultura* en la *formación* de los *sistemas sociales,* así como en su *dinámica evolutiva,* obviando que todo lo humano es *cultural*, desde alimentarse, reproducirse y defenderse, hasta legislar o componer una sinfonía. Si, como dice Marx, *los hombres, al establecer las relaciones sociales con arreglo al desarrollo de su producción material, crean también los principios, las ideas y las categorías conforme a sus relaciones sociales,*[131] no tiene sentido considerar la *cultura* como un *producto* de dichas relaciones. Lo mismo que tampoco lo tiene considerar el *pensamiento* como *producto* de la mente. No es que al *relacionarse* los humanos creen *principios, ideas* y *categorías*, sino que lo hacen precisamente gracias a su *capacidad cognitiva* para *crearlas*. Aquí, como en todo, carece de sentido plantearse qué fue primero, si el huevo o la gallina, si las *relaciones sociales* o las *ideas*. Y mucho menos, que las *ideas* sean un *producto* de las *relaciones sociales*. Ahí se encuentra, emboscado, el *dualismo,* que luego el *dogmatismo* dará vida al tiempo que afirma su radical *materialismo mecanicista*.

Lo cierto es que Marx lo que hace es *relacionar* los *principios, ideas* y *categorías*, con las *re-*

laciones sociales establecidas de acuerdo al desarrollo de la *producción material,* aunque parece *priorizar* aquellas sobre éstas. Sin embargo, Marx no es ajeno a que se pueda tildar de *determinismo economicista* sus ideas. Frases como: *No es la conciencia de los hombres lo que <u>determina</u> su ser, sino por el contrario su ser social lo que <u>determina</u> su conciencia* (subrayados míos),[132] abundan en la idea subyacente de una escisión entre *ser* y *conciencia,* pues toda *determinación* (o más preciso, *condicionamiento*)[133] solo puede existir entre cosas separadas, entre *objeto* y *sujeto.* Se trata de una formulación confusa y simplista, que se presta a distintas interpretaciones, algunas de las cuales rechazó enérgicamente Marx, como su supuesto *determinismo economicista,* alimentado, todo hay que decirlo, por algunas formulaciones del propio Marx y las *precisiones* posteriores de Engels.[134] Véase, si no, la frase del Tomo I de *El Capital* donde Marx asegura que *la producción capitalista generó ella misma su propia negación con la fatalidad propia de las metamorfosis de la naturaleza,* que contiene, al menos formalmente, una concepción *teleológica natural* de la historia, basada en la *dialéctica* hegeliana. Pero es evidente que la frase no debe tomarse al pié de la letra. El mismo Marx se encargó de señalarlo, como se deduce de la siguiente frase: *me declaré abiertamente discípulo de ese gran pensador e, incluso, en el capítulo sobre la teoría del valor, <u>tuve la coquetería de retomar aquí y allá su manera específica de expresarse</u>.*[135] Una *coquetería* que, como suele ocurrir con este tipo de *juegos,* provocó mas de un peligroso *equívoco.* No es el único que utiliza a Hegel con cierta alegría. Engels no duda en *aplicar* las categorías hegelianas nada menos que a la biología: *La célula es el ser-en-si hegeliano y recorre en su desarrollo exactamente el proceso hegeliano; hasta que*

141

por ultimo, se desarrolla de ella la "Idea", el orga-nismo cada vez mas perfecto.[136] Y me atrevería a decir que la fugaz *excomunión* de las teorías sobre la *relatividad general* de Einstein durante la época estalinista, a la que se quiso dar un *tratamiento* si-milar a la llamada *genética burguesa* (Lysenko), tienen algo que ver con ese *hegelianismo* irredento, y la aplicación *urbi et orbe* de su *dialéctica*.

Pero cuestiones de terminología aparte, por lo demás nunca inocentes, lo cierto es que en *El Capital* no hay nada que permita deducir la *inexo-rable* desaparición del capitalismo. De la descrip-ción y análisis del proceso de *producción capitalis-ta* realizado concienzudamente por Marx solo cabe concluir que sus *crisis periódicas*, por ejemplo, son *mecanismos* de *autorregulación* que permiten al sistema *purgarse* para seguir funcionando:

> *La crisis se presenta, por lo tanto, como un mecanismo de autorregulación del capital y de su régimen. Tras ella el circulo se cierra. Una parte del capital, devaluado por haber dejado de funcionar vuelve a encontrar su antiguo valor. Para el resto las cosas des-cribirían de nuevo el mismo círculo vicioso sobre la base de condiciones de producción ampliadas, de un mercado más amplio, de una fuerza productiva acrecentada.*[137]

Lo que, por cierto, coincide con el descrito mecanismo *adaptativo* de los *sistemas complejos dinámicos no-lineales,* tal como hemos visto en el anterior capítulo. Una prueba incuestionable, en mi opinión, del rigor y profundidad analíticas de Marx, pese a sus *devaneos hegelianos,* y la lógica influen-cia del nivel de la ciencia en su tiempo, por no ha-blar de las exigencias y premuras de sus formula-ciones *políticas* destinadas a *movilizar,* como las expuestas con fervor revolucionario en el *Manifiesto Comunista.*

A todo lo cual debemos añadir las numerosas veces que Marx, en su ingente obra, manifiesta su concepción de la *praxis,* inseparable de la crítica teórica. En la primera tesis sobre Feuerbach, señala que *la conciencia "reflejante"* (sic), *es al mismo tiempo un momento de la actividad "crítico-práctica" del hombre.* El pensamiento entra constantemente como elemento esencial en la realidad reflejada por el. Como explica el filosofo alemán Alfred Schmidt, *la "dialéctica económica objetiva" que según Marx, sirve de base a la producción cultural, contiene ya en si misma el espíritu de los sujetos activos.*[138] Por su parte, Gramsci quiso ver en la *filosofía de la praxis,* concepto que prefería, y con el que redefinía el *marxismo,* una síntesis superadora del *idealismo* y el *materialismo,* lo que le convertía en una herramienta auténticamente dialéctica. Pero... *solo si la filosofía de la praxis es concebida como una filosofía integral y original que inicia una nueva fase en la historia del desarrollo mundial del pensamiento, en cuanto que supera (y al superar incluye en sí los elementos vitales de ambos) tanto al idealismo como al materialismo, expresiones tradicionales de las viejas sociedades.*[139]

Es decir, *ideas* y *relaciones sociales* son *inseparables,* ya que entre los humanos las *relaciones sociales* solo pueden ser *culturales,* a diferencia de lo que ocurre con el resto de los animales *sociales,* donde su comportamiento está determinada *genéticamente,* por lo que son incapaces de cambiarlo. La maravillosa *complejidad social* de las hormigas, capaces de *cultivar* plantas y *esclavizar* a otros insectos, sigue siendo la misma después de millones de años. Solo alteraciones drásticas del *medio* pueden, mediante *selección natural,* cambiar ciertos comportamientos para asegurar la *supervivencia* de la *especie*. Los seres humanos, por contra, al crear sus propias pautas de *comportamiento*, se convierten en *agentes conscientes* de los cambios. La *supervivencia* ya no es tanto de la *especie* (aunque el *cambio climático* que está generando la descontrolada actividad productiva del capitalismo puede alterar *catastróficamente* las cosas) como del *sistema socioeconómico* y su *evolución*. De ahí que, en cierto sentido, toda *transformación* de un *sistema productivo* sea, al mismo tiempo, una *revolución cultural*.

Tiene toda la razón del mundo el anarcosindicalista Rudolf Rocker (1873-1958) cuando, refiriéndose al *marxismo*, señala:

> *Si uno se ha habituado a mezclar en una misma olla las causas del devenir natural y las de las evoluciones sociales, es llevado muy a menudo a buscar una causa básica que encarne, en cierta manera, la ley de la gravitación social y sirva de cimiento a todo desarrollo histórico. Y si se ha llegado hasta allí, se pasan por alto tanto más fácilmente todas las otras causas de la formación social y las influencias recíprocas que de ellas surgen.*[140]

Resumiendo, el *sapiens* se enfrenta a la realidad sensible de su *cuerpo* y al misterio de su *conciencia*, por lo que somos *intuitivamente dualistas*. Es la *dualidad vivida* que trata de resolver el filósofo de acuerdo a su *cultura*, rigor conceptual, y manejo de la lógica, bien de manera *idealista*, bien *materialista*. La mayoría de las veces de forma *dualista*, *primando* uno de los dos. Quien trata de resolver esta tensión *dualista* con mayor *claridad* es Descartes: el *alma*, y con ella el *pensamiento* (*res cogitans*), entra en el *cuerpo* material (*res extensa*) por la glándula pineal para *animarle* (hoy se diría que es el *homúnculo* que nos gobierna desde el cerebro). El *dualismo cartesiano* tuvo la virtud de centrar la investigación científica en el cuerpo humano, sin interferencias espirituales, propiciando el avance de la medicina. Un *monismo materialista* en la práctica, que no entraba en conflicto con la *espiritualidad* religiosa, al ser tratados como ámbitos distintos a los que hay que respetar siempre que se circunscriban a sus respectivos campos.

El *misterio* de la *imposible* relación *materia-espíritu* ayer, hoy *mente-cerebro*, sigue presente en los debates filosóficos y científicos. Pero el avance técnico en *neurociencia,* y la capacidad para *ver* el cerebro en funcionamiento de las modernas técnicas de imagen, como la *electroencefalografía, resonancia magnética, magnetoencefalografía* y escáneres *electromagnéticos transcraneales* (LCR, PET, SPECT, TC, TAC, TIE, TEP, RMN, RMf), que permiten conocer con exactitud la actividad cerebral, han dado un vuelco al viejo *dilema*, poniendo en el centro del debate el *enigma* de la *conciencia*, una de las mayores y más incomprensibles fuerzas del mundo. La nueva batalla del *materialismo monista* se desarrolla actualmente en el intrincado universo de la *compleja* estructura cerebral, entre neuronas, sinapsis, neurotransmisores, y áreas cerebrales especializadas. Conviene echarlas un vistazo si queremos comprender adecuadamente la naturaleza *emergente* de la *conciencia,* y entender cómo *evoluciona* la *sociedad* en la que sus componentes son también los *agentes* de la *evolución.*

Las bases neuronales de la conciencia

Espero no resultar en exceso optimista si afirmo que la ciencia ha desterrado las ideas más radicales del *dualismo*, al asimilar *espíritu* con *conciencia, psique* con capacidad *cognitiva*, desterrando la idea de que lo *inmaterial* (ideas, pensamientos, emociones, etc.) es una entidad *autosuficiente y externa* del cuerpo humano, aunque lo necesite para manifestarse. Es tiempo de neurólogos cognitivos y sus locos cacharros de alta tecnología para leer la *mente*. Lamentablemente, las increíbles imágenes del cerebro en actividad, prácticamente en tiempo real, siguen siendo un reflejo pálido y poco preciso de lo que ocurre cuando *pensamos* y nos *reconcomemos* en el acto de *pensar*. Un laberinto lógico que, como vamos a ver, le permite al *dualismo* asomar la cabeza a través de la malla intracraneal del *electrocorticógrafo*. Admitiendo humildemente que, hoy por hoy, tal vez sea imposible vencer definitivamente la tendencia a separar *mente* y *cerebro*, y escapar al *dualismo* que clasifica la realidad en dos grandes categorías: lo *espiritual* y lo *material*, ya que puede tener una base *evolutiva* de utilidad en los albores de los *homo,* como hemos visto. Por cierto, esa posible tendencia innata al *dualismo,* de ser cierta, explicaría la universal creación de *ídolos*, objetos a los que se supone la capacidad de *conectar* con el *más allá* y sus poderes *sobrenaturales*.

Sea como fuere, los impresionantes avances tecnológicos en las máquinas de imagen cerebral están desvelando poco a poco el *misterio* de la *mente*. En este sentido son particularmente eficaces las técnicas que acceden directamente al cerebro salvando la barrera del cráneo, que atenúa las ondas electromagnéticas, por lo que resultan muy útiles para contemplar al cerebro *pensando*. El físico teórico norteamericano y divulgador científico, Michio Kaku, conocido por sus aportaciones a la teoría de campo de cuerdas, relata en su entretenido e instructivo libro *El futuro de nuestra mente,*[141] una sorprendente experiencia con el *electrocorticógrafo* realizada en Universidad de California, San Francisco, por un equipo de médicos. Previa cirugía craneal, colocaron una *malla* con electrodos directamente sobre el *neocortex,* concretamente en la zona *prefrontal dorsolateral* que representa la parte *consciente* del cerebro. El paciente, al que solo necesitaron aplicarle anestesia local porque, como se sabe, el cerebro no siente *dolor,* permaneció *consciente,* por lo que se pudo comparar con notable nitidez las señales del cerebro cuando escuchaba distintas palabras como *sí* y *no, más* y *menos, caliente* y *frío, dolor* y *placer, hola* y *adiós,* etc. Señales que los electrodos mandaban a un ordenador para procesarlas, consiguiendo así crear un *diccionario* con la correspondencia entre *señales* electromagnéticas y *palabras.* Tras un periodo de entrenamiento, los *pensamientos* del paciente eran interpretados por el ordenador con un alto nivel de acierto. Naturalmente, se trata de ideas simples. Pero es un primer paso de indudable trascendencia para lograr en un futuro, tal vez no tan lejano, una fluida relación (*interface*) cerebro-ordenador, técnica que se conoce como *Brain-Machine Interface* (BMI). Es fácil adivinar lo que significará para personas paralizadas por causa de un derrame cerebral, o debido a enfermedades degenerativas, como la *esclerosis lateral amiotrófi*ca (ELA), el poder *hablar* a través de un *sintetizador* de voz que reconozca los *patrones* cerebrales de cada palabra. Hay más ejemplos de investigación mediante el avanzado *electrocorticógrafo,* con *rejillas* de un mayor número de electrodos, y cuyo perfeccionamiento es tan rápido que todo lo que se pueda decir hoy quedará obsoleto en pocos años.

Pero hay más experimentos e investigaciones sobre el cerebro *pensante* que dinamitan la base del *dualismo.* Por ejemplo, el doctor Jerry Shih, de la clínica Mayo de Minnesota, ha utilizado la *electrocorticografía* en pacientes epilépticos con el objetivo, hasta ayer *milagroso,* de que pudieran aprender a escribir con la *mente*. Para ello, se le muestran al paciente una serie de letras y se le pide que se concentre intensamente en cada símbolo, a fin de crear un *diccionario* unívoco. Tras un periodo de entrenamiento, cuando el paciente piensa en una de las letras, esta aparece en la pantalla del ordenador. El paso siguiente será procesar imágenes y melodías. Ciertamente, la *electrocorticografía* es una técnica costosa y exige hospitalización puesto que es necesario abrir el cráneo de los pacientes para implantar la *rejilla* con los electrodos. Sin embargo, mediante técnicas no *invasivas,* como la *electroencefalografía,* que además son menos costosas, y requieren aparatos mucho más pequeños, ya se puede *dictar* a un ordenador con el cerebro. De hecho, ya existen máquinas en el mercado para hacerlo, como las que fabrica *Guger Technologies*. De acuerdo a su experiencia, una persona puede tardar unos diez minutos en aprender a usarla, y dictar entre 5 y 10 palabras por minuto. Y es solo el principio. Cada avance en la lectura de la *mente* descubre un nuevo horizonte de insospechadas aplicaciones médicas, industriales, artísticas y lúdicas. Y reafirma la identidad entre *función mental* y *función neuronal.*

Todos estos avances científicos, que hacen las delicias a los escritores de ciencia-ficción, plantean, sin embargo, varios problemas a la hora de encarar el *monismo mente-cerebro*. En primer lugar, debemos dilucidar la *relación* entre ondas *electromagnéticas* y *pensamiento*. Pues un *reduccionismo fisicista,* que vendría a ser como la versión actualizada de la *segregación* de materia formulada por La Mettrie, identificaría *pensamiento* con las *ondas* que emite el cerebro cuando *piensa*. Es una fuerte tentación *materialista,* ya que anularía de un plumazo una controversia milenaria con el *dualismo*. La *neurociencia* asestó un golpe definitivo al *dualismo* debido a un suceso fortuíto: cuando una barra de hierro atravesó la cabeza del barrenero norteamericano Phineas P. Gage, entrando por el pómulo izquierdo, debajo del ojo, y saliendo por el centro de la cabeza, el 13 de septiembre de 1848 (ver fig. 1). Debió haber muerto, y en cierta manera es lo ocurrió, porque los daños en el lóbulo frontal del cerebro le convirtieron en *otro*. Como decían sus compañeros *nunca más fue Gage*. Los destrozos neuronales habían supuesto un cambio radical de *personalidad*. Intentar comprender un hecho tan insólito supuso el nacimiento de la investigación verdaderamente *científica* del cerebro.

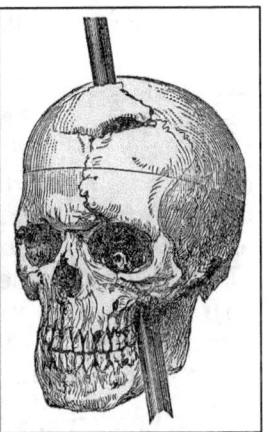

Figur. 1. Daguerrotipo de Phineas P. Gage con la barra, y esquema de su trayectoria.

A finales del siglo pasado los *misterios* del cerebro comenzaron a desvelarse gracias a la revolución de las máquinas de imagen por *resonancia magnética* (MRI), y la aparición de una serie de *escáneres* cerebrales cada vez más precisos, capaces de registrar el *pensamiento* moviéndose por el cerebro (en realidad, activando-desactivando, creando nuevas conexiones neuronales, formando redes, vinculando distintas áreas cerebrales, etc., en un proceso *dinámico* de enorme -¿inabarcable?- *complejidad*). Empleando escáneres de imagen por *resonancia magnética*, los científicos pueden ahora *leer* los *pensamientos* que circulan por nuestro cerebro. Y también pueden insertar un chip en el cerebro de pacientes paralíticos y conectarlo a un ordenador para que, solo mediante el *pensamiento*, puedan navegar por la web, leer y escribir correos electrónicos, jugar a videojuegos, controlar su silla de ruedas, operar con electrodomésticos y controlar brazos mecánicos. De hecho, estos pacientes son capaces de hacer, a través de un ordenador, todo lo que una persona normal hace. Como señala el neurocientífico indio nacionalizado estadounidense, Vilayanur. S. Ramachandran,[142] de la Universidad de California en San Diego: *todas esas cuestiones que los filósofos han estudiado durante milenios, nosotros los científicos las podemos empezar a explorar a partir de imágenes cerebrales, estudiando a los pacientes y haciendo las preguntas correctas.*[143] Y en esas estamos, a la espera de lo que puedan aportar las investigaciones del Proyecto Cerebro Humano (HBP) de la UE, y el proyecto BRAIN (*Brain Research Through Advancing Innovative Neurotechnologies*) de los EE.UU., si no se lo carga Trump.

Volviendo a la *naturaleza* del *pensamiento,* paso previo para abordar el más peliagudo asunto de la *conciencia* y la *autoconciencia,* veamos qué son esas ondas *electromagnéticas* que captan los aparatos de imagen cerebral. En primer lugar, toda actividad eléctrica las genera, ya que cuando un electrón se *excita* emite radiación *electromagnética*. Como sabemos, la *actividad neuronal* es de naturaleza *electro-química*, por lo que las *oscilaciones* de los electrones en el interior del cerebro emiten *ondas electromagnéticas* que, según su frecuencia, pueden ser *delta (1 a 3 Hz), theta (3,5 a 7,5 Hz), alpha (8 a 13 Hz), beta (12 a 30 Hz) y gamma (25 a 100 Hz).* Son las que captan, por ejemplo, los *electroencefalogramas.* Es decir, nuestro cerebro es un órgano *electromagnético* debido a que la *actividad* de las neuronas genera *ondas* de diferentes frecuencias. Esas *ondas,* como todas, contienen *información* de su *fuente,* que puede así transmitirse. Y aquí aparece el primer error *dualista:* las *ondas* no son la *fuente,* como la *imagen* del presentador que vemos en la pantalla de nuestra televisión no es el *presentador,* lo que ingenuamente creían gentes que nunca habían visto uno. Y como todas las *ondas,* las cerebrales pueden transmitir *información* de su actividad, a condición de que podamos captarlas sin estar contaminadas por *ruido* (información externa a la *fuente*), algo que, por cierto, se puede eliminar gracias precisamente a las *Ciencias de la Complejidad.* A esto hay que añadir que las *señales* que emiten las neuronas son demasiado débiles, y deben además atravesar el hueso craneal, lo que impide obtener una *imagen* precisa, y en *tiempo real,* de su *actividad.* Incluso aunque lo logremos, como ocurre con los experimentos antes citados, utilizando el poderoso instrumento de la *electrocorticografía,* resulta bastante difícil, hoy imposible, descifrar su *significado* si contiene cierto nivel de *complejidad,* más allá de palabras sencillas y dicotómicas. Pero todavía estamos en los albores de la neurociencia y nada está *prohibido* teóricamente... salvo que contravenga las leyes de la física. A los que les interese las proyecciones futuras de los avances científicos, puede resultarles muy provechoso y entretenido el libro *Física de la imposible* de Michio Kaku.[144]

Hablando de *información,* los últimos avances científicos, particularmente en el campo de la *física cuántica,* han dado pábulo a nuevas teorías de la *mente,* con claras connotaciones *religiosas.* Es el caso de Vlatko Vedral, profesor de Información Cuántica, en Oxford, quien partiendo de las ideas sobre la *información* de Claude Shannon, sostiene que el universo no estaría compuesto de *materia* ni de *energía* sino de *información* (¿sobre qué?), dando a este concepto carácter *ontológico*. El incombustible *monismo idealista* reaparece una vez más sustituyendo el *Espíritu* por la *Información*.[145] El *reverso* absoluto del *idealismo* absoluto. Los *fantasmas* del pasado siempre retornan en cuanto surgen nuevas dificultades científicas para dar cabal explicación a la *realidad;* más si se trata de la enigmática y anti-intuitiva *dimensión* última de la materia. Pero volvamos a lo nuestro. Cuando *pensamos,* la *actividad* de las neuronas generan *ondas electromagnéticas,* que contienen *información* de su contenido. Volviendo a la *lira* de Platón, pensemos ahora en un violín de 100.000 millones de cuerdas (aproximadamente las *neuronas* de nuestro cerebro), unos 40 billones de *trastes* (las *dendritas*), y un violinista con millones dedos (los *botones terminales*). Las melodías que podría tocar, con sus múltiples *matices* (potencial *postsináptico*) y *modulaciones* rítmicas (patrón y/o la frecuencia), superan los átomos del universo. Pero solo sonarían si el guitarrista hace *vibrar* las cuerdas y ajusta su frecuencia sobre los *trastes*. La música cesa si no lo hace, o si se rompen las cuerdas. Ahora bien, ¿qué es la música y quién es el guitarrista? Desde un punto de vista físico la música son vibraciones producidas por las cuerdas cuando se tañen, vibraciones de distinta frecuencia correspondientes a cada nota, y se propagan por el aire. En ausencia de aire habría *música muda*, pues las vibraciones pueden darse en el vacío, pero no propagarse. Podemos decir, por tanto que la música *son* cuerdas vibrando, cuyo estado se transmite por la *onda sonora*. Aquí no caben ilusiones *dualistas*. Pues bien, y salvando las distancias, lo mismo cabría decir del *pensamiento* y de las *ondas electromagnéticas* del cerebro, resultado de la actividad neuronal *eléctrica* (paso de iones de una célula a otra a través de uniones *gap*) y el impulso nervioso que provoca la *sinapsis* química (mediante *neuotransmisores*). El *pensamiento* es la actividad de las *neuronas* como la música son las *cuerdas* vibrando. Evidentemente, si la *información* que transportan esas *ondas* es la de todo el contenido del *pensamiento,* podría reproducirse con bastante *fidelidad,* como ocurre con las *ondas electromagnéticas* de radiotelevisión. Pero con una diferencia fundamental: la *información* de un *pensamiento complejo,* que incluye conceptos *abstractos*, es prácticamente *irreproducible,* ya que nunca podrá incluir en su *mensaje* toda la *información* necesaria para su completa y exacta reproducción. De hecho, el lenguaje hablado, que si es *transmisible,* siempre tiene un *default* de *información,* pequeñísimos matices de *entonación* y el correspondiente a la *expresión* corporal, algo que juega un papel fundamental al tener una base evolutiva *genética* (todos los humanos reímos, lloramos, nos encolerizamos de la misma manera aunque no por los mismos motivos) y que *contextualiza* la información. Es decir, tendríamos que transmitir a la persona que verbaliza sus *pensamientos*, como ocurre con una videoconferencia, y aún así la zona *indeterminada* seria importante, por lo que siempre tendríamos que *interpretar* aspectos de la *información*. Lo mismo vale para los contenidos *emocionales*, discernibles, aunque sea por aproximación, en el *lenguaje oral* (expresividad), incluso *escrito* (estilo).

La actividad *mental* es mucho más sutil y compleja de lo que pueden, a día de hoy, reflejar las imágenes del cerebro. La forman *pensamientos racionales* e *irracionales, emociones, sentimientos, simulaciones, fantasías, intuiciones, motivaciones, etc.* Distinguimos palabras polisémicas, construimos oraciones subordinadas, asociamos *significados* según su *ubicación* en la frase, elegimos entre la variedad de *matices* de un adjetivo, etc. Nuestra capacidad *cognitiva* no se puede reducir a pensamientos simples, binarios. Se trata de un *sistema complejo y dinámico,* con la peculiaridad de que integra tanto aspectos *lineales* como *no-lineales,* posee fronteras *difusas,* se *ordena* a través de *oscilaciones* ligeramente *caóticas* para alcanzar el *orden* preciso, si lo alcanza, del *lenguaje humano.* Y ocurre mediante actividades neuronales *jerárquicas,* un proceso *darwinista* de *selección* de la *información,* tanto interna como externa, que nos permite *interactuar* con el mundo de manera exitosa y eficaz. De lo contrario, hace cientos de miles de años que habríamos desaparecido.[146]

Algunos teóricos de la *computación* consideran que este proceso se desarrolla mediante lo que podríamos llamar *algoritmos* computacionales del cerebro, partiendo de lo *innato* para desarrollarse en el *aprendizaje.* Si se quiere *computación viva,* imposible de emular por una máquina *inanimada.* Para hacerlo habría que crear una máquina con *vida.* Eso no significa que la *Inteligencia Artificial* (IA) sea incapaz de realizar con mayor *eficacia* las tareas *lineales* del cerebro, donde se impone la *certeza* sobre la *incertidumbre,* e impera la relación directa *causa-efecto.* Pero solo podrá realizar *emulaciones* de los aspectos *no-lineales* de la actividad mental, por muy *útiles* que puedan ser. No es sorprendente ni fortuito que los avances en IA hayan sido posibles incorporando aspectos *funcionales* de nuestro cerebro, como las *redes neuronales artificiales* (RNA), la *lógica borrosa* (fuzzy logic), los *algoritmos genéticos,* el *aprendizaje profundo* (deep learning) y *automático* (machine learning), que permiten *auto-programarse* y desarrollar sus *algo-*

ritmos iniciales, lo que *aproxima* el funcionamiento de la *máquina* a nuestro *cerebro*.[147] Todos estos *sistemas cognitivos artificiales* se están expandiendo vertiginosamente en numerosas aplicaciones, conformando el nuevo *ecosistema digital*, lo que obligará a adaptarnos y cambiar nuestra forma de *producir* y *relacionarnos socialmente*.

Ya he mencionado, y volveré a hacerlo, los efectos *evolutivos* que está provocando la *Revolución Digital*. Pero no conviene dejarse llevar por el entusiasmo *reduccionista* de la computación artificial. La *máquina humana*, por utilizar su mismo lenguaje, tiene una *historia* personal, desarrolla *relaciones sociales*, incorpora a su *comportamiento* emociones, sentimientos, creencias, valores morales, intereses personales y colectivos. Es una *máquina cultural* en permanente *transformación*. Sólo una *máquina viva* puede tener la *creatividad* y la *fantasía* de un ser humano, seres *sociales* que deben afrontar los problemas *no-lineales* de la sociedad en la que viven. Hasta en el *pensamiento abstracto,* y su máxima expresión, las matemáticas *puras*, hay un componente *cultural,* estético, *emocional* por tanto, que sirve de *brújula* cuando el matemático se adentra en terrenos desconocidos. Por eso, incluso las *máquinas* basadas en *sistemas cognitivos artificiales* que *componen* música, o *escriben* poemas,[148] lo hacen sin *emocionarse,* de acuerdo a patrones *rítmicos, armónicos* y *melódicos* preestablecidos de diversos estilos musicales. Aunque gracias a su fabulosa capacidad de aprendizaje son capaces de emular cualquier tipo de música con un impresionante grado de coherencia.[149] El ejemplo de *Melomics109,* un algoritmo *abierto* capaz de crear música por sí solo gracias al *aprendizaje automático* (Machine learning), el mismo que nos permite dar órdenes a nuestro móvil y *transcribir* dictados en los procesadores de texto con un nivel altísimo de aciertos, demuestra hasta dónde puede llegar un cerebro de *silicio,* hecho de *hardware* y *software.* Hay otros ejemplos: *Iamus,* programa creado en la Universidad de Málaga, especializado en componer música *clásica,* es capaz de *evolucionar* como si fuera un niño, refinando progresivamente sus composiciones.[150] Por otra parte, cada vez son más potentes los programas de análisis *predictivos* basados en el *Big Data,* como *Azure Machine,* un servicio en la nube de Microsoft, o *TensorFlow* de Google, destinado a que sus aplicaciones tomen mejores decisiones proponiendo, por ejemplo, publicidad personalizada.

Sin duda, necesitamos *sistemas cognitivos artificiales* que puedan tomar decisiones por nosotros (por ejemplo, invertir en bolsa o conducir un coche), capaces de realizar millones de tareas diferentes más rápido y eficazmente que los humanos. Pero emular el cerebro de un ser humano, más allá de que la máquina *inteligente* pase el *test de Turig;* que la supercomputadora *Deep Blue* gane al campeón del mundo de ajedrez, Gary Kasparov; que el sistema *Watson* sea capaz de entender el *lenguaje natural,* y vencer a los dos mejores concursantes de la historia de Jeopardy!, el popular concurso de preguntas y respuestas de la televisión norteamericana;[151] o que *DeepMind,* un programa informático desarrollado por Google, venza a Lee Sedol, campeón mundial de Go, el milenario juego oriental, tropieza con un escollo hoy insalvable: la *creatividad* derivada de la capacidad *evolutiva* de *simular el futuro,* y la *volición* vinculada al *libre albedrío.* Planear y decidir en función del *interés* y de valores *culturales* no se puede reducir a una serie de *ceros* y *unos.* Por eso, *la teoría computacional* de la *mente humana,* como propone, entre otros, Steven Pinker, del Instituto Tecnológico de Massachussets (MIT), peca de un ingenuo *fisicismo* que la vincula con la *fantasía* del Golem judío más que con la *ciencia.* La versión *fuerte* de la *teoría computacional,* apoyada en los impresionantes logros de la *Inteligencia Artificial* (AI) que *simula* el funcionamiento del cerebro mediante la *computación paralela* y las *redes neuronales artificiales,* la *mente* y la *computadora* funcionan *exactamente* igual, de manera que puede afirmarse que la *computadora* es la versión *artificial* de la *mente* humana.[152] Pero a diferencia de un ordenador digital, que es tan *tonto* hoy como lo era ayer (aunque muchísimo más *rápido*), y depende del *software* para computar *información* como un *sistema experto,*[153] el cerebro es un órgano incansable de *aprender* que posee la capacidad de *reorganizarse* funcional y físicamente cada vez que lo hace, y en la medida en que lo hace. La diferencia fundamental entre un ordenador digital y el cerebro es que el primero está formado por dos partes separadas y modificables independientemente, *hardware* y *software*, y tiene una arquitectura fija, mientras que el segundo forma un *sistema complejo no-lineal* inseparable, sin *programación*, ni *sistema operativo*, ni *procesador* central. Un *sistema* formado por cien mil millones de *neuronas* activándose a la vez, con billones de *conexiones* en continuo cambio, que integran *redes* en constante *autoconfiguración*, alterando la actividad de las *sinapsis,* para modular ciertas *rutas* cada vez que toma una decisión, aumentado la *potencia* si es correcta, disminuyendo si es errónea, con el objetivo de *aprender.*

El *monismo analógico* del cerebro no se puede reproducir en el *dualismo binario* del ordenador por mucho que se avance en *inteligencia artificial* y se *emulen* los funcionamientos neuronales.[154] Como he dicho, el cerebro humano es un *supersistema complejo dinámico, no lineal,* un *todo* compuesto de *sistemas, subsistemas* y *subsiste-*

mas de *subsistemas* que incluyen *áreas* especializadas para determinadas funciones como la *visión*
(córtex visual), o el *lenguaje* (Broca y Wernicke).
En pocas palabras, un cerebro *artificial* que *piense*
como nosotros es imposible sin la *conciencia,* y la
conciencia sin la *vida.* De ahí que afirmar la naturaleza *material* de la *mente* (los *estados mentales* son
estados funcionales del cerebro), no suponga aceptar un *reduccionismo mecanicista* que permita su
reproducción en una máquina. Pensar, crear, recordar, imaginar, planificar, decidir, etc., y todas las
patologías habidas y por haber, son simplemente
estados funcionales del cerebro. O, como afirma el
científico estadounidense del Instituto Tecnológico
de Massachusetts (MIT), padre de las ciencias de la
computación, Marvin Minsky, *la mente es, simplemente, lo que hace el cerebro.* Es comprensible que
tras siglos de aferrarse al *alma* como explicación de
las propiedades de la *mente,* este concepto resulte,
cuanto menos *chocante,* incluso a los *materialistas.*
Mucho más que las *palabras* puedan *cambiar,* en
sentido literal (generar nuevas conexiones neuronales, inhibir otras), la estructura funcional del cerebro. Si esto no ocurriera serían imposibles fenómenos tan contrastados como el efecto *placebo,* y todo
tipo de *sugestiones.* Y el fenómeno más importante
desde el punto de vista de la *transformación de los
sistemas sociales,* la *subyugación ideológica.* Claro
que, como decía el famoso mago Joseph Dunninger
(1892-1975), conocido como *Amazing Dunninger,*
para los que creen, no es necesaria ninguna explicación; y para quienes *no creen,* ninguna explicación
será suficiente.

Pienso luego trasformo y me transformo

Siguiendo con el *símil* de la *guitarra* y la *música,*
queda por dilucidar la naturaleza del *guitarrista.*
¿Qué es? ¿De dónde procede? ¿Cómo actúa? El tema se las trae, porque resulta fácil que *ciencia* y *su-*

perstición se mezclen. Prescindiendo de las desacreditadas visiones *idealistas,* centrémonos en la hipótesis *materialista.* La principal es la *teoría de la identidad* que propone, como su mismo nombre indica, la *identidad* entre el estado *físico-químico* del cerebro en un momento dado y los *estados mentales* en dicho momento. Es la tesis ya mencionada que sostiene que los *estados mentales son estados neuronales,* lo que implica que *guitarra* y *guitarrista* son la misma cosa. Lo mismo que el *ejecutor* de un programa del ordenador es el propio *ordenador,* y a nadie se le ocurriría pensar que hay un *duende* en su interior que hace las operaciones computacionales. Es decir, el cerebro, en cuanto *sistema complejo no-lineal,* es *autosuficiente,* se *autorregula,* se *autoorganiza* y desarrolla su actividad *pensante* sin necesidad de ningún *ejecutor* externo. Pero el hecho de ser *conscientes* de nuestra actividad mental, más el *dualismo vivido* de la práctica cotidiana (reforzado, al parecer, por su carácter *innato,* como hemos visto), hace que la *identificación* resulte *anti-intuitiva* y difícil de digerir. El intenso sentimiento del *yo* que supone *la autoconciencia,* refuerza la percepción *dualista.* Sin embargo, cada vez hay más evidencia *empírica* de que la *dualidad* entre *mente-cerebro* es un *engaño,* reforzado *culturalmente.* Pero hasta que no consigamos tener una comprensión completa del *funcionamiento* del cerebro persistirá la duda, y con ella las distintas interpretaciones de cómo es posible que la *materia* pueda llegar a *pensar.* Un milagro, dentro de un misterio, que solo el avance de las ciencias, la *neurofisiología* en particular, podrá desvelar definitivamente.

Avancemos mientras tanto, y demos por hecho que *guitarra* y *guitarrista* son el *cerebro.* Queda la espinosa cuestión del *software,* del *algoritmo* necesario para que procese la *información* que le llega del exterior y del interior. En el caso del ordenador está claro, es el *sistema operativo* el que ejecuta los distintos *programas expertos*, y además ya lo puede hacer, como hemos visto, *aprendiendo* de su propia experiencia. Pero en *origen* debe existir un *programador*. Entonces, ¿quién y qué es el *programador* de nuestro cerebro? La respuesta está en la *evolución,* que también ha creado esa maravilla llamada *código genético* sin el que no existiría vida, desterrando definitivamente explicaciones fantasiosas como el *élan vital* (impulso vital) del filosofo francés Henri Bergson, la *fuerza vital* de Claude Bernard, la *fuerza dominante* de Johannes Reinke, o *entelequia* de Hans Driesch. Y este mismo trabajo *evolutivo* de millones de años terminó *modelando* el cerebro de los *sapiens,* dotándole un *software* codificado genéticamente que le permite la asombrosa capacidad de *aprender* y *desarrollarse*, en el sentido literal de la palabra, consecuencia de su increíble *complejidad* y *plasticidad*. Un cerebro de mamífero *evolucionado,* que aparece hace unos 6 millones de años. Una nueva *especie* de andar erguido, con el aparato fonador modificado lo que le permite modular sonidos y desarrollar el *lenguaje*. Un ser *productor* de *herramientas*, lo que supone la *emergencia* de una nueva *propiedad*, la *cultural*, de forma que el cerebro se *transforma transformando*, y puede *socializar* sus creaciones *culturales* que pasan a formar parte del *aprendizaje* de la manada. Para culminar hace más de un millón de años (las estimaciones varían entre 1,8 millones y 100.000 años) en la única rama de los *Homo* que ha sobrevivido, los *Homo sapiens.* Y con ellos, la aparición de una nueva forma de *evolucionar,* la *cultural,* que es la que configura nuestra *cambiante* realidad y modifica, a su vez, el *medio natural* que lo condiciona. La *evolución* nos ha convertido de *sujetos* de la *evolución,* a nuevos *agentes evoluti-*

vos, dueños, por tanto, de nuestro destino, que no guía ningún *alma* en el cuerpo ni *homúnculo* en el cerebro.

En cualquier caso, la pretensión *materialista* de establecer la *identidad,* uno por uno, entre los *estados mentales* y los *estados cerebrales,* en un obsesivo modelo de *localización* cerebral, corre el peligro de perder de vista su carácter *sistémico.* Es la fascinación de los investigadores en *neurología cognitiva* por llegar a establecer un *mapa* completo de todas las actividades del cerebro, con lo que habríamos *desvelado* su más íntimo misterio. Pero, como ya he dicho, eso es muy poco probable, ya que estamos ante un *sistema complejo, dinámico y no-lineal,* donde todo está relacionado con todo, lo que elimina la visión *mecanicista* y *localista* de las funciones *mentales,* aunque existan áreas especializadas. Es decir, el cerebro humano no funciona de manera exclusivamente *determinista,* lo arruinaría nuestro *libre albedrío* y la capacidad *volitiva.*

Las experiencias *neuropsicológicas* avalan la existencia de vínculos entre distintas *áreas cerebrales* y la percepción *mental.* Por ejemplo, si las conexiones entre las áreas de asociación *visual* (que posibilitan la percepción visual de un objeto) se desconectan de las áreas *límbicas* (que proporcionan un tono *afectivo* a esa percepción), el paciente percibirá correctamente el estímulo pero no su significado *emocional* y, por lo tanto, la verdadera relación que pueda tener con él. El neuropsicólogo Francisco Román Lapuente relata que un paciente, tras sufrir una hemorragia cerebral en el *lóbulo parietal derecho*, sin ninguna secuela de tipo hemipléjico, dejó de tener en cuenta el lado izquierdo de su cuerpo y del mundo. Cuando se le pedía que levantara ambos brazos solo lograba levantar el derecho. Cuando se le decía que dibujara la esfera de un reloj, agrupaba todos los número en el lado derecho. Cuando se le pedía que leyera palabras compuestas, como bombón helado o baloncesto, leía helado y cesto. A la hora de afeitarse sólo lo hacia en la parte derecha de la cara.[155] Otro caso todavía más impactante, y que conlleva alguna reflexión extra sobre la que luego insistiré, es la del hombre con los lóbulos cerebrales desconectados debido a un deterioro del *cuerpo calloso,* lo que también se conoce como el *síndrome del doctor Strangelove* (por el personaje de la película de Stanley Kubrick, *Teléfono rojo, volamos hacia Moscú,* que tenía que luchar contra una de sus manos), que al ir a abrazar a su mujer con una mano se encontró con que la otra le propinó un gancho de derecha en pleno rostro. Gracias a los experimentos realizados por el doctor Michael Gazzaniga, de la Universidad de California en Santa Bárbara, una autoridad en pacientes con cerebro dividido, se puede afirmar que el hemisferio derecho tenía literalmente ideas propias. En sus propias palabras:

> *Es el hemisferio izquierdo el que interviene en la tendencia humana a buscar orden en el caos, el que intenta que todo encaje en una historia y en un contexto. Parece que se ve impelido a plantear hipótesis sobre la estructura del mundo aun cuando las evidencias indiquen que no existe patrón alguno.*[156]

Esa necesidad de *plantear hipótesis* esta *evolutivamente* configurada en nuestro cerebro, y aparece desde muy temprana edad, una vez alcanzado cierto nivel de desarrollo cerebral. No es necesario que nos la *inculquen,* aunque es posible desarrollarla, ya que no todos nacemos con la misma capacidad para plantear *hipótesis sobre la estructura del mundo*, como tampoco para la música o las matemáticas. Generalizando, podemos afirmar que para la correcta comprensión de la *conciencia* hay que liberarse de una visión *unívoca,* de algo que es de *una sola pieza,* independiente del estado cerebral. Puede hablarse de diferentes niveles y clases de *conciencia,* y de distintas alteraciones. Al fin y al cabo, las *alteraciones de conciencia,* inducidas o producidas (drogas o lesiones) son el resultado de *alteraciones* en el complejo *sistema cerebral.* Lo que permite, dicho sea de paso, a los *psicobiólogos* conocer mejor el comportamiento humano, particularmente cuando está ligado a trastornos *neuronales.* Los procesos *mentales,* entendidos en sentido amplio, incluyendo la *conciencia,* dependen de la estructura y función del *sistema nervioso* y de otros sistemas corporales. ¿Es esto *fisicismo?* Si, pero enmarcado en la teoría de los *sistemas complejos no-lineales,* desde una perspectiva *no-lineal* del cerebro.

Pese a todo lo dicho sobre la naturaleza de la *mente* y los avances en *neurociencia,* hay que reconocer que aún persiste un espacio para el *misterio.* Steven Pinker lo describe en su libro *Cómo funciona la mente,* donde podemos leer:

> (...) *la conciencia ha llamado la atención de muchos pensadores no tan sólo por su condición de problema, sino casi por ser un milagro. (...) Pero la conciencia o sentiencia, es decir, la sensación bruta de tener dolor de muelas, ver el color rojo u oír un do mayor, está envuelta todavía por un halo de misterio que a su vez se halla dentro de un enigma. Al preguntar qué es la conciencia, no tenemos a nuestro alcance una respuesta mejor que la dada una vez por Louis Armstrong a una periodista que le preguntó qué era el jazz: «Señora, si tiene que preguntármelo, nunca lo sabrá».*[157]

Lo que me recuerda la célebre frase del gran físico teórico Richard Feynman: *Si usted piensa que entiende la mecánica cuántica... entonces usted no entiende la mecánica cuántica.* Resulta sorprendente que se admitan fenómenos de la física cuántica tan *milagrosos* como la *superposición* o el *entrelazamiento*, y no la *singularidad* de la *conciencia*. Claro que los *neurocientíficos* no suelen enredarse en cuestiones filosóficas. Simplemente aceptan los hechos y procuran sacar el mayor partido médico de ellos. Nosotros deberíamos hacer lo mismo, en vez de enfrascarnos en sesudas y complejas discusiones sobre la *naturaleza* de la *conciencia*. Y más si empezamos por no tener claro qué entendemos por *conciencia,* palabra que proviene del latín *conscientĭa,* y significa *con conocimiento.* Quizás el *problema* estribe precisamente en eso, en el intento de explicar lo que no necesita explicación, ya que la *conciencia* consiste en la capacidad de *preguntar* y la necesidad de *responder* de los humanos. Por eso, la *conciencia* es más que la *percepción sensorial* a la que hace referencia Pinker; también es *percibirse* a sí mismo en el mundo (*autoconciencia*), es el conocimiento *reflexivo* de las cosas, el *reconocimiento* de nuestros *semejantes* que permite la relación *social,* la *identificación de las emociones,* la experiencia del *tiempo* que nos permite *simular el futuro* y adquirir *conciencia* de la muerte.[158] No se trata de que existan muchas *conciencias,* sino de que la *conciencia* se expresa en numerosas dimensiones *vivenciales.*

Y aún ignoramos muchas respuestas a las preguntas que nos plantea la *realidad*. Desconocimiento que podemos dividir entre las que se refieren a verdaderos *problemas,* cuya resolución parece estar, tarde o temprano, al alcance de la ciencia; y las que entran en la categoría de *misterio*, donde aparcamos todo aquello que está fuera de nuestra comprensión. La *evolución* de la *cultura* consiste precisamente en el aumento del número de *problemas* resueltos, al tiempo que se achica el espacio para el *misterio*. Nos quedan todavía muchos *enigmas* por desvelar, desde la frontera última de la materia donde, al parecer, vibran unas misteriosas *supercuerdas*, hasta los insondables *agujeros negros* y las no menos misteriosas *materia y energía oscuras*. Pero tal vez el misterio de los misterios siga siendo el de la *conciencia*, el sentido de *identidad*, los *qualia*, ese *darnos cuenta de ser*, la *materia* interrogándose a si misma. No es de extrañar que hayan surgido a lo largo de la historia numerosos intentos por explicar la experiencia *consciente*, y que se hayan gastado una cantidad ingente de tinta y papel para terminar diciendo que, efectivamente, tenemos una *conciencia* y que no estamos rodeados de *zombies*.

Conciencia social y falsa conciencia

De manera sucinta, ya que no es este un libro sobre la *conciencia*, y ciñéndome tan solo a las teorías que se basan en el *materialismo*, destacaría las siguientes explicaciones de qué es la *conciencia*:

- El *conexionismo*, o *topobiología*, propuesto, entre otros, por Gerald Edelman, según el cual la *conciencia* emerge de la rápida integración de una gran cantidad de información dentro de un núcleo dinámico de elementos que interactúan intensamente, e integra procesos sensoriales con la memoria cargada de afectos adquiridos previamente.

- La teoría de la *información integrada*, desarrollada por Giulio Tononi, que intenta explicar la *conciencia* como la integración de una *red* de *sistemas sensoriales* con *procesos cognitivos* en un *sistema irreductible*, que es más que la suma individual de las partes.

- El *dualismo representacional* de Searle, según el cual la *conciencia* es una propiedad *emergente*, producto de *microprocesos* de nivel inferior que tienen lugar en el cerebro, y se manifiestan en niveles superiores.

- La teoría *intencional* de Humphrey, que se propone explicar el carácter *cualitativo* de la *conciencia* defendiendo que la *sensación* no es un hecho psicológico, sino físico.

- La teoría de la *autoconciencia prerreflexiva* (APR), en realidad una forma de *autoconciencia* corporal que combina las tradiciones en filosofía fenomenológica y analítica, para dar cuenta del fenómeno único de la *conciencia.*

- La teoría *cuántica* de Penrose y Hameroff, llamada *reducción objetiva orquestada* (Orch OR), según la cual los causantes de la *conciencia* serían procesos cuánticos biológicamente orquestados, no computacionales, generados por vibraciones en los *microtúbulos* de las neuronas que gobiernan la actividad *sináptica* neuronal.[159]

- La teoría del *espacio de trabajo global,* desarrollada por Bernard Baars, que se basa en el concepto de la *pizarra* utilizado en la IA, espacio donde se almacena la *información* (memoria) que es enviada a otras áreas del cerebro donde será procesada.[160]

- La *teoría del claustro,* hipótesis propuesta por Francis Crick y Christof Kock, para quienes debería haber una especie de *director de orquesta* que integraría toda la información de diferentes áreas cerebrales y la interpretaría, dando lugar a la *conciencia.* Esta hipótesis se ha visto sido reforzada por la existencia de un *área* cerebral (*claustro derecho y córtex del cíngulo anterior*) que al ser estimulada eléctricamente *desconecta* el cerebro, apagando momentáneamente la *conciencia.*[161]

Como se ve, todas son hipótesis *neurológicas* que tratan de explicar los mecanismos cerebrales gracias a los cuales adquirimos *conciencia,* sin tener en cuenta sus contenidos *mentales.* Evidentemente, si hay tantas es porque ninguna puede considerarse definitiva. Pero, al menos, evitan convertir el *misterio* en una categoría *religiosa.* Lo cierto es que la *conciencia* se resiste a ser *conceptualizada,* y mucho menos a ser *localizada* cerebralmente. Quedémonos con que la naturaleza, en su *evolución,* ha dado origen a moléculas orgánicas que, al agruparse formaron *sistemas complejos* de los que *emergió* la capacidad de *replicarse.* Miles de millones de años después estamos nosotros preguntándonos asombrados qué *somos.* Como dice Stephen Jay Gould, el *Homo sapiens es una pequeña rama [en el árbol de la vida]... Con todo, es nuestra rama, para bien o para mal, ha desarrollado la cualidad más extraordinariamente novedosa en toda la historia de la vida pluricelular desde su explosión durante el período Cámbrico. Hemos inventado la conciencia con todas sus secuelas desde Hamlet hasta Hiroshima.*[162]

¿Y qué tiene que ver todo esto con la pretensión de *desencadenar* Marx? se preguntará el lector si ha tenido la paciencia de llegar hasta aquí. Mucho, porque la *conciencia* se relaciona directamente con los procesos *evolutivos* del *sistema social,* y es la piedra angular de lo que Gramsci llama la *filosofía de la praxis.* De ahí que las preguntas sobre la *conciencia* que interesan *políticamente* sean las referidas a sus *contenidos,* a cómo nos *percibimos* en el mundo. Lo que necesariamente coloca el debate en el terreno *especulativo,* sin más comprobación *científica* que la práctica histórica. En lo que al tema de este libro respecta, contamos con suficientes evidencias *empíricas* de a dónde pueden conducir las distintas interpretaciones del *marxismo* sobre la *conciencia.* Pero, una vez más, debemos admitir que son las propias formulaciones del Marx joven, maduro y viejo, quienes se prestan a la controversia. Basta con ver cómo abordan esta cuestión pensadores marxistas de la talla intelectual de Lukács y Althusser. Veamos.

Es sabido que Marx parte de la idea hegeliana de *conciencia* para, a través de Feuerbach, que muestra a Dios como una *ilusión* del hombre, darle la *vuelta*, liberándola de su formulación *idealista.* No es la *conciencia* por si misma, en cuanto *autoconciencia* absoluta, quien crea la naturaleza, la sociedad y la historia, sino que es el hombre, en cuanto ser de la naturaleza, quien adquiere en sociedad *conciencia* de si mismo, y de su posición en la naturaleza y en la historia.[163] Es importante resaltar que Marx parte de la idea de la *conciencia* como algo *adquirido,* como proceso de *conocimiento,* y no como una cualidad *natural* del *Homo sapiens,* desarrollada *evolutivamente,* y condición necesaria para su *sociabilidad.* Debemos, por tanto, olvidar la entidad neurológica de la *conciencia,* y centrarnos en su contenido *cognitivo.* De lo contrario no es posible entender lo que quería decir Marx cuando afirma:

> (...) *no es la conciencia la que determina la vida, sino que es la vida la que determina a la conciencia. En la primera postura se parte de la conciencia como de un individuo vivo, y en la segunda, que corresponde a la vida real, se parte de los mismos individuos vivos reales, considerándose la conciencia sólo como "su" conciencia.*[164]

El meollo de la cuestión, y sus implicaciones prácticas, se encuentra en esa *determinación,* que se concreta en los *individuos reales.* Lo que para Marx se denomina *vida* es la existencia del ser humano en su *relación* conflictiva con la naturaleza.

Conflicto que bajo las condiciones de propiedad *privada* se realiza en forma de *división del trabajo,* lo que origina un estado de *autoalienación.*[165] La *conciencia* se convierte así en *conciencia social* y serán las *relaciones de producción* quienes *determinarán* dicha *conciencia.* Marx saca el tema del campo *filosófico* y lo enmarca en el *político,* al pasar de la *teoría especulativa* a la *praxis* de la *producción material.* La *conciencia* de los humanos, superada la fase de *manada,* está *condicionada* por *lo que hacen* y por *cómo lo hacen.* Ya vimos como al entrar en colisión las *fuerzas materiales de producción* con *las relaciones de producción* se instaura un periodo de inestabilidad, luchas y, finalmente, de *revolución social.* En la idea de Marx, los cambios de la base *económica* ocasionan, más o menos rápidamente, cambios en la *superestructura,* en un proceso de *abajo-arriba* que evidencia su concepción *lineal:*

> *Cuando se examinan tales transformaciones, es preciso siempre distinguir entre la transformación material -que se puede hacer constar con la exactitud propia de las ciencias naturales- de las condiciones de producción económicas y las formas jurídicas, políticas, religiosas, artísticas o filosóficas, en breve, las formas ideológicas bajo las cuales los hombres toman* <u>conciencia</u> *(subrayado mío) de este conflicto y luchan por resolverlo. Del mismo modo que no se puede juzgar a un individuo por lo que piensa de sí mismo, tampoco se puede juzgar a semejante época de transformación por su conciencia; es preciso, al contrario, explicar esta conciencia por las contradicciones de la vida material, por el conflicto existente entre las fuerzas productivas sociales y las relaciones de producción.*[166]

Explicar la *conciencia* por las *transformaciones* de la vida material puede inducir a pensar que lo *económico determina* la formación de la *conciencia,* y en eso Marx tiene una indudable responsabilidad, aun cuando no fuera ni mucho menos su intención. Como ya dije a la hora de hablar de los conceptos *estructura* y *superestructura,* su formulación *determinista* debemos entenderla en su dimensión *condicionante,* lo que permite cierta *flexibilidad* en su relación. Se evitaría así formulaciones burdas del *determinismo economicista,* pero no eliminar la raíz de los errores, su *dualismo.*

Tenemos, por tanto, que para Marx la *conciencia social* es fruto de la división del trabajo que genera *alienación* o *falsa conciencia,* un estado en el que la percepción del *sujeto social* (la *clase*) no se corresponde -no *pone en relación*- con sus condiciones *materiales* de existencia y, por lo tanto, sus actos no estarán en consonancia con sus *verdaderos* intereses.[167] Las *apariencias* del mundo, y no la *realidad,* conforman su *conciencia.* Es lo que ocurre con los trabajadores asalariados en cuanto clase social *dominada* pese a ser socialmente *dominante.* Aún cuando la *explotación* sea un dato objetivo, una condición necesaria del *sistema productivo* capitalista, los trabajadores no siempre tienen *conciencia* de ello, pese a que las condiciones de vida derivadas de dicha explotación les llevan a enfrentarse *espontáneamente* con sus patronos. Luchan contra los *efectos* pero no contra las *causas.* Marx dedujo de su análisis del capitalismo que el proletariado *sepultaría* el capitalismo por su antagonismo con los patronos en el *sistema productivo,* y que si no lo hacía era porque el propio *sistema* creaba la *falsa conciencia* de que no estaban *explotados.* Es fácil percibir aquí cierto paternalismo intelectual. En efecto, para liberarse de la *enajenación* producida por el sistema capitalista, alguien tiene que hacerles comprender cuál es su situación y *verdaderos* intereses, ya que por sí mismos no podrán conseguirlo. Obviemos que la *conciencia* no puede *ser falsa,* sino sus *contenidos,* y nunca *todos,* pues el sujeto *consciente* no puede *sobrevivir* sin que exista una *correlación* entre su *conciencia* y el mundo, al menos en los aspectos *vitales.* Pero lo importante del concepto de *falsa conciencia* es que presupone una *instancia superior* capaz de juzgar y dictaminar la *falsedad.* Eso es, precisamente, lo que da píe al concepto del *partido* como *vanguardia del proletariado.* Ahora bien, toda *conciencia* supone contenidos *cognitivos* adquiridos a través de la *experiencia* y la *educación,* lo que implica valores *culturales* previos. La *conciencia* es inseparable de la *cultura,* y está, como veremos, sometida a la *influencia* de la *ideología dominante.* En tiempos de Marx esto significaba una escasa o nula educación, un medio social empobrecido y conflictivo, un trabajo monótono y agotador, y una preocupación casi exclusiva por encontrar trabajo y ganar un salario para mantener la familia. La *conciencia* que podían tener los obreros era, por tanto, fácilmente *manipulable* y con escasa capacidad para analizar *críticamente* su situación. Y era lógico que la *ideología dominante* que expresaba los valores de la sociedad burguesa, permeara la *conciencia* de la mayoría de los trabajadores, lo que no les impedía desarrollar grandes luchas contra patronos y gobierno para mejorar su condición laboral y conseguir derechos políticos. Por supuesto, Marx no se refiere a la *conciencia* individual, donde cohabitan distintas creencias, deseos, emociones, valores morales, inquietudes, etc. de acuerdo a la biografía de cada uno, sino al *común denominador* que aporta su ubicación en el *sistema productivo,* que en su teoría *determina* (*condiciona*) la *conciencia social.* Así, en el libro escrito con Engels, *La Sagrada Familia,* precisa:

No se trata de saber lo que tal o cual prole-
tario, o aun el proletariado íntegro, se pro-
pone momentáneamente como fin. Se trata
de saber lo que el proletariado es y lo que
debe históricamente hacer de acuerdo a su
ser. Su finalidad y su acción histórica le es-
tán trazadas, de manera tangible e irrevo-
cable, en su propia situación de existencia,
como en toda la organización de la socie-
dad burguesa actual. Nos parece superfluo
demostrar aquí que una gran parte del pro-
letariado inglés y francés ya ha adquirido
conciencia de su misión histórica y no deja
de esforzarse para dar a esta conciencia
toda la claridad deseada.[168]

Marx deduce lo que el proletariado *debe ha-*
cer de acuerdo a lo que *es* por su *situación* en la sociedad burguesa, pero necesita *adquirir conciencia*
de su *misión histórica*. La *conciencia* es, por tanto
social, de *clase,* y solo será *conciencia verdadera*
cuando el proletariado comprenda el papel que la
historia le ha asignado. Es evidente el contenido *de-*
terminista, pero Marx no dice que la *conciencia* vaya a surgir *mecánicamente*; más bien, lo que da a
entender es que se trata de un *proceso* al que, con
un exceso de optimismo, piensa que ya ha llegado
gran parte del proletariado inglés y francés. La *con-*
ciencia para Marx tiene, por tanto, un contenido de
conocimiento (ser *consciente* del papel histórico) y
otro de *vivencia* por su lugar en el sistema (*situa-*
ción de existencia). De ahí que no pueda atribuírse-
le un *determinismo fatalista,* aunque la pujanza de
los movimientos obreros, y el ambiente revolucionario de la época, le llevaran a considerar que el
proceso de *concienciación* se desarrollaría imparable, superando las trabas *ideológicas* y los obstáculos *represivos* que se interponían en la *revolución*
proletaria. La realidad es que solo una minoría de

obreros, aunque muy combativa y heroica, adquirió *conciencia* de ese *papel histórico*, lo que llevaría a los *marxistas revolucionarios* a formular la teoría de que la *conciencia de clase* solo podía llegarles *desde fuera*. Incapaces de adquirir *conciencia de clase* por sí mismos, dado que su condición de *clase dominada* les impide tener otra *conciencia* que no sea la *determinada* por la producción capitalista, que lógicamente incluye su *justificación*, alguien tiene que proporcionársela. Lenin llevaría esta idea hasta sus últimas consecuencias. En *¿Qué Hacer?* lo formula con claridad meridiana:

> *Hemos dicho que los obreros no podían tener conciencia socialdemócrata. Esta solo podía ser traída desde fuera. La historia de todos los países demuestra que la clase obrera está en condiciones de elaborar exclusivamente con sus propias fuerzas solo una conciencia tradeunionista, es decir, la convicción de que es necesario agruparse en sindicatos, luchar contra los patronos, reclamar al gobierno la promulgación de tales o cuales leyes necesarias para los obreros, etc. En cambio la doctrina del socialismo ha surgido de teorías filosóficas, históricas y económicas elaboradas por intelectuales, por hombres instruidos de las clases poseedoras.*[169]

No hay lugar para la duda: la *conciencia de clase* política solo se le puede aportar al obrero desde *fuera* de la lucha económica y de la esfera de las relaciones entre obreros y patronos. Lenin rechaza que de la movilización de la clase obrera pueda surgir la *conciencia revolucionaria*. Pero no niega que obreros individualmente puedan adquirir *conciencia de clase*. Todo lo contrario, precisamente por su situación en el *sistema productivo* capitalista son más proclives a alcanzarla que los intelectuales burgueses. Y sostiene que la *clase obrera* espontáneamente *gravita* hacia el *socialismo*. De ahí que considere que el grueso del *partido revolucionario* lo tienen que formar esos obreros *conscientes*. En consecuencia, parte fundamental de su argumentación consiste en la necesidad prioritaria de alentar y fomentar la formación de dirigentes *socialistas* obreros. El que los pensadores y luchadores *marxistas* sean inicialmente intelectuales se debe a que son los que tienen mejor formación, y pueden dedicar al estudio teórico un tiempo del que carecen los trabajadores, todo lo cual es evidentemente cierto. Sin embargo, no es posible encontrar en Marx ninguna teorización de que sea necesario llevar la *conciencia desde fuera* al proletariado; más bien lo contrario, ya que desconfiaba de los líderes intelectuales de extracción burguesa. Aunque denunció la influencia de la *ideología liberal* en el seno del movimiento obrero. Es decir, Marx era consecuente con su idea de que el *sistema productivo* capitalista *condiciona* la *conciencia,* por lo que los asalariados no podían dejar de estar *influidos* por la *ideología liberal.* Pero pensaba que su *situación de existencia* les llevaría a tomar *conciencia* de su *papel histórico.* Se trata de una diferencia sustancial de *enfoque* que, tras su muerte, daría lugar a la agria polémica sobre la *espontaneidad,* y que ya he tratado en mi libro *Pensar el Socialismo en el siglo XXI.*[170]

Lenin estaba dotado de una gran capacidad para el análisis de *coyuntura,* a la que daba valor *estratégico* y no solo *táctico* (repetía incansablemente la necesidad del *análisis concreto de la situación concreta*), por lo que la teoría de la *conciencia desde fuera,* reforzada por el triunfo de la Revolución de Octubre, no tuvo demasiadas consecuencias graves mientras vivió. A su muerte, Stalin la convirtió definitivamente en una doctrina *reli-*

giosa (¿resabios de antiguo seminarista?), oficiando él de *Sumo Sacerdote*. El *partido* se convierte así en una instancia *superior* que diferencia a los trabajadores entre los que tienen *conciencia de clase* y los que tienen *falsa conciencia,* inducida ésta por los capitalistas, y reforzada por los *socialtraidores*. El *partido* dictamina quién tiene *conciencia de clase* y quién no, actuando en consecuencia al viejo estilo de las *religiones* (procesos de Moscú, autocríticas públicas en China, exterminios en Camboya). En todo ello subyace la idea *determinista* de la *necesidad histórica*. Alumbrar una *nueva sociedad* donde se alcance, finalmente, la *liberación de la humanidad,* lo justifica todo. El desarrollo y desenlace de tales premisas es sobradamente conocido. Con toda seguridad, Marx, de haber vivido en la URSS, habría terminado en un *campo de trabajo* (Gulag); lo mismo que habrían quemado a Jesús en las hogueras inquisitoriales de los siglos XVI y XVII.

La conciencia como reflejo y conocimiento

Como vemos, la idea de *falsa conciencia* no es más que el *corolario* a la premisa de que la *conciencia* está *determinada* por las condiciones *materiales* de existencia. Se trata de un *círculo vicioso*: el *sistema productivo* capitalista *determina* la *conciencia,* por lo que sólo se puede *transformar* si se tiene *conciencia* (de *clase*) de su posibilidad, lo que supone que el *sistema productivo* deje de *determinar* la *conciencia*. La *Idea* hegeliana sale de nuevo a escena, ahora para *liberar* a los asalariados de su *falsa conciencia* derivada de las relaciones *productivas*. Lenin, en su polémica con Bogdánov, trata de esquivar el peligro de un *determinismo estricto,* formulado por Engels como el *reflejo* dialéctico en la *conciencia* de la dialéctica *material,*[171] señalando que: *La conciencia social refleja el ser social: tal es la doctrina de Marx. El reflejo puede ser una copia aproximadamente exacta* (subrayado mío) *de lo reflejado, pero es absurdo hablar aquí de identidad.*[172] Lo que permitiría a una parte de la sociedad adquirir *conciencia de clase*. Es el fundamento de su idea del *partido dirigente, vanguardia del proletariado,* el único que verdaderamente *defiende* y *representa* sus *intereses*. Pero una realidad *compleja, dinámica, abierta, no lineal y adaptativa* como es la *sociedad humana* no puede *reflejarse,* aunque sea aproximadamente, en la *conciencia,* fundamentalmente porque la *conciencia* es parte esencial del *sistema*. No hay un *primero* (materia) y un *después* (conciencia), un *determinante productivo,* sino un *momento social* en el que los humanos se agrupan para vivir en comunidad gracias a que la *evolución* les ha dotado de un cerebro *social* que les permite organizarse *culturalmente*. Un *sistema* que se conoce a sí mismo en la *conciencia* de sus componentes. Y una *conciencia* que se *transforma* en la *interacción* con el mundo.

El *determinismo* implícito en la relación entre *conciencia* y *producción* es una grave manifestación de *dualismo*. La realidad es que un mismo *sistema productivo* puede convivir bajo distintas formas estatales, distintas organizaciones políticas, distintas formas jurídicas, y distintas culturas. Dictaduras, democracias, estados religiosos, estados laicos, con sistemas de bienestar o sin protección social, todos pueden ser capitalistas, por mucho que los *liberales* proclamen la identidad de capitalismo y libertad. Marx analiza la realidad del capitalismo inglés del siglo XIX, que consideraba el punto de llegada del resto de los países, y saca de ello sus conclusiones. Sería injusto reprocharle su *eurocentrismo* político, el optimismo *revolucionario* arrastrado desde la Ilustración, y la influencia del *cientifismo newtoniano* en su concepción del *mecanismo evolutivo de las sociedades humanas*.

La realidad es que el *papel histórico* del proletariado no está inscrito en el ADN del *sistema capitalista,* que deba realizarse *inexorablemente* de acuerdo a su *codificación,* una vez concurran las condiciones *ambientales* adecuadas, tal como sostiene, inasequible al desaliento, el marxismo *dogmático,* siempre a la espera del feliz advenimiento de la anunciada *revolución socialista.* Lo que ocurre, tal como hemos visto, es que las *fluctuaciones, turbulencias* y comportamiento *caótico,* inherentes al *sistema complejo, dinámico, abierto, no-lineal y adaptativo* capitalista, dan lugar a la aparición de distintas opciones *políticas* para darles respuesta. Evidentemente, unas tratarán de hacerlo sin poner en riesgo el *sistema,* y otras para *mejorarlo,* y otras para *transformarlo.* Opciones *políticas* que representan *concreciones prácticas* de distintas formas de analizar la situación desde un sistema de *valores* y *objetivos,* en las que concurren numerosos factores e intereses, *materiales* y *culturales,* expresión de las distintas *ideologías* que condicionan la valoración del *fenómeno* (crisis del *sistema*). Desaparece así la idea *evangelista* de un grupo *dirigente* que conoce la *verdad* y la lleva a los trabajadores, pero no niega que exista un *agente político* capaz de elaborar las propuestas, que no es lo mismo. La relación directa entre *partido* y *clase* es un mito, una *fantasía doctrinaria.* En realidad, como enseña la vida política y la lucha reivindicativa, los trabajadores *eligen* entre distintas propuestas en función de su *verosimilitud,* atractivo, y capacidad de *convencimiento,* las haga quién las haga, sea un partido conservador, liberal, centrista, socialdemócrata o marxista. No creo que haga falta dar ejemplos. Es decir, tal como ya he señalado, el *sistema socioeconómico* capitalista *evoluciona* resolviendo sus *ciclos* periódicos de *caos-orden,* sus *contradicciones* si se quiere, sin que exista ninguna *ruta* trazada de antemano, sino un *campo de posibilidades* que se expresan en un *árbol de alternativas*. Y, dado que los componentes del *sistema social* son los *agentes* de dicha *evolución*, dependerá de ellos la ruta que siga.

La llamada *conciencia social*, en realidad la *dimensión social* de la *conciencia*, no puede entenderse sino como el *conocimiento* asociado a la *actividad* colectiva. Todo grupo *social* se forma precisamente porque los componentes tienen *conciencia* de compartir intereses *comunes,* lo que les lleva a agruparse para *ejercerlos, desarrollarlos* y *defenderlos.* Es decir, tener *conciencia* es tener también *conciencia* del *otro*, una característica *evolutiva* de la especie humana que se materializa en la formación *cultural* de *sistemas sociales,* de la tribu al Estado moderno. En ese sentido, el desenlace *evolutivo* es, finalmente, una batalla *ideológica* entre las propuestas de *conservación* (ganar tiempo con la esperanza de que las cosas vuelvan a su sitio), *reforma* (ganar eficiencia para que las futuras crisis sean menos intensas y disruptivas), y *transformación* (implantar *reformas estratégicas* de aspectos fundamentales del sistema). Y, ciertamente, se gana en la *conciencia,* pero si se libera de la *subyugación ideológica* que mantiene al *sistema*. No debemos confundir *conciencia,* que supone *conocimiento* de la *realidad* (tener *conciencia,* en el lenguaje vulgar), y *volición,* que implica decidirse a *actuar* en determinado sentido de acuerdo a ese *conocimiento.* Es decir, se puede tener *conciencia* de estar *explotados,* sin que suponga querer *enterrar* el capitalismo. El que se elija una u otra opción dependerá de la *estimación* que se haga de los posibles resultados y la viabilidad de la acción colectiva. Por ampliación, lo mismo podríamos decir de la *lucha política* y el apoyo a un proceso *revolucionario*. La lucha *ideológica* consiste en vincular la experiencia *vivida* del *sistema productivo* capitalista, con la existencia de una *alternativa* capaz de *superarlo* y librarse de los efectos sociales de sus crisis *adaptativas*. Ese es el sentido *pedagógico* de la acción política, en *competencia ideológica* con las propuestas *conservadoras* y *reformistas*, entendida como *vivencia concreta* que permite *interpretar* la *compleja* realidad *socioeconómica* del capitalismo y *entender* que es incapaz de superar sus *limitaciones* y *crisis* sin negarse. Es decir, *pedagogía* encuadrada en un *sistema cultural* donde *valores, juicios* y *proposiciones* están organizados *funcionalmente* en la *ideología*, que es la parte más *flexible* y *adaptativa* de la *cultura*. En pocas palabras, asumir la *pluralidad* de *conciencias* y la *diversidad* de *intereses* en el seno de las clases trabajadoras, producto de la *complejidad* del *sistema social* capitalista, para a partir de ellas configurar una estrategia de alianzas, una *confluencia socialista*, que ofrezca salida a los problemas del capitalismo global de dominio financiero, y satisfacer las *demandas* ciudadanas.

Llegados a este punto, retomemos el concepto de *conciencia de clase*, analizado desde un punto de vista *materialista* y de acuerdo al conocimiento *científico* actual sobre el fenómeno de la *conciencia*, despojado finalmente de toda ilusión *dualista*. La existencia de una *conciencia de clase*, manifestación concreta de la *conciencia social*, presupone una *homogeneidad* incompatible con la gran *complejidad sistémica* del capitalismo desarrollado. Puede entenderse que en los inicios de la II Revolución Industrial, con la concentración de la clase obrera en grandes fábricas, justificara la presunción de que existía dicha *homogeneidad*. Pero el desarrollo económico ha disipado esa *ilusión*. Hoy, la *conciencia de clase* es más una frase huera, residuo de la fraseología revolucionaria del pasado, que un concepto riguroso, imposible de aplicar a la *compleja* realidad de las numerosas categorías de trabajadores y su reconfiguración continua provocada por el desarrollo científico-técnico y la *globalización*. Lo que tenemos es una *comunidad de intereses*, no siempre *coincidentes*, generados en las actuales *relaciones de producción*, que propician la *fragmentación* de las respuestas *políticas*, desdibujando las viejas fronteras dicotómicas de *izquierda* y *derecha*. De ahí que se propongan desde el *populismo* alternativas *transversales* a las viejas políticas; políticas que, tanto en su versión de *izquierdas* como de *derechas*, contienen tanto propuestas reaccionarias como progresistas, defiendan a la vez intereses contrapuestos de capitalistas y trabajadores, y busquen una *homogenización* imposible en el *pueblo*, la *gente corriente*, los de *abajo*, frente a una minoría excluyente y autoexcluida formada por la *casta*, las *élites*, o las *tramas*. Ya he analizado este fenómeno en *La sinrazón populista*, por lo que me remito a lo dicho en el libro.

La realidad *socioeconómica* del capitalismo desarrollado obliga a actualizar tanto el concepto de *clase obrera* como la definición de su potencial *transformador*. Carece de sentido seguir con un discurso propio del *fordismo*, cuando en los países más avanzados era la fuerza determinante. No se trata solo de su reducción numérica, cada vez más acusada con la automatización y robotización de las fábricas, sino de la *emergencia* de nuevas categorías de trabajadores vinculados a la *Revolución Digital* y la *globalización*, las mal llamadas *clases medias*, caracterizadas por un elevado nivel cultural y una posición estratégica en el *consumo*. Es en este amplio sector social de trabajadores asalariados con distintos niveles de renta y responsabilidad productiva, donde se dirime la batalla *ideológica* por la *Hegemonía política*. Lo vemos en el próximo capítulo.

IV. IDEOLOGÍA, SUBYUGACIÓN
Y LIBERACIÓN

No hay nada más difícil de emprender,
ni más dudoso de hacer triunfar,
ni más peligroso de administrar
que la elaboración de un nuevo orden.
Maquiavelo

Como hemos visto, la *sociedad humana* es un *megasistema complejo, dinámico, no-lineal, abierto y adaptativo,* que *evoluciona* resolviendo los *conflictos* generados por las *dinámicas* entre *fp-rp*. Sus elementos constitutivos (*sistemas y subsistemas*) se relacionan de acuerdo a las características específicas de este tipo de *sistemas,* con sus *fluctuaciones, turbulencias, orden, caos,* y las *bifurcaciones* que surgen en su *límite.* Pero con una peculiaridad, inédita en la naturaleza hasta la aparición del género *Homo,* particularmente los *sapiens*: sus componentes tienen *conciencia y autoconciencia,* no son *objetos* pasivos, guiados por sus *instintos,* sino *sujetos volitivos* capaces de tomar *decisiones* de acuerdo a sus *simulaciones de futuro.* Es decir, *piensan, planifican, deciden, actúan, aprenden...* en un movimiento *continuo* que se *retroalimenta* en cada fase del proceso. Y todo con un *propósito,* que se *modula y cambia* de acuerdo a la *experiencia,* cuya *información* se convierte a su vez en un nuevo *input.* Para ello se *agrupan, organizan* y *relacionan* mediante objetivos *comunes,* lo que exige establecer *reglas,* llegar a *acuerdos,* y definir *intereses* comunes y compartidos. A tal fin, establecen *reglas* para la convivencia, elaboran *ideas generales* para sus debates, y crean un *relato* que exprese la *razón* de su unidad, el *sentido* de su existencia y las *señas* de su identidad. Es lo que llamamos *cultura,* la plasmación concreta del *instinto social* de los individuos. En ese sentido, la génesis de la *cultura* es la culminación del proceso de *hominización* de la rama *Homo* de los primates. Se trata de un proceso *evolutivo* de mutuo *reconocimiento* (*yo* en el *otro*)[173] que trae consigo el *orden* necesario tras las *fluctuaciones* y *caos* inherentes a todo *sistema complejo dinámico no-lineal.* Un proceso que acompaña y e interacciona con la *evolución* darwinista a lo largo de millones de años que ha ido modificando algunas características morfológicas y biológicas de los *prehomínidos*: el caminar erguido, que *libera* las manos; las transformaciones del aparato fonador, que permiten *modular* ampliamente los sonidos guturales en un *lenguaje*; la adquisición de un cerebro del tamaño y la *complejidad* necesarias para *pensar,* lo que posibilita la *emergencia* de la *cultura,* el *tapiz mágico* que expresa y posibilita nuestra *sociabilidad;* los cambios en la *pelvis* de la mujer, necesarios para poder parir hijos con un cerebro del tamaño adecuado para todo ello, ya que la postura bípeda había reducido el diámetro del canal del parto, lo que se conoce como el *dilema obstétrico.* Esto último tiene importantes implicaciones *evolutivas* de la *sociabilidad*: las limitaciones del tamaño cerebral del feto hace que en la especie *homo* las crías nazcan *inmaduras,* necesiten un largo periodo de cuidados *parentales*, y precisen de la colaboración del *grupo.* Como dice el proverbio africano, *para educar a un niño es necesaria la participación de toda la tribu.* La reproducción humana es, por tanto, un hecho *biológico* eminentemente *cultural.*[174]

Pero la *evolución cultural* no hubiera sido posible sin el *lenguaje humano,* el más prodigioso mecanismo para transmitir y compartir *información* con una amplitud, precisión y detalle inéditos en la naturaleza. Mediante *símbolos* e ideas *complejas* los *sapiens* pudieron *enseñar* las destrezas desarrolladas por los más hábiles y *educar* a sus descendientes; lograron *acordar* formas de colaboración y convivencia, *fijar* usos y costumbres, inventar *ritos* para fortalecer y cohesionar el grupo, formular *códigos* y establecer *sanciones.* Y crear las primeras manifestaciones *artísticas.* Finalmente, con el *lenguaje* escrito las *elaboraciones culturales* se pudieron *almacenar,* posibilitando su trasmisión espacial y temporal, incrementando la capacidad de *socialización* de la *especie,* la aparición de los primeros rudimentos de pensamiento *científico,* y las *grandes narrativas* sobre la humanidad, su origen y destino. La *sociabilidad* humana, mediante el *lenguaje simbólico* (corporal, gestual, oral, pictórico, escrito), permitió establecer vínculos *permanentes* entre los individuos, mas allá de los *biológicos.* Y ello es gracias a que la *comunicación* ya no era solo una simple *información* sobre hechos y objetos concretos (la presencia de un depredador, la abundancia de comida, un refugio), sino un *relato* que daba sentido a la permanencia del grupo más allá de la *sangre,* permitiendo su ampliación en agrupaciones humanas cada vez más amplias según aumentaba la capacidad de generar riqueza, almacenarla y comerciar con ella: *manadas, tribus, clanes, ciudades-estados, naciones, imperios.*

Por eso, la *cultura* es parte constitutiva del *sistema social,* inseparable de la actividad *productiva.* Es el *umwelt,* por utilizar el fecundo término de Jakob J. von Uexküll (1864-1944) de los humanos.[175] Las abejas son altamente *productivas* y tienen un *sistema social complejo* tan *eficaz* que ha permanecido inalterado durante millones de años. Y así seguirá hasta que un cambio drástico del *medioambiente* las elimine (por ejemplo la acción humana, como parece estar ocurriendo), o favorezca su *evolución,* si se llegan a producir los cambios *genéticos* necesarios. Pero en los últimos cien mil años los humanos hemos creado numerosos *sistemas sociales* al *evolucionar culturalmente* desarrollando nuevas formas de crear riqueza, y elaborando bienes *simbólicos* (imágenes, conocimiento, narrativas, etc.). De ahí que no exista *sociedad humana* sin *cultura,* por muy rudimentaria que sea. Como no existe *pensamiento* sin cerebro, esa maravillosa *máquina* biológica capaz de generar *patrones* globales que son, literalmente, nuestros *pensamientos, intuiciones, percepciones , simulaciones de futuro,* y que nos dota de *conciencia.* Somos *conscientes* en cuanto que somos seres *culturales,* y viceversa. Sin *conciencia* no hay *cultura,* y sin *cultura* no podríamos desarrollar nuestra *conciencia.*

Ahora bien, al ser la *cultura* fruto de la *actividad social* y medio de *socialización,* trasciende a los *individuos* que la encarnan. Nacemos, aprendemos y nos educamos en la *cultura* existente para, alcanzado el suficiente desarrollo, convertirnos a su vez en *agentes culturales.* Lo que produce la *ilusión* de que la *cultura* posee *vida propia,* tiene una *entidad* no reducible a lo *material.* Condorcet concebía la historia como el *progreso de la mente humana.* Como el resto de los filósofos y pensadores de la *Ilustración,* creía que la *evolución* de la *sociedad,* y de la misma condición humana, se debía a la progresiva mejora de la *razón* frente a la *ignorancia.*[176] Sin duda, esta afirmación contiene gran parte de verdad, por cuanto *individuo, cultura* y *conciencia,* son inseparables del *sistema social.* No existe *individuo* sin *conciencia* (sería un vegetal), ni *conciencia* sin *cultura* (sería un animal), ni *cultura* sin *individuos* (sería un fantasma). Otra cosa es la *praxis* que se deriva de presupuestos *idealistas* como los de Condorcet. Con razón, Marx rechazó la pretensión *moral* de los *reformadores* del siglo XVIII y

XIX por considerar que no se trataba de *cambiar la mente* de los hombres para conquistar la arcadia feliz, sino que se debía cambiar el *sistema productivo*, causante de las desventuras humanas. Pero era consciente de que eso no sería posible sin que los obreros comprendieran cual era su *papel histórico*, derivado no de su *conciencia* (necesariamente *falsa*, al estar sometida a la *ideología)* sino de la *posición* que ocupaban en el *sistema productivo* capitalista. Engels, en una carta a W. Borgius le comenta la idea de Marx, matizando algunos de sus aspectos que, ya en su época, eran causa de numerosos malentendidos:

> *El desarrollo político, jurídico, filosófico, religioso, literario, artístico, etc., descansa en el desarrollo económico. Pero todos ellos repercuten también los unos sobre los otros y sobre su base económica. No es que la situación económica sea la causa, lo único activo, y todo lo demás efectos puramente pasivos. Hay un juego de acciones y reacciones, sobre la base de la necesidad económica, que se impone siempre, en última instancia.*

Y añadía:

> *Los hombres hacen ellos mismos su historia, pero hasta ahora no con una voluntad colectiva y con arreglo a un plan colectivo, ni siquiera dentro de una sociedad dada y circunscrita. Sus aspiraciones se entrecruzan; por eso en todas estas sociedades impera la necesidad, cuyo complemento y forma de manifestarse es la casualidad. La necesidad que aquí se impone a través de la casualidad es también, en última instancia, la económica. Y aquí es donde debemos hablar de los llamados grandes hombres. El*

hecho de que surja uno de éstos, precisamente éste y en un momento y un país determinados, es, naturalmente, una pura casualidad. Pero si lo suprimimos, se planteará la necesidad de remplazarlo, y aparecerá un sustituto, más o menos bueno, pero a la larga aparecerá.[177]

Tenemos aquí un curiosa mezcla de *aciertos,* que por cierto encajan en el concepto de *sistema complejo no-lineal,* tal como hemos visto, y *errores* de naturaleza *determinista,* versión matizada (*última instancia*), cuyo fondo es la *primacía de lo económico* sobre lo *cultural.* Pero la realidad es que no existe *última instancia,* ni *primera* ni *segunda,* sino *interrelaciones* de los componentes del *megasistema social humano,* que son a su vez *sistemas y subsistemas,* y cuya actividad depende de las *respuestas* a las necesidades del *megasistema.* Lo mismo cabría decir del factor *individual,* que es el componente mínimo de lo *social,* su *átomo,* cuya actividad se enmarca en las condiciones concretas, *materiales y sociales,* de la *sociedad* en que vive, pero con capacidad *electiva* de acuerdo a sus deseos, personalidad, posibilidades, y propósitos derivados de su capacidad de *simular el futuro* y de su decisión para alcanzarlo.

En otra carta, esta a J. Bloch, del 22 de septiembre de 1890, Engels describe el devenir histórico como un proceso general *inconsciente* e involuntario:

En segundo lugar, la historia se hace de tal modo, que el resultado final siempre deriva de los conflictos entre muchas voluntades individuales, cada una de las cuales, a su vez, es lo que es por efecto de una multitud de condiciones especiales de vida; son, pues, innumerables fuerzas que se entre-

cruzan las unas con las otras, un grupo in-
finito de paralelogramos de fuerzas, de las
que surge una resultante -el acontecimiento
histórico-, que a su vez, puede considerarse
producto de una fuerza única, que, como un
todo, actúa sin conciencia y sin voluntad.
Pues lo que uno quiere tropieza con la resis-
tencia que le opone otro, y lo que resulta de
todo ello es algo que nadie ha querido.[178]

Este enfoque del *acontecimiento histórico*
como un conflicto entre muchas *voluntades indivi-*
duales, que termina actuando como una fuerza *úni-*
ca, sin *conciencia* ni *voluntad,* supone, paradójicamente, una visión *alienada* de la *sociedad,* de
funcionamiento *inconsciente* que, como señala el
académico y crítico literario galés Raymond Williams, constituye el campo abonado para las síntesis *marxistas-freudianas* en su intento por superar
el *determinismo económico.*[179] Sin referirse especialmente a los *sistemas complejos,* Williams da
una explicación más convincente y ajustada a la
realidad de la dinámica social e histórica:

Por lo tanto, la «sociedad» nunca es sola-
mente una «cáscara muerta» que limita la
realización social e individual. Es siempre
un proceso constitutivo con presiones muy
poderosas que se expresan en las formacio-
nes culturales, económicas y políticas y que,
para asumir la verdadera dimensión de lo
«constitutivo», son internalizadas y conver-
tidas en «voluntades individuales». La de-
terminación de este tipo -un proceso de lími-
tes y presiones complejo e interrelacionado-
se halla en el propio proceso social en su to-
talidad, y en ningún otro sitio; no en un abs-
tracto «modo de producción» ni en una
«psicología» abstracta (...) Toda abstrac-

ción del determinismo basada en el aislamiento de categorías autónomas, que son consideradas categorías predominantes, o que pueden utilizarse con el carácter de predicciones, es en consecuencia una mistificación de los determinantes siempre específicos y asociados que constituyen el verdadero proceso social: una experiencia histórica activa y consciente así como, por descuido, una experiencia histórica pasiva y objetivada.[180]

No creo necesario insistir en que la visión *simplificadora*, que concibe un *sistema complejo no-lineal* desde el punto de vista *lineal*, nos impide comprender sus características y funcionamiento y, por lo tanto, desarrollar una *praxis política* eficaz para su *transformación*. Entiendo que resulte desasosegante partir del principio de *indeterminación*, sea en el campo de la *física* o de lo *social*. Pero de nada sirve esperar a que presuntas *determinaciones* (*económicas* o *culturales*) actúen para enmendar los errores y extravíos. La *certeza* no es una categoría *válida* en los *sistemas complejos no-lineales*, cuyos resultados son siempre *probabilísticos*, y en el caso de los *sistema sociales humanos*, con un alto grado de *incertidumbre*. Pero eso no es impedimento, como tampoco ocurre en la física atómica, para que su actividad pueda ser *prevista*, *ordenada* y *dirigida*. Como veremos, se puede y debe *simular el futuro* a la hora de diseñar una *estrategia* de *transformación*, aunque no podamos *predecir* sus resultados, ya que su plasmación dependerá precisamente de lo que hagamos en el *presente*, cuyas consecuencias a medio y largo plazo no podemos conocer de antemano con exactitud. Se trata de un proceso de *reajuste* continuo, de un *hacer camino* mientras andamos. Como agudamente señala Edgar Morin, *toda concepción ideal de una organización que no fuera más que orden, funcionalidad, armonía, coherencia es un sueño demente de ideólogo o de tecnócrata. La racionalidad que eliminase el desorden, la incertidumbre, el error, no es otra cosa que la irracionalidad que eliminaría la vida.*[181] Tras la *armonía social* ruge la violencia de la *dominación,* tras la *equidad de la justicia* ruge la violencia de la *desigualdad.* Por eso los sistemas *dogmáticos,* tanto *ideológicos* como *políticos,* fracasan al no responder adecuadamente a las exigencias de la vida real.

Cuando la *evolución* se hace *cultural*

Estamos en la cima de la *evolución* no porque seamos *más altos, más fuertes, más rápidos,* por usar el slogan olímpico, sino porque tenemos el cerebro más grande y *complejo* creado por la *evolución,* capaz de albergar aproximadamente un *zettabyte* (un uno seguido de veintiún ceros) de *información.* Lo suficiente como para que *emerja* la *conciencia,* podamos *simular el futuro,* crear *estrategias* de acción, *comprender* o, al menos, buscar una *explicación* a las *causas* de los sucesos; crear *cultura,* en suma. Con nuestra *especie* la evolución se *bifurca:* por un lado, nuestro cuerpo continúa su lento y azaroso camino *biológico* con pequeños, lentos y graduales cambios *adaptativos* que tardarán siglos en evidenciarse; por otro, se inicia un novedoso proceso de *evolución cultural,* de resultados *indeterminados.* No somos la *especie elegida,* como dice Juan Luís Arsuaga, sino que *elegimos* como queremos que sea nuestra *especie.*[182] Tenemos parecido cuerpo y cerebro que hace aproximadamente un millón de años, pero en ese tiempo han cambiado nuestras *sociedades,* la forma de pensar y de relacionarnos, el *sistema productivo,* nuestros relatos y mitos, el conocimiento y capacidad de *trasformar* la naturaleza. Somos *agentes* de nuestra *evolución cultural,* y en cierto sentido también de la *biológi-*

ca. Desde entonces, *el hombre es la medida de todas las cosas,* la *khrémata* de Protágoras. Más preciso, el genetista ruso Dobzhansky señalaba que *al cambiar lo que conoce del mundo, el hombre cambia el mundo que él conoce; al cambiar el mundo en el que vive, el hombre se cambia a sí mismo.*[183]

En el Capítulo II he señalado que toda *transformación* de un sistema *socioeconómico* supone una *revolución cultural.* Profundicemos en esta idea. En primer lugar, cuando hablo de *revolución* no me estoy refiriendo a nada parecido a la *gran purga* ordenada por Mao que se llevó por delante no solo a los cuadros del partido más capacitados, sino también a buena parte de su *capacidad productiva,* con intentos tan *idealistas* y peregrinos como prohibir toda manifestación cultural *occidental* (incluyendo gran parte de la *marxista*) y *condenar* a Confucio. Al contrario, la *revolución cultural* que supone toda *transformación* del *sistema socioeconómico,* supone un avance en el *conocimiento.* Nunca es un *punto y aparte.* En la *evolución* de las *sociedades humanas* perduran muchos aspectos, y no solo artísticos, de la *cultura,* que caracterizan una *civilización,* aunque los *sistemas productivos* y el *régimen político* sean distintos. Y no puede ser de otra forma, porque los procesos *evolutivos* son siempre *adaptativos* y no *creacionistas.* Dicho lo cual, lo que me interesa resaltar es el papel que la *cultura* en general, y la *ideología* en particular, juegan (y cómo lo hacen) en la *evolución* de las *sociedades humanas* y su *sistema socioeconómico.*

Empecemos por precisar que la *cultura* es parte de las mismas *fuerzas productivas,* que lo son en cuanto que *útiles culturales* (*prágmata*). La *cultura* es inseparable de la *estructura productiva,* es lo que convierte un trozo piedra en un *instrumento.* Como señalaba Marx, un telar no es más que un conjunto de piezas mecánicas sin la intervención humana. Lo mismo puede decirse de las *materializaciones* de la *cultura*, como libros, cuadros, esculturas, películas, grabaciones musicales, construcciones, etc. Un libro no es más que un conjunto de papeles (o unos *dígitos*) con figuras impresas si nadie lo lee; o si el que intenta leerlo no entiende el idioma en que está escrito. La *cultura* es, por tanto, una *relación* que *emerge* de la relaciones entre humanos, y de éstos con la naturaleza. No existe fuera de esta relación. Y en cuanto *relación vivida* con el mundo y nuestros semejantes, la *cultura* es capaz de *evolucionar* y adaptarse a las exigencias del desarrollo de la *sociedad*, ensayando y fijando las propuestas mas útiles y eficientes para su funcionamiento y supervivencia. Se trata de un *supersistema* dentro del *megasistema* que constituyen las *sociedades humanas*. Algo así como la galaxia, que incluye distintos *sistemas planetarios*, y dentro de estos el *sistema solar*, y dentro del *sistema solar* el *sistema Tierra* (con su Luna), y dentro del *sistema Tierra* los seres humanos formando *sistema sociales*. Por eso, la *cultura* debemos entenderla como algo más que su *materialización* en el conjunto de obras de arte, narraciones, ensayos, tratados filosóficos, estudios históricos, monumentos arquitectónicos, obras de ingeniería, avances científicos y técnicos, etc.

La *cultura* expresa y representa la *sociabilidad* humana que, a diferencia de otros simios, puede *transmitir* a sus descendientes. Los chimpancés, por ejemplo, que también son seres *sociales*, y se organizan como tales en grupos más o menos amplios y fijos, pero que no crean *cultura* ni experimentan más *evolución* que la *biológica*, también se relacionan *socialmente* con formas *preculturales* que incluyen, por ejemplo, cierto sentido de *justicia*, lógica consecuencia del componente *cooperati-*

vo de lo *social*. Eso exige un reparto de recompensas *equitativo*. Así lo demuestra un estudio realizado por científicos del Centro de Investigación de Primates Yerkes, de la Universidad de Emory (EE UU). Sus experimentos evidenciaron que las respuestas de los monos al *Juego del Ultimátum*, un ejercicio experimental de economía diseñado para determinar cómo de sensible es un sujeto a la distribución de recompensas entre dos individuos, son prácticamente idénticas en humanos y chimpancés.[184] Y no solo eso. Como refiero en *Evolución, Cultura y Socialismo,* la gran etóloga Jane Goddal, presenció como un chimpancé, bautizado como David Greybeard, no solo usaba trozos de rama para atrapar las termitas, sino que eliminaba las ramas de hojas para que fuera más eficiente, fabricando así una forma rudimentaria de *instrumento*. Por su parte, Frans de Waal, del centro de Primates de Yerkes en Atlanta, está convencido de que los chimpancés, con un cerebro que es tan sólo una tercera parte del de los humanos, tienen sentido de la *conciliación*, como evidencia el hecho de que a veces, cuando dos chimpancés macho se pelean, una hembra se acerca al macho más agresivo, le besa y acaricia, y luego le lleva junto a su rival; entonces los dos machos se ponen a acariciar a la hembra *conciliadora* que, al rato, se aleja dejando a los machos acariciándose entre sí. Para Arsuaga, estos hallazgos demuestran que no existe un *rubicón* insalvable entre simios y humanos; los chimpancés presentan de forma rudimentaria algunas características humanas.[185]

Pese a ello, podemos hablar de un *cambio de fase* biológico entre grandes simios y los *sapiens*: el tamaño del cerebro y su *complejidad dinámica* trasciende lo *morfológico,* la dotación biológica determinada por los genes, para posibilitar la *emergencia cultural*. Esa capacidad se manifiesta *física* y *fisiológicamente* en nuestro cerebro *recreando* las *redes* y *mapas* neuronales cuando experimentamos y aprendemos, aumentando su *complejidad* mediante nuevas conexiones entre las neuronas (100 trillones de interconexiones en serie y en paralelo) que cambian cada vez que aprendemos una nueva tarea. Es la increíble *plasticidad* del cerebro, que no solo explica su capacidad para *suplir* la actividad de áreas dañadas, sino la prácticamente *ilimitada* posibilidad de construir su *circuitería* neuronal, una estructura espacio-temporal *dinámica* y *autoreconfigurante*, con distintos *colores* o *sabores* (oscilaciones de potencia electro-química),[186] por utilizar la terminología atómica. Lo que posibilita nuevas *recreaciones,* sin mas límite que nuestra vida y sus circunstancias. Y, cuando las creaciones *culturales* individuales tienen suficiente valor para el *sistema,* se fijan, *materializándose,* de forma que las siguientes generaciones no tienen que partir de cero, y pueden acceder a ellas, aumentando así las posibilidades *culturales* del grupo. Sin esa *materialización,* la *cultura* no podría *evolucionar* de acuerdo a su aptitud, eficacia y utilidad para el *sistema social*, posibilitando con ello su *evolución*. La gran diferencia con el resto de los grandes simios es, por tanto, la *cultura,* que no se transmite genéticamente: el hijo de un genio no nace con un cerebro de genio.[187] Por eso, la *cultura* ha tomado el relevo a la *evolución biológica.* Incluso hoy podemos alterar la *determinación biológica* de nuestra *especie* mediante la *ingeniería genética.*[188] La *cultura* tiene un comportamiento *oportunista,* cambia continuamente su *perspectiva* sobre lo que es más o menos adecuado para el *sistema socioeconómico,* en función de los problemas que plantea su desarrollo, favoreciendo los aspectos *culturales* más favorables. Por lo tanto, es imposible entender la *evolución cultural* sin comprender las *tensiones* del *sistema,* sus *fluctuaciones, turbulencias, caos y orden* que se originan en su seno.

Como he dicho, el desarrollo del *lenguaje humano* supuso la posibilidad de intercambiar socialmente *información* de forma más amplia y precisa mediante ideas, conceptos, símbolos, descripciones y narraciones, impulsando su capacidad *expresiva.* Ahora bien, y eso es lo que realmente nos interesa, los cambios en la transmisión de *información*, así como los inventos tecnológicos y avances científicos, actúan tarde o temprano sobre el *sistema productivo,* pudiendo aumentar y mejorar su capacidad de crear riqueza, lo que provoca *tensiones* en las *relaciones de producción*, entorpeciendo o potenciando dichos cambios, inventos y avances. La decana del Instituto Tecnológico de Massachusetts (MIT), Rosalind Williams, experta en tecnología, y autora del libro *Cultura y cambio tecnológico: el MIT,* no duda en afirmar que *la cualidad esencial de la gran revolución tecnológica es la creación del nuevo hábitat de existencia humana.*[189] Es lo que está ocurriendo, sin ir más lejos, con la imparable automatización, digitalización y robotización del *sistema productivo*, con efectos inevitables sobre las *relaciones de producción,* en primer lugar la pérdida de puestos de trabajo y los cambios en las relaciones laborales, generando *fluctuaciones* que *evolucionan* en *turbulencias*, terminan por romper el *orden* y crear situaciones de *caos*. Así, el impacto de la *Revolución Digital* está creando una elevada *incertidumbre* que se manifiesta en distintos campos. Por ejemplo, exige un aumento del *gasto social* para afrontar la formación de bolsas de desocupación permanente, capaces de generar graves disfunciones económicas (consumo), sociales (pobreza, exclusión) y políticas (apoyos a partidos *anti*-sistema). Igualmente, la propia *digitalización* de la vida económica se está traduciendo en una reducción sustancial de los tradicionales puestos de trabajo fijos, vinculados a un *sistema productivo* de cambios *cuantitativos* lentos, con la subsiguiente *precarización* laboral y *movilidad* profesional exigida por los continuos avances *científico-técnicos.* Todo ello incide de manera *conflictiva* en las *relaciones de producción,* poniendo en cuestión aspectos sustanciales. Entre ellos, aunque aún de manera incipiente, aspectos *estratégicos* relacionados con la *propiedad,* el *mercado,* y la *distribución de la riqueza.* Es decir, los efectos de la *Revolución Digital* en el *sistema productivo* hacen que la *relaciones productivas* entren en una fase de *fluctuaciones* y *turbulencias* que, en el *límite del caos,* abren la *posibilidad* de su *transformación.* Se trata, como hemos visto, de *crisis adaptativas* de incierto resultado, sobre todo si ocurren en una situación de *crisis sistémica* como la actual, donde la capacidad para atenuar los efectos *negativos* se ve claramente comprometida por las medidas *neoliberales* para salir de la *crisis.* Es entonces cuando las *turbulencias* se manifiestan *culturalmente* como *cuestionamiento* de aspectos medulares de la *ideología dominante,* el principal mecanismo *regulador* y *justificador* del *sistema socioeconómico.*

Ideología, dominación, e ideas-fuerza

Entremos ya en el aspecto más significativo, desde el punto de vista *político,* de la *cultura* y su papel en la *evolución* de los *sistemas sociales.* Ya hemos visto que la *cultura,* o mejor, el *sistema cultural,* incluye distintos aspectos, desde viejas creencias nacidas en *sistemas socioeconómicos* anteriores, que conservan cierta validez, aunque solo sea porque su desaparición generaría *desequilibrios* y perturbaría la eficacia de nuevas aportaciones, hasta logros de valor *universal,* tanto de la ciencia como del pensamiento, el arte, la literatura, etc. pasando por há-

bitos sociales consolidados en el tiempo por su *anclaje genético*. El *sistema cultural*, forjado a lo largo de siglos, necesita de un *mecanismo* dotado de mayor capacidad de *adaptación* a los cambios sociales para seguir ejerciendo eficazmente como *pegamento* social. De hecho, en la historia son excepcionales los casos de derrumbe total de una *cultura*, salvo destrucción desde fuera por conquista, como ocurrió en América con las *culturas* indígenas (y aún así, algunos aspectos se incorporaron a la *cultura* impuesta por monjes y conquistadores). Como en otros aspectos de la *evolución*, la *cultura* no puede permitirse el lujo de generar nuevas *inventivas* diseñadas *de novo* para su funcionamiento óptimo. Construye nuevas formas *culturales* con las formulaciones existentes, incorporando aquellos aspectos novedosos que, nacidos en el seno del *sistema social*, resultan más útiles para su *evolución*. Marx describe en *El dieciocho Brumario de Luis Bonaparte* este fenómeno:

> *La tradición de todas las generaciones muertas oprime como una pesadilla el cerebro de los vivos. Y cuando éstos aparentan dedicarse precisamente a transformarse y a transformar las cosas, a crear algo nunca visto, en estas épocas de crisis revolucionaria es precisamente cuando conjuran temerosos en su auxilio los espíritus del pasado, toman prestados sus nombres, sus consignas de guerra, su ropaje, para, con este disfraz de vejez venerable y este lenguaje prestado, representar la nueva escena de la historia universal.*[190]

Ciertamente, un *sistema cultural* rígido se vería incapacitado para actuar con la *flexibilidad* necesaria para responder a las exigencias surgidas en las conflictivas *relaciones sociales*. Su robustez estriba precisamente en la *flexibilidad* interna del *sistema*. Recordemos que en todo comportamiento social existe un *espacio de reglas* que surge de las *interacciones* entre los individuos. Estos actúan como *seres sociales* en base a unas pautas mínimas de convivencia y cooperación, *evolutivamente* desarrolladas, que les impelen a interactuar con otros individuos y actuar en grupo. Pautas que se desarrollan *culturalmente* de acuerdo a la naturaleza del grupo y sus exigencias de *supervivencia* y desarrollo. Son reglas *autogeneradas* por el *sistema social*, fijadas y moduladas *culturalmente*. Cuando las *reglas* dejan de ordenar el *sistema,* este se hace mas o menos *caótico*, poniéndolo en peligro, lo que se resuelve con un cambio mas o menos dramático de las *reglas*. Pues bien, el mecanismo de *ajuste* es la *ideología,* un *sistema de dominación* capaz de funcionar en forma *racional*, más allá de las *rigideces* de otros aspectos *culturales* (religiosos, étnicos, folklóricos), al tiempo que *absorbe* las oscilaciones de *opinión*, decide soluciones para estados de *incertidumbre,* y se *reconfigura* por *retroalimentación*. Resulta, por tanto, la parte más *dinámica* del *sistema cultural,* ya que su función es, prioritariamente, salvaguardar el *sistema* de sí mismo.

Pero no vayamos tan deprisa. Antes de seguir, y de analizar su *utilidad,* conviene dar un repaso, aunque sea somero, al concepto de *ideología* y su caracterización *marxista*. El término *ideología* lo empleó al filósofo y político francés Antoine Destutt de Tracy (1754-1836) en su obra *Eléments d'idéologíe* para designar la disciplina filosófica que somete a revisión las bases metodológicas a fin de posibilitar una crítica *desprejuzgada* de las *ideas*. Destutt de Tracy señala a Condillac (1715-1780) como el primero en formular la idea, tomada a su vez de Francis Bacon (1561-1626), de que el progreso de las ciencias sólo puede asegurarse liberando al pensamiento científico del dominio de las *falsas ideas* (acientíficas). Destutt de Tracy se propone investigar el origen y la influencia de esas *falsas ideas,* y su capacidad *perturbadora* de la facultad humana de conocimiento, pues sólo de este modo se pueden eliminar los *errores* causados por ellas. Es decir, el concepto de *ideología* es originariamente *negativo,* manifestación de la desconfianza que la *Ilustración* mostraba ante la capacidad del ser humano para el *buen juicio.* Pero al tiempo expresa la esperanza de que, finalmente, los errores del conocimiento puedan ser superados por la *razón.* La crítica *ideológica* surge durante el paso del sistema feudal-agrario al burgués-industrial, en el intento por comprender el condicionamiento social y político de las *ideas.* Para Destutt de Tracy las *ideas falsas,* al ser defendidas por *autoridades* encargadas de su existencia y vigor, deben combatirse por un *ideólogo* que opere con métodos *científicos.* Por ejemplo, critica las religiones y todas aquellas *ideas* que sustentaban el Estado absolutista, o justificaban su poder. Finalmente, la crítica a la religión, practicada en una sociedad en la que tiene una función garante del poder, es también crítica del orden político establecido. En este sentido, la crítica *ideológica* para Destutt de Tracy es una denuncia de toda *metafísica,* enfrentándose, en cuanto que ciencia *positiva,* con cualquier tipo de autoridad del *ancien régime.* Crítica vinculada con las *transformaciones* sociales del incipiente capitalismo. La burguesía, cada vez más consciente de su poder económico, intenta hacer prevalecer sus intereses contra el feudalismo. En este proceso, las autoridades intelectuales vigentes son sometidas a una dura crítica por sus implicaciones con los poderes establecidos. Sus *falsas ideas* son desenmascaradas como mecanismo de justificación y ocultación. Para consumar la tarea, Destutt de Tracy propone unir *ilustración científica* con *ilustración política*.

Es importante destacar esta doble dimensión de la *ideología* en el revolucionario Destutt de Tracy. Su planteamiento *crítico-cognoscitivo* amplia el campo de acción a los problemas del mundo para convertirse también en *critico-social*, y sugerir distintas respuestas de carácter *político*. Precisamente por eso, la *Restauración* (1815-1848) otorga un significado diferente al concepto de *ideología*, ya que la crítica *ilustrada* de las ideas religiosas relacionadas con el Estado, se percibe como una amenaza a la estabilidad social en la Francia posrevolucionaria. La expresión *ideología* se convierte en blasfema y el pensamiento *ideológico* rechazado como destructivo. Ya Napoleón consideraba a los *ideólogos* como adoradores de la *razón,* que ignoraban irresponsablemente la función *estabilizadora* y *garante* del poder de las *falsas ideas.* Asentado el poder de la burguesía, y consumada su alianza con los terratenientes, las *ideas* de *libertad, igualdad y fraternidad* defendidas por la Revolución Francesa podían poner en peligro dicho poder si los *ideólogos* seguían profundizando en su significado *político.* Desde entonces, en los debates sobre las *ideologías,* se mezclan los planteamientos teoréticos, pragmáticos, praxeológicos, y crítico-ideológicos. Hoy todo es *ideología*, incluida la *pos ideología* y su anunciado fin en la segunda mitad del siglo pasado por el sociólogo norteamericano Daniel Bell (1919-2011), uno de sus principales detractores.[191]

Tanto para Destutt de Tracy como para Condillac, y posteriormente para los *reformadores sociales,* la lucha contra las *falsas ideas* tiene que ser un instrumento para la *educación* del ser humano y su bondad *natural*. En este punto, a la hipótesis de una *moralidad natural* del hombre le corresponde la de una *tendencia natural* de la sociedad a la *armonía*. Por lo tanto, la *ideología* puede y debe ser también un instrumento para la educación del Estado, cuya función sería fomentar la *armonía* social en *libertad*. El ser humano necesita esta *libertad* para poder desarrollar sus facultades *naturales*, lo mismo que la *sociedad* necesita que el hombre haya desarrollado sus facultades *naturales* para estar en *armonía*. No se trata tan sólo de la *ilustración* del hombre y de la *sociedad*, sino también de determinar *positivamente* las leyes a las que obedecen todos los sucesos de la naturaleza y de la sociedad. Es decir, las *leyes sociales*, sobre la base de la *libertad* y por medio del análisis *científico*, se manifestarán cuando se hayan eliminado las teorías erróneas, las tradiciones falsas y las autoridades que las defienden. Se trata de una *batalla ideológica* para la *transformación* del ser humano y de la *sociedad*. Esta es la gran contribución de Destutt de Tracy al concepto de *ideología*. Desde entonces, el concepto de *ideología* ha tenido distintas interpretaciones, tanto desde el punto de vista teórico como el vinculado a la *praxis política*.[192]

Las principales teorizaciones que aquí interesan son las de Marx, fundamentalmente desarrolladas junto con Engels en su obra *La ideología alemana,* las de Mannheim, y las de Gramsci.[193] Marx parte del concepto *negativo* de *ideología* procedente de la *Ilustración*, en cuanto que conforma un conjunto de *ideas dominantes* en la sociedad capitalista que distorsionan y ocultan la realidad explotadora y alienante del *sistema productivo*. Es la *ideología* como *perversión* que precisa ser *desenmascarada*. Centra la crítica en su carácter de *falsa percepción,* idea que toma de Feuerbach, determinada por la base *material* de la sociedad. Lo expresa gráficamente con su metáfora óptica:

Y si en toda ideología los hombres y sus re-
laciones aparecen invertidos como en una
cámara oscura, este fenómeno responde a
su proceso histórico de vida, como la inver-
sión de los objetos al proyectarse sobre la
retina responde a su proceso de vida direc-
tamente físico.[194]

Para Marx, la *inversión* de la realidad que
supone la *ideología* es consustancial a la sociedad
dividida en *clases*. Por ejemplo, para el proletariado
la declaración de los *Derechos Humanos* de 1789
sólo significó la *imposición* de un nuevo dominio de
clase, y no su liberación, desde el momento en que
las ideas de *libertad, igualdad y fraternidad*, expresión *ideológica* de la sociedad burguesa, se *ma-*
terializaron jurídicamente en el principio de la *in-*
violabilidad de la *propiedad* y de *igualdad* ante la
ley. Esa *inviolabilidad* de los nuevos títulos de *pro-*
piedad de la *clase dominante* burguesa se convierte
en el *límite* de las demandas del proletariado. A su
vez, la *igualdad jurídica* supone la equiparación
contractual de patrono y obrero a la hora de acordar las condiciones laborales. Por lo tanto, no es
que las ideas de *libertad, igualdad y fraternidad*
no sean verdaderas, sino que es *falsa* la *idea* de que
son ya una *realidad* para todos. Por eso, para Marx
las *falsas ideas* son el *reflejo* de unas *relaciones so-*
ciales falsas.[195] El problema es que no existen *rela-*
ciones sociales que sean *verdaderas* o *falsas*, sino
eficaces o *ineficaces* desde el punto de vista de la
supervivencia y funcionamiento del *sistema social*.
Como no hay especies *falsas* y *verdaderas*, sino las
más *eficaces* en la tarea de reproducirse de acuerdo
a las exigencias cambiantes del *medio* (en sentido
amplio), *cribadas* por la *selección natural*. Una vez
más, las *dicotomías* y *dualismos* asoman la patita.

La influencia de Ludwig Feuerbach (1804-1872), y su crítica de la religión, es fundamental para comprender el concepto de *ideología* en Marx. De él toma la idea de que es el *producto* de unas *relaciones sociales* determinadas por la contradicción entre las necesidades del hombre y las fuerzas de que dispone para su realización. De esta forma, la crítica de la *ideología* es más que una crítica de la *religión* y su función justificadora de las relaciones de poder. Es, principalmente, una crítica de las *condiciones sociales* creadas por la *alienación* religiosa, *reflejo* de la *alienación* humana bajo las condiciones capitalistas. Por eso, Marx entiende que la crítica de la *ideología,* tal como se entendía hasta entonces, debía servir para revelar su naturaleza *insidiosa* y alertarnos sobre la necesidad de *desenmascararla.* De ahí que la superación de la *ideología* presuponga la *transformación* revolucionaria de la *sociedad* dividida en *clases antagónicas.* Es, por tanto, un *crítica práctica* y no solo *gnoseológica.* Es el aspecto que me interesa resaltar. El problema es que Marx solo concibe una *ideología*, la que surge de manera inevitable de las relaciones sociales como *distorsión* de la realidad, por lo que la superación de esa forma de *subyugación* no podía ocurrir en el terreno de la *lucha ideológica*, al no poder existir una *ideología alternativa.* Puede objetarse que la categoría abstracta de *ideología* en Marx incluye numerosas *ideologías* concretas, pero todas tienen rasgos esenciales *compartidos* que representan la *cosmovisión* (Weltanschauung) de la *clase dominante,* donde se expresan las ideas generales de la época histórica del capitalismo. Así se conforma la *ideología dominante,* que es la de la *clase dominante* en cuanto dueña de los *medios de producción.* Es indudable que esa visión de la *ideología* puede dar pié a una interpretación *determinista* de lo *económico,* ya que la *emancipación* del *dominio ideológico* ocurre por las contradicciones internas del *sistema productivo*. La pretensión de alcanzarla mediante la *lucha ideológica* Marx la consideraba *utópica*. Y señala acertadamente la imposibilidad de desvincular el análisis de la *ideología* de la crítica de la economía política. En cualquier caso, al situar en el *sistema productivo* y el triunfo de la *revolución* lo que Condorcet y los *socialistas utópicos* situaban en los individuos y el triunfo de la *razón*, Marx otorgó carácter *materialista* al proceso histórico. Esta *inversión*, sin embargo, no logra desprenderse de una visión *dualista* y *lineal* del proceso. Marx hubiera tenido que *transcender* su época (en lo fundamental lo hizo), lo que contradice la propia teoría *marxista*.

El estudio de la *ideología* cobra impulso con la importante contribución del sociólogo alemán de origen húngaro, Karl Mannheim (1893-1947), creador de la *sociología del conocimiento*. Califica de rasgo permanente de lo *político* la noción *marxista* de *ideología*, lo que supone eliminar el aspecto exclusivamente *peyorativo* de su concepción, y su carácter de epifenómeno transitorio, recuperando aspectos teóricos de Destutt de Tracy. Además, añade una dimensión *psicológica* a la *ideología*, incorporando con ello su carga de *irracionalidad* subjetiva, en línea con lo que yo llamo aspectos *supersticiosos* que acompañan a los *científicos* de la *ideología* que veremos más adelante.[196] Mannheim defiende que la *ideología* no es reducible a la simple *agregación* del pensamiento y psicologías particulares, ya que se trata de un fenómeno *social*. Pero tampoco cabe *subsumirla* en la *relaciones productivas*. El estudio de la *ideología* no radica solo en describir su *función*, sino que debe analizarse qué clase de *especulación* es. A su vez, sus trabajos sociológicos prueban que las *ideologías* no son *estáticas*, están cambiando continuamente, si bien no llega a dar una explicación convincente de este dinamismo. Tal vez porque se mantuvo dentro de los presupuestos *positivistas* de la Ilustración, continuados por Marx y Engels. Lo que hace Mannheim es formular una especie de *relativismo optimista* frente a la *unicidad negativa* de Marx. Pero la existencia de distintos puntos de vista en el seno de una sociedad, que sirven para manejarse en el mundo cambiante, no significa que todos sean igualmente *ciertos* desde un punto de vista *científico*. Como ya he dicho, y reitero, Una *idea* puede ser *válida* socialmente (permitir alcanzar un fin) y no ser científicamente *cierta*. Eso es lo que ocurre precisamente con la *ideología liberal*, pues si fuera *cierta* no cabría cambio, y si no fuera *válida* el *sistema capitalista* que explica y justifica resultaría inviable. La *flexibilidad* de la *ideología* es posible precisamente porque lo *válido* no tiene por que ser *cierto*. Que todos los caminos conducían a Roma era evidentemente *falso,* pero *válido* para describir el poder central de Imperio. En cierto sentido, puede decirse que algunos postulados *relativistas* de Mannheim anticipaban la discusión de los años 60 del siglo pasado sobre el *fin de las ideologías,* cuando la convergencia entre *liberales* y *socialdemócratas* en torno a la sociedad del bienestar y de consumo, o el alineamiento con EE.UU. en la *guerra fría,* diluían algunas de las diferencias más características del primer tercio del siglo XX. Esa *convergencia* generaba la impresión de una política de *consensos* y la superación de las divergencias en materias de *principios*. Las diferencias *ideológicas* seguían, pero ya no afectaban a las principales *ideas-fuerza,* que la *socialdemocracia* asumió del *liberalismo* pasando con ello a formar parte de la *ideología dominante*, sino que sólo se manifestaban en los aspectos políticos concretos. Por ejemplo, la dimensión del sector publico, la amplitud de las prestaciones sociales, o el diseño de la fiscalidad. Las diferencias *ideológicas* pasaron a ser diferencias *programáticas*. Al *neoliberalismo* le bastó con hacer suyas las propuestas con mayor tirón electoral de los *socialdemócratas...* para luego incumplirlas. A su vez, la *socialdemocracia* no dudó en hacer suyas las políticas *neoliberales,* imponiéndolas sin complejos, como hizo el canciller Schröder con su *Agenda 2010.*

Por su parte Antonio Gramsci (1891-1937) enmarcó los estudios de la *ideología* en su noción de *hegemonía,* centrando su análisis en el papel que la *ideología* cumplía en la *sociedad civil,* diferente de la actividad propiamente estatal como poder *coercitivo.* Una de sus aportaciones más significativas es haber destacado el papel de los *intelectuales,* por cuanto son los que *formulan* la *ideología* y quienes representan su autoridad en la *sociedad civil.* Son los que *lideran* la formación del necesario *consenso* sobre el que se asienta la *hegemonía* política. Y debían hacerlo de manera que las masas creyeran en la *espontaneidad* de su aceptación. Es lo que yo denomino mecanismo de *Subyugación Ideológica* que, para ser *efectivo,* necesita la aceptación *acrítica* de aspectos *nodulares* de la *ideología dominante,* incluida la *represión* estatal apoyada en la *legalidad.* El *dominio ideológico* es posible porque esos aspectos nodulares, o *ideasfuerza,* especie de *puertas lógicas*[197] que niegan o afirman, incluyen o excluyen, forman parte de la *cultura* y, por lo tanto, del *sentido común,* que Gramsci considera la *filosofía popular,* frente a la *filosofía profesional.* Así se consigue la *aceptación* de leyes que vulneran o limitan *derechos* conquistados en base a la protección del *interés superior* colectivo, como la *seguridad,* aunque su objetivo sea controlar y neutralizar el uso de eso derechos en la lucha reivindicativa. A Gramsci le interesa el *funcionamiento* de la *ideología* en la formación de un *bloque histórico* que incluía a grupos y clases distintas pero no antagónicas, y no solo su naturaleza *distorsionadora*.

Gramsci es consciente de la enorme *complejidad* subyacente en el concepto de *ideología* y, por ende, de *intelectual*. En sus *Cuadernos de la cárcel* señala:

> (...) *todos los hombres son intelectuales, podríamos decir, pero no todos los hombres tienen en la sociedad la función de intelectuales.* (...) *no existe una clase independiente de intelectuales, sino que todo grupo social tiene su propio sector de intelectuales o tiende a formarlo.*[198]

Es decir, vincula el *intelectual* con el grupo social. Es su carácter *orgánico*. Así, desde el punto de vista de la *esfera económica,* serían *intelectuales* los técnicos, capataces, ingenieros, y empresarios; desde el punto de la *sociedad política*, los partidos, los funcionarios, la burocracia estatal y militar, el personal técnico-jurídico, etc.; desde el punto de vista de la *sociedad civil*, el clero, los educadores, los medios de comunicación, los sindicatos, y de nuevo los partidos políticos, *mediadores* entre la *sociedad política* y la *sociedad civil*. A su vez, los *intelectuales profesionales*, como científicos, pensadores y filósofos, se encargan de formular y desarrollar la *cosmovisión* de la *cultura*, al tiempo que otorgan consistencia y homogeneidad *ideológica* al resto de los *intelectuales* y, en consecuencia, al conjunto de la *sociedad*. Esta *jerarquización* de los *intelectuales* les permite actuar como organizadores de la *producción*, como administradores del *aparato estatal*, y ser los responsables de asegurar la *hegemonía* de las *clases dominantes*. Es decir, la función de los *intelectuales* es fundamentalmente *política,* ejercida mediante la actividad *práctica* en los distintos estamentos y estructuras de la *sociedad* en su conjunto. Para decirlo con sus propias palabras, los *intelectuales* no son solo *funcionarios de la superestructura*, sino los que mantienen y forman el vínculo entre *estructura y superestructura* en el *bloque histórico*. Ahora bien, la diversa *elaboración intelectual* de los distintos elementos de la *sociedad*, y el diálogo de la producción *intelectual* popular con la *intelligentsia*, es la que propicia la aparición de formulaciones *ideológicas* diferentes, rompiendo así con el *monolitismo* de la concepción elaborada por Marx de *ideología*, lo que le acerca al pensamiento de Mannheim.

Pero tal vez lo más importante de la actividad *intelectual* de Gramsci sea la serie de preguntas que plantea, y que el *marxismo clásico*, no digamos el *dogmático*, no podía responder desde sus premisas iniciales. Preguntas tales como: cuáles son las formas de control *ideológico*, cuál es la razón de que existan múltiples *ideologías* bajo un mismo *sistema productivo*, por qué surgen, cambian y declinan, entre otras. Preguntas que la visión de Marx sobre la *ideología* hacía innecesarias. A responderlas dedicó los últimos años de su vida, pero no pudo hacerlo cumplidamente por las penosas circunstancias de su prisión, y lo prematuro de su muerte, al poco de ser excarcelado. Lo que hubiera podido aportar al tema de la *ideología* es una incógnita, si bien las variadas referencias, directas y colaterales, de sus *Cuadernos de Cárcel*, abren distintas y fructíferas líneas de investigación. Los diversos exégetas deberían tenerlo en cuenta a la hora de citarlo como fuente de autoridad para justificar sus planteamientos, sean marxistas o populistas. Gramsci era consciente de que era necesaria una *reformulación* del marxismo, lo que le trajo no pocos roces e incomprensiones con sus camaradas del PCI y del

Komintern. Pero esa es otra historia que no añade nada a lo que ahora nos interesa.

Para el *marxismo* amante de las *simplificaciones*, la *ideología* es un producto *patológico*, resultado de la *división del trabajo* y fruto de la *sociedad* dividida en *clases*, que desaparecerá con el *comunismo*. Pero, como veremos con más detalle, la *ideología*, en tanto que sistema ordenado de *símbolos* y *patrones recurrentes* de pensamiento-comportamiento (*thought-behaviour*), es una forma *práctica* y *simplificada* de *cultura*, un mecanismo de *supervivencia* que posibilita juicios y decisiones rápidas, vitales para los *sapiens*, que tenían que desenvolverse en un medio generalmente adverso, muchas veces desconocido, contando con un *equipamiento sensorial* insuficientemente adecuado para la vida a *ras de tierra*, donde su escasa fuerza y reducida velocidad, por no hablar de la ausencia de grandes colmillos y garras, no aportaban mucha ventaja *evolutiva* frente a depredadores, ni mayores oportunidades a la hora de conseguir alimento (carroña y caza). En ese sentido, la *ideología* no es una entidad *a priori*, impuesta *desde fuera* por las *clases dominantes*, sino algo consustancial con la *actividad cognitiva* cotidiana. Precisamente por eso, la *ideología dominante* puede ejercer su *dominio*. Y lo hace incorporando a las funciones habituales y comunes de la *ideología*, ciertas *ideas-fuerza*, conceptos nodales (*core concepts*), mediante las que *interpretamos* y *construimos* las relaciones personales y sociales. Adjudicamos *significado* a los sucesos en función de las *creencias* y *valores* previamente asumidos, que son precisamente los que caracterizan a la *ideología dominante* (de lo contrario no lo sería). Como ya he dicho, nacemos en el seno de una determinada *cultura* y somos educados de acuerdo a una *ideología*. Una vez *interiorizadas* sus vitales *ideas-fuerza*, la *ideología* se vuelve *invisible,* se la vive de *manera natural,* actuando de forma *espontánea* de acuerdo a ella. Y pasa a engrosar el mal llamado *sentido común,* los *automatismos* mentales necesarios para desenvolverse con *eficacia,* aunque no siempre adecuadamente, en la vida cotidiana. Por eso lucha principal de la Iglesia no es contra la pobreza, como cabría de esperar, sino por no perder (y a ser posible ampliar) su control sobre la educación. Y tachan de *ideologizar* la enseñanza a todas las tentativas *laicas* para eliminar su influencia *ideológica.*

En el caso de la *ideología liberal,* hace pasar por *racionales* o *naturales* aspectos específicos de las *relaciones sociales* capitalistas. Eso es posible porque dichas *relaciones* entre trabajador y empresario no se viven de manera *neutral,* como si se tratara de robots, en base a valores *objetivos,* sino que se *interpretan.* Y en esa *interpretación* interviene de manera decisiva la *ideología.*[199] Un ejemplo es la aceptación *hindú* de su condición social como algo *merecido* en virtud de nuestro *karma;* aceptación que conlleva una previsible mejora en la siguiente *reencarnación.* En la sociedad capitalista, liberada de este tipo *pasivo* de aceptación religiosa, la *interpretación* no es una *asunción* total de la relación con el capital, que puede ser percibida como injusta por el trabajador. De ahí que la *ideología dominante* deba incluir la posibilidad de la *protesta reivindicativa,* pero hacerlo junto con las oportunas *ideas-fuerza* que impidan el cuestionamiento del *sistema productivo.* Eso abre la posibilidad de que las *clases subalternas* incorporen a la *ideología* aspectos de racionalización *científica,* en competencia con los contenidos *irracionales* y los supuestos significados *verdaderos* de la *ideología dominante.* Es decir, las *ideologías* incluyen diversos *significados* incluso para sus *ideas-fuerza,* lo que las dota de cierto grado de *flexibilidad* y *fluidez* interna necesarias. La *ideología* no es un *inflexible* instrumento de *dominación* como pensaba Marx. Ni puede ser *absoluta*, ya que las inevitables *tensiones* internas del *sistema capitalista*, y la aparición del pensamiento socialista, lo impiden. Desde el momento en que aparecen *alternativas* conceptuales a la *ideología dominante*, generalmente vinculadas a la lucha *reivindicativa,* se despliega la batalla *ideológica* por la *hegemonía*, una de cuyas formas fundamentales es la *pedagogía política*. Batalla ligada a la experiencia *vivida* de las *relaciones sociales*, a la capacidad de respuesta a las preguntas que plantean los inevitables conflictos, y a la posibilidad de satisfacción de las demandas y expectativas *socioeconómicas* que genera el propio *sistema*.

La *vitalidad* y *eficacia* de la *ideología dominante* dependerá de su capacidad de *convencimiento*, por lo que debe contener la suficiente *flexibilidad* como para *reajustarse* cuando sea necesario. No se trata de un bloque *monolítico,* más bien sería como un *puzle* auto-organizado, cuyas piezas se *recombinan,* cambian de tamaño, y pueden transformarse, diluirse o incorporar otras para formar una nueva imagen. Sin perder de vista que la *sintaxis ideológica* es fundamental para alcanzar la *hegemonía*. Es como el diseño de un edifico de libre circulación, un museo. No solo importa las obras de arte que expone, sino la configuración de las salas, sus accesos, etc.[200]

La *hegemonía* supone transiciones *ideológicas* hacia *ideas-fuerza* que prefiguran la *morfología del dominio*, un proceso caracterizado por el crecimiento en *desequilibrio*. De ahí la imposibilidad de reducir la *hegemonía* al triunfo absoluto de una *ideología* completa. Por eso se puede hablar de distintos tipos de *liberalismos*, de distintas *socialdemocracias*, incluso de distintos *comunismos*. Es lo que otorga *flexibilidad adaptativa* a la *ideología dominante*. En sociedades culturalmente avanzadas, donde los aspectos *racionales* y *científicos* tienen mucho peso, el contenido de la *ideología dominante* no es *unívoco*, sino que contiene ciertas partes de distintas *ideologías,* siempre que incluyan la *ideas-fuerza* esenciales. Por ejemplo, la *ideología dominante* en el capitalismo desarrollado occidental incluye aspectos que a principios del siglo pasado eran exclusivos del *socialismo.* Entender esto es vital para poder desarrollar eficazmente la *lucha ideológica* por la *hegemonía,* como veremos más adelante. Y no menos para poder formular una *ideología alternativa* que aspire a convertirse en *dominante.* Olvidando las pasadas ensoñaciones *totalizantes* (como hace la religión), ya que entonces dejaría de ser *eficiente* y se convertiría en un *cascarón* vacío como ha ocurrido con la *codificación* soviética del *marxismo-leninismo.*

Resumiendo, la *ideología* crea una serie de *correlaciones* entre las *ideas-fuerza* que permite tanto su *consistencia* como su *flexibilidad.* Las formas resultantes de *ideología* dependen, por tanto, de lo fuertes que sean esas *correlaciones.* Finalmente se trata de un condensado *dinámico* y *adaptativo* de la *cultura,* a la vez que su parte *funcional.* Es decir, un *subsistema* del *sistema cultural* que conforma, y es conformado, por la actividad *social,* y que permite dar sentido a la *realidad,* a la vez que actúa como uno de los *mecanismos* (otro es el *represivo*) que garantizan el *orden,* siempre *fluctuante,* entre episodios de *caos,* tal como hemos visto al hablar de los *sistemas complejos.* Ese es su poder y su necesidad. Dicho lo cual, y dado que no es mi intención abordar en profundidad la cuestión teórica de la *ideología,* pasemos a considerarla desde el punto de vista de su *función* en el *sistema so-*

cial, y su papel en la *defensa* o *transformación* de dicho *sistema.*

Función cohesionadora y de dominación de la ideología

La *ideología,* cuando la *sociedad* alcanza cierto nivel de *complejidad,* incluye formas de *pensamiento crítico* que actúan como avanzadilla de futuras *ideas-fuerza,* capaces de mantener el *sistema* unido pese a las tensiones generadas por la *división del trabajo,* el establecimiento de *jerarquías,* y la aparición de *desigualdades* sociales. En la *ideología* funcionan *sistemas* de *retroalimentación negativa* (desviación-corrección) y *sistemas* de *retroalimentación positiva* (desviación-ampliación), lo que permite un continuo *reajuste* sin cuestionar el marco general del *sistema cultural.*[201] Por eso, la *ideología* es la forma *cultural* de *cohesión* del *sistema socioeconómico* y, a su vez, el mecanismo de *hegemonía* de la *clase dominante,* su *poder blando,* si se quiere. Por eso, *cohesión* y *dominio* son dos aspectos inseparables de la *ideología.* Algo que Marx y Engels no tuvieron en cuenta al describir, de forma un tanto mecánica y *determinista,* la relación entre *ideología* y *dominación,* tal como se desprende de su conocida frase:

> *Las ideas de la clase dominante son las ideas dominantes de cada época; o dicho de otro modo, la clase que ejerce el poder material dominante en la sociedad es, al mismo tiempo, su poder espiritual dominante. La clase que tiene a su disposición los medios para la producción material, dispone con ello, al mismo tiempo, de los medios para la producción espiritual, lo que hace que se le sometan, al propio tiempo, por término medio, las ideas de quienes carecen de los medios necesarios para producir es-*

piritualmente. Las ideas dominantes no son otra cosa que la expresión ideal de las relaciones materiales dominantes, las mismas relaciones materiales dominantes concebidas como ideas; por tanto, las relaciones que hacen de una determinada clase, la clase dominante, son también las que confieren el papel dominante a sus ideas.[202]

Obviando la simplista contundencia de las afirmaciones, fruto del carácter polémico de *La ideología alemana,* cuyo subtítulo completo es: *crítica de la novísima filosofía alemana en las personas de sus representantes Feuerbach, B. Bauer y Stirner, y del socialismo alemán en las de sus diferentes profetas,* la descripción del mecanismo de *dominación* que proponen Marx y Engels encierra una concepción *determinista,* de raíz *económica,* que niega (en *última instancia*) la posibilidad de cambiar la *ideología* sin cambiar previamente la *clase dominante* y el *sistema productivo.* El filósofo Cornelius Castoriadis, fundador (con Claude Lefort) de la revista *Socialisme ou barbarie* (1949-65), señala que esta reducción de la *complejidad* del mecanismo *ideológico* no deja espacio para la *acción consciente* y autónoma de los hombres, meros instrumentos de una historia que, teniendo por motor a la contradicción entre el desarrollo de las *fuerzas productivas* y las *relaciones de producción*, se realiza a costa de ellos. Sin duda se trata de una *tergiversación* del pensamiento de Marx, que se contradice con el papel que Marx otorga a la *crítica teórica,* y su propio activismo político. Pero hay que reconocer que da motivos para dicha *tergiversación.* Es necesario, por tanto, señalar que, más allá de formulaciones polémicas, para la teoría marxista *clásica* la función principal de la *ideología* sería la de *enmascarar* la *dominación* clasista, haciendo que los *intereses* de la *clase dominante* aparezcan ante las *clases subordinadas* como los *intereses generales* de la *sociedad.* Lo que aseguraría el *consenso* y *cohesión* social necesarios para que el capitalismo pueda funcionar pese a sus inevitables *conflictos* internos. Los instrumentos para lograrlo serían los *medios para la producción espiritual,* desde el *sistema educativo* hasta los *mass media.*

La definición de *ideología dominante* de Marx y Engels es pertinente, y se ajusta a los hechos... siempre que no se entienda como un *artefacto cultural* creado por las *relaciones materiales dominantes* para esclavizar las mentes de las *clases subordinadas.* Las interpretaciones y tergiversaciones realizadas tanto por *detractores* como por algunos *seguidores* deberían hacernos reflexionar si basta con señalar el nexo de unión entre *idolología* y poder *material.* Evidentemente no. Entre otras cosas porque no explica la *complejidad* de la función *cohesionadora* y de *dominación* de la *ideología,* su imprescindible papel en los *sistemas sociales* humanos. Y vimos como las *relaciones sociales* del *sistema socioeconómico* se establecen en el marco de una *cultura,* y tienen una dimensión *ideológica* estructurada en torno a una serie de *ideas-fuerza,* más o menos complejas y desarrolladas, aceptadas *mayoritariamente* por los componentes de dicha *sociedad,* y que, por tanto, se establecen en función de la necesidad de dicho *sistema.* Ahora bien, las *ideologías* contienen una multiplicidad de *ideas,* que son interpretadas y comprendidas de diferente forma y manera por los componentes de la *sociedad* en función de su personalidad, biografía, intereses, objetivos, etc.[203] Es decir, las *ideologías* no contienen órdenes tajantes, ni proponen simples alternativas *binarias* iguales para todos, ya que deben incluir aspectos *variables* para poder adaptarse a las exigencias de *dominio ideológico.* Ese *excedente de significado,* por utilizar la expresión del filósofo y antropólogo francés Paul Ricoeur (1913-2005), es obligado porque, salvo en la ciencias (precisamente por eso no son *ideologías*) cuyos presupuestos deben ser *unívocos* sin lo cual no podrían ser *validados* empíricamente, toda formulación *ideológica* es necesariamente *ambigua,* sus *significados* tienen carácter *polisémico,* un necesario grado de *indeterminación* para ser útiles. Por ejemplo, la proposición *robar es delito* contiene una significación valorativa previa común, pero su *interpretación* no es igual para todos los miembros de la sociedad: para el filósofo y escritor Alain Badiou el *capitalismo es un sistema de robo planetario exacerbado.*[204] Algo parecido ocurrió con el principio (*idea-fuerza*) ilustrado de *igualdad jurídica.* Su *lectura* estaba condicionada por los intereses de *dominio* de las *clases dirigentes.* De ahí que sirviera tanto para liberarse del *dominio* absolutista, como para *justificar* la segregación racial en EE.UU. (*iguales pero separados*). Esta capacidad *interpretativa* permite que la *ideología dominante* pueda ejercer su función sobre un amplio grupo de personas sin destruir su *heterogeneidad* (ilusa y terrorífica ambición de los totalitarismos). Inclusos las famosas *leyes de la robótica* de Asimov no pueden ser *binarias* y *lineales* en un mundo de humanos, como narra magistralmente en su novela Yo Robot, publicada en 1950.

Esa misma *flexibilidad* posibilita, como hemos visto, que algunas de las *ideas-fuerza* puedan ser *rechazadas* por parte de la ciudadanía si entran en *conflicto* con su experiencia personal o laboral, particularmente en periodos de *crisis sistémica* como la actual. Entonces, los *conflictos* abren la *ventana de oportunidad* de que el *rechazo* a ciertos aspectos de la *ideología dominante* se convierta en *cuestionamiento general.* Cuando eso ocurre, y en la medida en que ocurra, el *sistema socioeconómico* pierde uno de sus *mecanismos* principales de *auto-defensa,* la base *consensuada* de su *legitimidad.* Lo que crea la condiciones para que la *ideología alternativa* se convierta en la nueva *ideología dominante,* y que las *clases subalternas* conquisten la *Hegemonía,* pudiendo iniciar la *transformación* del *sistema productivo.* Se trata de un proceso *complejo* y difícil, que exige grandes dosis de *inteligencia política.* Como he señalado en *Evolución, Cultura y Socialismo,* lo mismo que es muy difícil *desprenderse* de ciertos hábitos y creencias aprendidos durante nuestra infancia, también lo es *liberarse* de los aspectos más significativos de la *ideología dominante,* sus *ideas-fuerza,* como *respeto, orden, disciplina, autoridad, libertad individual, propiedad, familia, igualdad, derechos, democracia, cooperación, solidaridad, trabajo, patria,* etc. Esta *malla* dinámica de *ideas-fuerza* (en cierto sentido, *atractores extraños*) es muy resistente, y forma parte esencial del mecanismo de *Subyugación Ideológica* que garantiza la pervivencia del *sistema socioeconómico* frente a las *fluctuaciones, turbulencias* y sus *disfunciones* que periódicamente se manifiestan como *caos.* La capacidad *moduladora* del comportamiento que poseen las *ideas-fuerza* es tal que algunas de ellas pueden permanecer en la *ideología alternativa,* incluso cuando cambia el *sistema social,* ya que ésta no puede ser una *enmienda a la totalidad* al surgir en el seno de la misma *cultura.* Por otra parte, estas *ideas-fuerza* implican conceptos *políticos,* que otorgan *legitimidad* a cada una de ellas (negándoselas a otras) en función de su articulación *programática.* Por ejemplo, para el *liberalismo* la *legitimidad* del gobierno exige que se respete tanto la *libertad individual* como la *propiedad privada.* La *ideología alternativa* integraría lo primero, pero lo segundo se inscribe en la nueva *idea-fuerza* del *bien común,* de forma que deja de ser un *limite* a la acción de gobierno.

Una de las formas mediante las cuales la *ideología dominante* se presenta como *universal* es revistiéndose de *sentido común,* concepto al que ya me he referido, y que se convertido en un *lugar común* de la política. Es el *sentido común* una sim-*plificación popular* de la *cultura,* el marco *acrítico* que guía la vida cotidiana. Como dice el filósofo, historiador y jurista italiano Giambattista Vico (1668-1744), *el sentido que es común a todos es un juicio sin reflexión, universalmente experimentado por todo un grupo, por todo un pueblo, por el conjunto de una nación o por el conjunto de la raza humana.*[205] En realidad todos vivimos, en mayor o menor media, inmersos en la autoridad de la *ideología dominante* bajo la forma de *sentido común.* Al menos mientras no seamos capaces de elaborar una *ideología alternativa* con ayuda de la crítica *marxista,* el pensamiento *científico* y la praxis *transformadora.* Por eso, las continuas referencias *populistas* al *sentido común* no cuestionan, ni pueden hacerlo, la *ideología dominante.* Buscan *construir* pueblo precisamente en base a sus *vivencias,* sin cuestionar los fundamentos del *sistema productivo* capitalista, aunque se proponen *limpiarlo* de la manipulación y usurpación de sus *élites* (casta). Su éxito, relativo y transitorio, está asociado a situaciones de *crisis sistémica,* cuando las *vivencias* de la mayoría social chocan con algunos postulados básicos de la *ideología dominante,* lo que genera *discordancias y perturbaciones* que suelen dirimirse en el terreno de la *resistencia* y lucha *reivindicativa,* sin poner en cuestión, ni en todo ni en parte, el *sistema productivo.* En ese sentido, el tan alabado *sentido común* es la forma más habitual y extendida de *subyugación ideológica.* Desde el *sentido común* es imposible plantearse una *ideología alternativa,* ni realizar la *crítica política* de la *ideología dominante*, cuya acción se ordena en torno a una serie de *ideas-fuerza*, a modo de una *red dinámica* y *reconfigurante* según las exigencias de *dominación*, generalmente a base de planteamientos *simplistas* característicos del *sentido común*. Por ejemplo: si *inmigrante ilegal*, entonces *delincuente*; si *sector público*, entonces *ineficiencia y derroche*; si *planificación económica*, entonces *pobreza*; si *socialismo*, entonces *burocracia y fracaso económico*.[206] Dentro de estas asociaciones *binarias*, la más eficaz hasta ahora es la que relaciona *anticapitalismo* con experiencia *soviética* (o *castrista*, o *bolivariana*). La *ambigüedad* a la hora de valorarlas contribuye, aunque sea involuntariamente, a su *eficacia defensiva* del capitalismo. Es la trampa que la *derecha*, el *centro* y la *socialdemocracia* pone, con mayor o menor énfasis, a *Podemos* (Venezuela) y a la *izquierda marxista* (URSS),

Para entender la manera en que actúa la *ideología dominante*, sus *ideas-fuerza*, y el *sentido común*, debemos partir de que se trata de procesos similares a los cerebrales de *memorización* y *recuerdo*, y que está vinculados a ellos. El cerebro, para memorizar y recordar, descompone la *experiencia* en numerosos elementos *sensitivos* y *emocionales*, que almacena en distintas *regiones*, de forma que al *revivir* al menos uno de esos elementos se desencadena un proceso de *reensamblaje* para recrear la *experiencia*. Lo mismo ocurre con las *ideas-fuerza*. Una de ellas, cargada de elementos *vivenciales* y *emocionales*, puede desencadenar distintas asociaciones con otras *ideas-fuerza* aunque no estén relacionadas con la experiencia personal. Se forma así un *entramado* entre lo *real* y lo *ilusorio* que se refuerza a través del *relato* de los medios de comunicación y demás formadores de *opinión*. De ahí la *complejidad* y *dificultad* de la lucha contra la *ideología dominante,* que cuenta con los medios adecuados para defenderse, como ya señaló acertadamente Marx. Una lucha que debe resolver los *problemas perversos* (wicked problems),[207] por utilizar el término de West Churchman, de la *ideología dominante,* caracterizados por plantear cuestiones complejas, confusas o desordenadas, mal definidas, abiertas a múltiples interpretaciones cimentadas en heterogéneos puntos de vista. Y que, en cualquier caso, no se pueden abordar y resolver desde planteamientos *lineales deterministas,* enfoques analíticos tradicionales, o desde posiciones políticas *dogmáticas.* Por contra, las experiencias *vividas* por la mayoría social durante las *crisis* pueden *neutralizar* algunos elementos *nodulares* de la *ideología dominante,* como representatividad política, libertad del mercado, justicia distributiva, igualdad de oportunidades, etc. cuyos presupuestos *ideológicos* chocan con la dura realidad de las medidas *neoliberales* para salir de la *crisis.* Como reza el refrán, *del dicho al hecho hay un trecho,* espacio de *crisis* donde la *ideología dominante* tiene serias dificultades para justificar la existencia del *sistema socioeconómico* capitalista. Como señala Terry Eagleton en *La ideología y sus vicisitudes en el marxismo occidental,*[208] no se trata sólo de quitar un *disfraz* externo para revelar la verdad. Lo mismo que el *autoengaño* de un individuo no estriba sólo en la *vestimenta* con que se cubre. Ocurre más bien que lo *revelado* tiene lugar mediante los términos de lo que se *oculta.* Por eso la lucha *ideológica* no puede ser exclusivamente *teórica,* aislada de la *praxis.* Parafraseando la conocida frase, la *ideología alternativa* con experiencias dolorosas *entra.* En esto coincide con la posición de Gramsci, para quien la *ideología* se concibe a través de la *política,* el campo de acción para lograr la *Hegemonía.* Y de ahí se deriva que la *crítica* del *sistema socioeconó-*

mico para *desvelar* su *naturaleza* y explicar la *inevitabilidad* de sus *crisis,* deba estar acompañada de *propuestas alternativas* válidas para el presente, de forma que tengan un efecto *transformador.* Es decir, mediante *reformas estratégicas y gradualismo revolucionario* en el marco del *Estado Social y democrático de Derecho,* tal como ya he señalado. Medidas que no busquen *únicamente* aliviar los síntomas de la *crisis,* como hacemos ante un resfriado, sino que se inscriben en una *alternativa* de *transformación* del *sistema.*

Simular el *futuro* para ganar el *presente*

Para entender mejor el mecanismo mediante el cual tanto la *ideología dominante* como la *ideología alternativa* actúan y compiten por la *Hegemonía,* volvamos a la cuestión escurridiza de la *conciencia* y *autoconciencia,* así como de la capacidad *mental* de nuestro cerebro para *simular el futuro.* Lo describe con claridad Daniel Gilbert, psicólogo de Harvard: *El mayor logro del cerebro humano es su capacidad para imaginar objetos y episodios que no existen en el reino de lo real (...) El lóbulo frontal, que es la última parte que evoluciona del cerebro humano, la más lenta en madurar y la primera en deteriorarse en la vejez, es una máquina del tiempo que nos permite vaciar el presente y vivir el futuro antes de que suceda.*[209] Se trata de un proceso de gran *complejidad,* en el que intervienen numerosas zonas cerebrales que *interaccionan* y se *retroalimentan,* como el *núcleo caudado,* que juega un papel importante en el aprendizaje; la *ínsula,* que gestiona las sensaciones corporales y las emociones sociales; el *lóbulo parietal,* que ayuda a procesar la conciencia espacial; la *corteza cingulada anterior* (entre la *corteza prefrontal* y el *sistema límbico*), fundamental en el control del *pensamiento* racional y las *emociones.* Son las mismas zonas y procesos neuronales que *modula,* y sobre las que actúa, la *ideología dominante,* de forma que la *simulación del futuro* es inseparable de la *ideología,* lo que permite a la *ideología dominante* seguir actuando pese a que la *experiencia* evidencie la *falsedad* de sus principales *ideas-fuerza.* Algo similar a lo que ocurre con el fenómeno conocido como *pareidolia,* por el que vemos imágenes de animales, personas, o cosas, por ejemplo en las nubes, o en manchas de la pared (caras de Bélmez). O, más *paradójico,* sentir dolor en un miembro *fantasma* que ha sido amputado. Y es que el cerebro no *refleja mecánicamente* el mundo sino que lo *recrea,* ajustando su *recreación* de acuerdo a la experiencia.[210] Por eso, la *autoconciencia* es ser *consciente* de que estamos en *escena,* actores principales en la *representación* que nuestra mente hace del mundo para desenvolvernos en el. De ahí que la *ideología* pueda *modular* dicha *representación* cuando lo que se *recrea* es el *mundo social.* Es el papel de las *ideas-fuerza* de la *ideología dominante.* Lo mismo que se puede inducir experiencias extracorpóreas mediante estimulación del *lóbulo temporal derecho,* que se viven como reales,[211] la *ideología dominante* modula la percepción de las *relaciones sociales* de forma que se viven como *naturales* y no fruto de la *imposición,* mientras que las propuestas de *liberación* se perciben como *utópicas,* o *antinaturales.* Mas aún si esa *liberación* prometida se ha llevado a la práctica en un *supuesto socialismo* totalitario. Esta presencia *vivida* del pasado es la que hace tan *resistente* la *cultura* y tan *eficaz* la *ideología dominante.* Pero igualmente, es la que crea las bases para el triunfo de la *ideología alternativa,* cuya *pedagogía crítica* se dirige a aquellos sectores sociales mayoritarios que por su *ubicación* en el *sistema productivo,* sus *expectativas* y *experiencias* vitales, y el padecer directamente sus efectos *negativos,* son más proclives a su aceptación.

La capacidad humana de *simular el futuro* permite crear lo inexistente para actuar en el mundo real. Puede decirse que *simular el futuro* es su actividad principal, la base de su desarrollo *cognitivo,* vinculado al *aprendizaje.* Si no dispusiéramos de esa capacidad de *simulación* sería imposible ordenar el *caos* de *información,* los *bucles* de *retroalimentación,* y los procesos *subconscientes* que tienen lugar en el cerebro cuando *pensamos,* un *sistema complejo, dinámico, abierto y no-lineal* al fin y al cabo.[212] Es factible suponer que la *emergencia* de la *autoconciencia,* del *yo,*[213] esté relacionada con los procesos de *simulación de futuro,* porque creamos una *escena mental* donde proyectamos nuestros conocimientos y experiencias para *anticipar* lo que puede ocurrir, y lo que nos puede ocurrir. El mejor ejemplo son los *experimentos mentales* utilizados por los científicos teóricos. Naturalmente, para *simular el futuro* hace falta contar con un *pasado* donde extraer los materiales para la *ideación.* Como indica el neurobiólogo James McGaugh, de la Universidad de California, *el propósito de la memoria es predecir el futuro.* Y es una hipótesis bastante razonable pensar que la *memoria a largo plazo* se ha desarrollado *evolutivamente* en los *sapiens* porque resulta muy útil para *simular el futuro.* Algo que parecen confirmar escáneres cerebrales obtenidos en la Universidad de Washington, Saint Louis, donde se aprecia como las áreas del cerebro que se utilizan para recuperar los *recuerdos* son las mismas que intervienen en la *simulación del futuro.* Abunda en lo mismo los trabajos de Kathleen McDermott, quien señala: *Es posible que la razón por la que somos capaces de recordar el pasado de manera tan detallada y tan vívida sea la importancia de este conjunto de procesos para tener la capacidad de imaginarnos a nosotros mismos en escenarios futuros.*[214] Gracias a las modernas técnicas de imagen sabemos que las *simulaciones* se realizan principalmente en la zona *dorsolateral* de la *corteza prefrontal,* que constituye aproximadamente el 30% de la corteza cerebral. Es la parte del cerebro donde se ejercen las *funciones ejecutivas.*[215] Si bien también intervienen otras zonas como la *ventromedial* que desempeña un destacado papel en la regulación y control del comportamiento, y donde, al parecer, se genera la sensación de significado y unidad del mundo.[216] Ahora bien, si nuestra capacidad de *decisión* se basa en la eventualidad de *simular el futuro,* donde se pueden contemplar varias posibilidades *electivas*, las *ideas-fuerza* de la *ideología dominante* intervendrán de manera significativa tanto en el contenido de la *simulación* como en la acción posterior. Por ejemplo, un fracaso en la consecución del objetivo puede atribuirse no a un error de apreciación, sino a la *voluntad divina,* a que los trabajadores tienen *falsa conciencia,* o a que los dirigentes han *traicionado* a su *clase.*

Como vemos, la capacidad de *subyugación ideológica* del *sistema capitalista* se inscribe en los mismos procesos *culturales* que nos caracterizan como *especie.* Eso significa que la *ideología dominante* actúa no solo como un marco de referencia *cultural,* sino *modulando* los contenidos de las *simulaciones,* y reprimiendo *objetivos* perniciosos para el *sistema.* Una variedad de *autocensura* previa, inconsciente, intuitiva, de *sentido común,*[217] al formar parte del acervo *cultural* que sirve de basamento *primario* a la acción *consciente,* y posibilita no tener que estar cuestionando permanentemente la oportunidad y adecuación *racional* de la *simulación,* lo que supondría un gasto excesivo de energía, y una ralentización de la toma de decisiones incompatible con la vida cotidiana. Solo cuando la magnitud y trascendencia de la decisión exige una reflexión, la *simulación de futuro* se realiza de forma plenamente *consciente,* incorporando las *dudas y sospechas* generadas por la situación. Y si la *experiencia* que origina la *simulación* tiene un fuerte impacto *vital,* las reflexiones pueden llevar a cuestionar algunas de las *ideas-fuerza* de la *ideología dominante,* y aceptar otras de la *ideología alternativa.* Cuando esto lo hace una mayoría social, la nueva *Hegemonía* pone en cuestión el *sistema socioeconómico.*

Sin *praxis* no hay *ideología,* ni *dominante* ni *alternativa.* El *sistema productivo* necesita que la *praxis vívida* de la mayoría social, particularmente en situaciones de *crisis,* no sea tan dramática como para posibilitar el triunfo de la *ideología alternativa,* inicialmente minoritaria. Por eso, el verdadero *talón de Aquiles* del *sistema capitalista* estriba en demostrada su *incapacidad* para *satisfacer* las demandas sociales que el mismo genera, que y necesita para desarrollarse. Y resulta prácticamente *imbatible* mientras, y en la medida en que, lo consiga para un número significativo de ciudadanos. Como lo ha demostrado sobradamente en Europa durante los *años dorados* de creación del *Estado del Bienestar.* Y por eso, los mas lúcidos *liberal-conservadores* y *social-liberales* no dudan en apoyar medidas hasta ayer de *izquierdas,* como la RBU, frente a propuestas que puedan suponer cambios *estratégicos* en el *sistema,*[218] o mantener las *mínimas* prestaciones sociales que compensen, vía *mecanismos redistributivos* que no pongan en cuestión la sacrosanta *propiedad* y el libre *mercado,* las desigualdades sociales insostenibles, tanto moral como económicamente. Por ejemplo, Friedrich Hayek, Nobel de Economía en 1974, ha propuesto un *suelo del que nadie tenga que caer incluso cuando no es capaz de mantenerse a sí mismo.*[219] Otros, furibundos detractores del *Estado del Bienestar,* como Charles Murray, intelectual de cabecera de los conservadores estadounidenses, politólogo del *think tank* American Enterprise Institute, defiende una asignación anual de 10.000 dólares al año a cada adulto mayor de 25 años que sustituya a *todas* las transferencias sociales y, particularmente, al programa *Medicare*. Todo bajo la *noble* y *altruista* aspiración de *simplificar la burocracia, eliminar ineficiencias y restablecer la libertad individual,* como pregonan los republicanos, defiende el *Tea Party*, e intenta llevar a la práctica Donald Trump. Como se ve, la batalla *ideológica* no se puede ganar obviando la *complejidad* del *sistema socioeconómico* capitalista y sus sofisticados *mecanismos de dominación*. La trampa de la *letra pequeña* es uno de sus *artilugios* más eficaces, y no solo a la hora de pedir un crédito bancario.

Ideología, hegemonía y poder

Todo lo cual nos lleva a la cuestión, ya mencionada, de la *hegemonía,* pero vista ahora desde el ángulo de la *ideología*. Sin duda, *hegemonía,* término utilizado en 1919 por Lenin y Plejanov para señalar el papel histórico del proletariado como *dirigente* (etimológicamente *hegemonía* viene del griego *hegemón,* jefe *y hegeomai,* guiar) de la sociedad, ha servido hasta ahora (y no cesa) para justificar teorías políticas de lo mas variopinto y contradictorio: usa y abusa Laclau de ella para justificar su *razón populista* (y en nuestro país, sus discípulos); la esgrimieron en su día los *eurocomunistas,* con Berlinguer al frente; sirvió para que pensadores *marxistas,* o bajo su influencia, como Foucault, Bobbio, Anderson, Poulatzas, Tourain, Giddens, Habermas, se tiraran los trastos a la cabeza; y, lo que resulta más anacrónico, aún es rechazado por el marxismo *dogmático*. Nada de toda esta batalla académica ha producido resultado *político* reseñable, aunque si numerosa literatura que el interesado en los duros menesteres del exégeta puede consultar, incluidos los textos dispersos del propio Gramsci. Ya he dado mi opinión en otros libros, fundamentalmente en *La sinrazón populista*, y *Pensar el Socialismo en el siglo XXI*. A ellos me remito.[220] Ahora me interesa resaltar los aspectos de mayor importancia a la hora de plantearse la lucha *ideológica* por el *socialismo*. Pero eso no me impide expresar mi reconocimiento y admiración al genio de Gramsci, cuya lucidez y *antidogmatismo* le permitió entender que el famoso *análisis concreto de la situación concreta* era mucho mas que una frase ingeniosa de Lenin para justificar sus posiciones políticas ante los vaivenes de la *coyuntura* histórica en Rusia. Se trataba de utilizar el *método científico* a la hora el analizar la *sociedad capitalista* concreta italiana, y extraer las conclusiones correctas de los datos *empíricos* de la realidad. Por ejemplo, del hecho sorprendente y doloroso de que parte significativa de la *clase obrera*, la misma que había creado los *Consejos de fabrica* en Turín, con motivo de la huelga general de 1920, fuera capaz de apoyar al *fascismo*, que se presentaba como un partido *antiburgués, antiliberal* y *antisistema*, con un programa *nacionalista* (Mussolini también quería hacer *Roma grande de nuevo*) y un paquete de medidas sociales (aumento de salarios, construcción de viviendas, etc.) sacado de las reivindicaciones históricas de la izquierda. Era la respuesta *populista* a la *crisis sistémica* del capitalismo en el primer tercio del siglo XX, tras una guerra mundial devastadora, que defendía, en *última instancia*, y mediante el recurso de la dictadura, el *sistema productivo*, revindicando el papel *dirigente* del *Estado Fascista*. La fraseología *dogmática* de la III Internacional sobre la *lucha de clase contra clase* no hizo sino facilitar las cosas. Gramsci, en vez de lamentarse de la *traición* al marxismo de los socialistas, o esperar con optimismo antropológico la llegada inevitable del inminente *despertar* de la clase obrera, se dedicó a analizar los mecanismos de *supervivencia* del *sistema*, y el papel de lo *cultural* en la expresión del *poder*, más allá del simplismo *economicista* imperante. Como he dicho, pese a las dificultades y censura para escribir en la prisión, su mal estado de salud, el rechazo de algunos prominentes camaradas del partido, y la *desconfianza* del Kominform, Gramsci pudo apuntar algunas dimensiones poco o nada tenidas en cuenta por el marxismo *oficial,* fundamentalmente el papel de la *ideología* en la configuración de un *consenso social* sobre aspectos sustanciales del *sistema capitalista,* sin el cual solo podría mantenerse mediante la represión física, insostenible en el tiempo. La *dominación* implicaba también *aceptación*.

La *hegemonía* es, por tanto, la expresión *política* del predominio *ideológico* de determinadas *clases sociales,* ostenten o no la propiedad de los *medios de producción*. Su conquista resulta imprescindible para alcanzar el *poder* y poder plantearse la *trasformación* la sociedad. Conquista que se realiza en el seno de la *sociedad civil* mediante la lucha *ideológica* y *la praxis política* ligada a ella. Eso explica el ascenso, descenso, triunfo y derrota, del movimiento obrero, y no solo la *represión estatal,* a la que solo cabía responder con la *insurrección* armada y la *revolución*. El concepto mismo de *hegemonía* presupone, por tanto, que la *dominación* capitalista es, incluso en aspectos represivos físicos, una *producción ideológica*. Las *relaciones sociales,* y especialmente las *relaciones de producción,* se legitiman en el *consenso ideológico,* que viabiliza la *percepción* del *sistema socioeconómico* como algo *natural* y *necesario,* y no lo que verdaderamente es: *cultural* y *contingente*. Por eso, la *ideología dominante* necesita contener aquellos aspectos de *sentido común* que le resulten *útiles* para su *supervivencia*. Cuando Rajoy, en sus intervenciones parlamentarias, hace continua referencia al *sentido común,* esta haciendo una llamada a las *ideas-fuerzas* de la *ideología dominante* que parecen *evidentes* a la mayoría de la población, muchas de ellas de carácter *supersticioso,* como la identificación del interés *privado* con el interés *nacional* (para defender su gobierno minoritario repite machaconamente que la *estabilidad política* le *interesa* a España). Ahora bien, cuando los aspectos *supersticiosos* predominan en la *ideología,* ésta deja de tener *utilidad* y se convierte en una *patología social,* a la que siempre está expuesta la *ideología dominante,* ya que contiene *ideas-fuerza* de naturaleza *enmascaradora.* Es lo que ocurre con las *sectas,* el *fanatismo* político o religioso, el *nacionalismo* existencialista o racial, etc. La lucha *ideológica* es, como hemos visto, una vieja batalla de la *razón* contra la *superstición.* Como decía Holbach, tan pronto como un hombre se atreve a pensar se derrumba el dominio del cura.

La *superstición* en la *ideología liberal* es, como he dicho, considerar como *natural* el *sistema capitalista,* el único capaz de conseguir que el *egoísmo* innato (antes *pecado original*) de los humanos, y la búsqueda del *beneficio privado,* se traduzca en *provecho común* por la acción benéfica de la *mano invisible* del *mercado* (antes *redención*). Lo supo ver con notable sagacidad el gran jurista alemán Georg Jellinek (1851-1911):

> (...) *el origen de la creencia de que existen relaciones normales, procede de una determinada actitud del hombre, psicológicamente condicionada, ante los hechos. El hombre ve lo que constantemente le rodea, lo que sin cesar percibe y sin interrupción ejecuta, no sólo como un hecho, sino también como una norma de juicio, a la que in-*

tenta hacer que se conformen y adecuen los hechos heterogéneos y discordantes.[221]

Gramsci, por su parte, en un pequeño pero sustancioso trabajo titulado *El problema de la dirección política en la formación y el desarrollo de la nación y del Estado moderno en Italia,* señala:

> *La supremacía de un grupo social se manifiesta de dos modos, como dominio y como dirección intelectual y moral. (...) Un grupo social puede y hasta tiene que ser dirigente ya antes de conquistar el poder gubernativo (esta es una de las condiciones principales para la conquista del poder); luego, cuando ejerce el poder y aunque lo tenga firmemente en las manos, se hace dominante pero tiene que seguir siendo también dirigente.*[222]

Sin duda, esta dimensión *cultural* tiene difícil encaje en los esquemas marxistas *clásicos.* Constreñido por las categorías *dualistas,* básicamente de *estructura* y *superestructura,* esta última de *sociedad civil* y *sociedad política,*[223] y dadas sus penosas circunstancias personales, Gramsci no consiguió desarrollar adecuadamente su teoría sobre la *Hegemonía,* si bien consiguió aportar algunos conceptos provechosos relacionados con ella, como el *Bloque Histórico,* o los *intelectuales orgánicos,* hoy habituales en las *ciencias sociales* y manejados con excesiva soltura y alegría por politólogos de moda. Es de imaginar lo que hubiera desarrollado una mente tan extraordinaria de haber conocido los avances en las *Ciencias de la Complejidad* y *Ciencias Neurológicas.* En cualquier caso, Gramsci fue, que yo sepa, el primero que entendió la necesidad de una *revolución cultural* (él habla de *reforma cultural,* porque la palabra *revolución* remite a las experiencias violentas de la segunda mitad del siglo

XIX, y primer tercio del XX) como *conditio sine qua non* previa a la conquista, previsiblemente violenta, del *poder*. Pero Gramsci no supo ver que el *poder* no consiste solo en la conquista de las *instituciones estatales,* que la *Hegemonía* no es una cuestión exclusivamente *ideológica,* sino que *poder* y *Hegemonía* son aspectos de una misma realidad que se expresa, en las condiciones del *Estado Social democrático y de Derecho,* en el *desbordamiento* de los *límites* y *limitaciones* del *sistema socioeconómico,* en un proceso *evolutivo* continúo donde las *relaciones de poder* (institucional e ideológico) son *dinámicas* y *competitivas.* Por ejemplo, en las *áreas socializ*adas, como el sector público, el *poder* permanece vinculado al Estado y, por lo tanto, no juega un papel *estratégico* en la *transformación* del *sistema.* Salvo que sean *autogestionadas,* de forma que la *propiedad* deje de ser *estatal* para convertirse en *social.* Así, la *dirección* pierde su naturaleza *político-burocrática* para ser asumida por los trabajadores, que pueden y deben desarrollar una *gestión* eficiente en *competencia creativa* con el resto del sector económico, público y privado. Es, como he dicho, un caso de *reformismo estratégico,* que afecta a la *propiedad* y la *gestión.* Es decir, la conquista del *poder* no es un *asalto*, ni siquiera una *guerra de posiciones,* si se entiende como tal las bases operativas para el *asalto final,* sino un *proceso,* una conquista de *territorio,* por seguir con el símil militar. Por eso, la concepción gramsciana de *Bloque Histórico* adolece del mismo defecto *dualista* que lastra el marxismo *clásico.* En efecto, la formación de un nuevo *Bloque Histórico* es concebido como algo separado del *poder estatal,* al que hay que asaltar finalmente, lo que en la práctica significa *asaltarse a sí mismo*, ya que la *Hegemonía* del *Bloque Histórico* ya es parte *compartida* del *poder estatal* (gobiernos municipales, autonómicos y central). Por eso, la *reforma estratégica* no se queda en la mejora del Estado, sus instituciones y mecanismos de dirección, sino que incluye lo que denomino *formas estatales externas de democracia participativa, deliberativa y directa.* Sin ellas tal vez se alcance el poder político institucional, como ha ocurrido, por ejemplo, en Grecia con Syriza, pero no se *transformará* el *sistema capitalista,* que tarde o temprano recuperará la *normalidad.* No es fácil que se entienda esta *dialéctica* de *poder* cuando se concibe *dogmáticamente* el Estado como una *fortaleza* del enemigo de *clase* que hay que *asaltar* y *destruir.* Solo se comprende desde la perspectiva de las *Ciencias de la Complejidad.*

El principal error de la visión *clásica* del concepto de *hegemonía* consiste en pensar que su conquista se consigue ofreciendo a las *clases subalternas* (desde *fuera*) una alternativa *total* y *global* al *sistema socioeconómico* que compita con la *ideología dominante.* En unos casos eso supone hablar solo para los ya convencidos para atraerlos a la propia organización de *vanguardia,* lo que anula la *crítica* interna, refuerza la disciplina orgánica, y se termina instalando un *complejo de superioridad* nefasto, lo que supone el *reforzamiento* de algunas de las *ideas-fuerza* de la *ideología dominante.* En otros casos, como hace Laclau, conlleva el *vaciamiento* de los presupuestos *transformadores* por mor de su *sagrada transversalidad populista.* Sin embargo, las cosas no ocurren así en los *sistemas complejos no-lineales evolutivos,* donde no cabe una *puesta a cero.* Todo *sistema complejo* se constituye mediante modificaciones *evolutivas* de *sistemas* más simples. Es lo que ocurre con la *evolución genética.* Solo hacen falta pequeños cambios en los genes para que la acción de la *selección natural* pueda alumbrar una nueva *especie,* sin que eso exija destruir el resto del genoma. Así, los humanos

nos diferenciamos de los chimpancés tan solo en el 1 % del ADN, lo que hace que ellos se encuentren más cerca evolutivamente de nosotros que de sus parientes los gorilas. Es una diferencia mínima, de unos 450 genes dentro de un acerbo común de, aproximadamente, 30.000;[224] más concretamente, en las mutaciones ocurridas en un pequeño grupo de ellos: HAR1, FOX2, ASPM, con el único gen exclusivamente humano, RIM-941, descubierto hasta ahora.[225] Y nada más que 15 millones, de los más de 3.000 millones de pares de *bases* (letras) de nuestro genoma nos separan de los chimpancés.[226] Hoy sabemos, gracias a los trabajos de la doctora Katherine Pollard, del *Instituto de Genética Humana* de la Universidad de California en San Francisco, que la alteración de tan solo 16 letras de nuestro genoma es, en gran medida, responsable de uno de los cambios genéticos más determinantes en la historia de la humanidad, el que posibilitó un incremento definitivo de nuestra *inteligencia.*

En la lucha por la *hegemonía* ocurre algo parecido. No es necesario, ni siquiera deseable, ya que exigiría una férrea dictadura (*Revolución Cultural* de Mao y genocidio de Camboya) para moldear el *hombre nuevo,* combatir todos los componentes de la *ideología dominante,* sino *neutralizar* las principales *ideas-fuerza* de carácter *supersticioso,* cuya función es *ocultar* la naturaleza de las *relaciones sociales.* En ese combate *ideológico,* librado en las condiciones del *Estado de Derecho,* la *ideología alternativa* busca sustituir las *ideas-fuerza* de naturaleza *supersticiosa,* por otras de carácter *científico,* que permitan su *desenmascaramiento.* Y eso exige que la batalla *ideológica* forme parte de la *praxis política* de las *clases subalternas,* y se *funda* con las luchas *reivindicativas,* defensivas y ofensivas. Porque es entonces cuando la *realidad* del *sistema de dominación* les induce a replantearse los presupuestos de *sentido común* por los que se han regido hasta entonces. La *praxis* se convierte así en *conocimiento* y la *lucha ideológica* en proyecto *transformador*. La evolución de los *sistemas sociales* conserva aquellos aspectos *culturales* que siguen siendo *útiles,* lo que incluye aspectos *conservadores* y *precientíficos* junto a nuevas conquistas del pensamiento, el arte y la ciencia; incluso formulaciones *alternativas* siempre que no supongan un *peligro.* Dicha permanencia no supone la imposibilidad de *transformar* el *sistema socioeconómico* mientras persistan, pero exige que la batalla ideológica *neutralice* los aspectos *legitimadores* del *sistema* para hacer posible su *evolución transformadora.*

En resumen, la *hegemonía* se produce cuando, gracias a la batalla *ideológica,* la *mayoría social* de trabajadores se plantean la *posibilidad* primero, y la *necesidad* después, de *transformar* el *sistema socioeconómico.* Y solo lo pueden hacer, más allá del *conocimiento* teórico, en base a las *experiencias concretas* en la defensa de sus intereses, cuando dichas *experiencias* muestran claramente los *limites* del *sistema productivo* para atender las *demandas* y colmar sus *expectativas.* Es más, debido al fallido intento de construir un *sistema productivo alternativo* al capitalismo, el llamado *socialismo realmente existente,* los trabajadores tienen que *experimentar* la *viabilidad* y mejora del modelo *alternativo* en el propio proceso de conquista de la *Hegemonía.* Es decir, se trata de *comprender-sentir-pensar-experimentar* la realidad y viabilidad de la propuesta *alternativa.* Lo que es posible porque la *transformación socioeconómica* es, como he dicho, un *proceso* de *reformas estratégicas* que se inicia ya en el seno del *sistema productivo capitalista,* concretamente en las *áreas de socialización,* lo que exige conquistar el *poder político* para asegurarlas, defenderlas y expandirlas.

Dicho de otra forma, para llevar el *sistema* al *limite de sus posibilidades,* hasta un *punto crítico* o cambio de fase para crear un nuevo *orden socioeconómico.* El *punto critico* (de la *indignación a la rebelión*) se produce inesperadamente cuando se dan las circunstancias de *presión social, represión estatal, y temperatura emocional.* Es lo que ocurrió en Túnez tras una actuación policial, confiscando su puesto de frutas, y el posterior suicidio del joven vendedor ambulante Mohamed Bouazizi. Su sacrificio desató la revuelta popular contra la dictadura de Ben Ali.

En el *punto crítico*, los partidos de *izquierda* se ven impelidos por la presión social a actuar al *unísono.* En consecuencia, la *confluencia* de intereses de los trabajadores debería propiciar una *confluencia política.* El problema surge cuando cada partido de *izquierda* quiere que los otros se comporten como él, lo que genera un *fraccionamiento* que incapacita a la *izquierda* para influir decisivamente en los acontecimientos. Un buen ejemplo es la pretensión de los partidos comunistas de erigirse como los *únicos* representantes de los intereses de la clase obrera, como si esa *cualidad* se derivara de su *ideología marxista-leninista*, la única verdadera. Por una u otra causa (hoy en día esa pretensión la reclaman los *populismos*, solo que esta vez se trata de los intereses de la *gente*) la *izquierda* parece condenada a fragmentarse en las situaciones *críticas.* Superar esta tendencia es uno de los principales desafíos para que la opción *transformadora* tenga lguna posibilidad de convertirse en la opción *hegemónica.*

Alternativa política y hegemonía

Como hemos visto, no hay *hegemonía* sin proyecto *transformador*, ni proyecto *transformador* sin que la *ideología alternativa* se convierta en *dominante.*

Veamos ahora cuáles son, en mi opinión, las líneas maestras de una *alternativa* capaz de conquistar la *Hegemonía,* alcanzar el *poder político* y convertirse en nueva *ideología dominante.* Una exposición más amplia se encuentra en mi libro *Pensar el Socialismo en el Siglo XXI,* por lo que no me parece necesario abundar en detalles *programáticos* concretos, siempre cambiantes por otra parte. Pero si quiero señalar, aunque sea esquemáticamente, las *áreas de acción preferente* donde centrar la propuesta *alternativa* y aplicar las *reformas estratégicas:*

- La *propiedad.*

- La *gestión.*

- La *redistribución.*

- El *control.*

- La *planificación.*

Por lo que respecta a la *propiedad* y sus *derechos* derivados, sacrosanto principio *liberal,* lógicamente me refiero a la *propiedad de los medios de producción* en sentido amplio. Las *reformas estratégicas* estarán orientadas a limitar el poder *absoluto* de los *propietarios* en el ámbito de la empresa mediante el reconocimiento de los *derechos democráticos* de los trabajadores, dotándoles de *voz* y *voto* a la hora de la toma de decisiones que afecten a la organización, innovación, desarrollo, ampliación de capital, sueldos y salarios, reparto de beneficios, etc. Se trata de llevar la *democracia* a la empresa, tanto pública como privada. Relacionado con lo anterior, habrá que desarrollar las *reformas estratégicas* necesarias que permitan desvincular la *gestión* empresarial de la *propiedad,* y no solo de *facto,* lo que ya ocurre en la grandes corporaciones, sino de *jure,* como un *derecho* vinculado a la *responsabilidad* en todos los niveles de la cadena productiva, expresión actualizada y ampliada de la *co-*

gestión, que en el caso de la actividad en el sector público se convierte en *autogestión.*

En cuanto a los *mecanismos de redistribución* de la riqueza generada por la actividad productiva, como expresión de *justicia social* y del ejercicio de los *derechos humanos* en toda su extensión, las *reformas estratégicas* se orientarán no solo a potenciar el carácter *progresivo* de la imposición tributaria, la mejora en su capacidad recaudatoria y la persecución del fraude, sino a incrementar las vías *directas* de redistribución, con el desarrollo del *Estado del Bienestar,* y la creación de una *Renta Básica Garantizada* suficiente, vinculada al coste de la vida, y de progresión *inversa* (mayor cuanto de menos recursos se dispone, y de acuerdo a la carga de gasto personal y familiar) que erradique la pobreza, permita el desarrollo personal, y reduzca la *desigualdad.*

Tienen singular importancia, por afectar a otro de los *pilares* del *sistema productivo capitalista,* las *reformas estratégicas* orientadas a la *regulación* y *control* del llamado *libre mercado* a fin de lograr su máxima *eficiencia* y *estabilidad,* evitando el coste elevadísimo en *disipación* de riqueza y *sufrimiento* humano de sus *crisis.* Una *estabilidad* que es el sueño de los defensores del *Mercado Eficiente* (HME)[227] y sus modelos *matemáticos,* basados en la *física estadística,* sobre el funcionamiento del comercio y la actividad económica. Sin embargo, todos sus esfuerzos chocan con la realidad del *sistema capitalista,* ya que lograr la anhelada capacidad *predictiva* del mercado exige implementar cierto *orden, coordinación* y *regulación* en la toma de decisiones de los *agentes económicos.* Y, a su vez, poseer una amplia *información* en tiempo real (Big Data) del comportamiento de los mercados, expresión de la *libertad individual* (compra y emprendimiento), capaz de eliminar la mayor parte de *ruido* (fluctuaciones aleatorias) del *sistema productivo* en un proceso de *retroalimentación*. Algo que choca con la *irracionalidad* consustancial al *sistema capitalista* basado en la *competencia* y el *beneficio*, un juego de *suma cero* cuyos efecto pagan principalmente los trabajadores.[228] Pese a sus loables intenciones, los nuevos economistas de la *racionalidad*, principalmente los llamados *econofísicos* (econophysics),[229] no tienen otro horizonte que el *sistema capitalista*. Se afanan en *racionalizar* el *sistema* sin comprender que la realización de sus presupuestos solo será posible en un nuevo *sistema socioeconómico* donde rijan *reglas* y *pautas* de comportamiento orientadas al *bien común*. Lo que exige una *información* completa *socializada* y disponible para todos. De echo, ya existen numerosas *regulaciones*, aunque timoratas y poco eficaces, si bien el *ilegal* control *monopolista* de grandes áreas de la actividad económica permite *sortearlas* (o les *compensa* infringirlas) pese a las leyes en defensa de la *libre competencia*.

En cualquier caso, las *reformas estratégicas* orientadas a la *regulación* y *control* del *mercado* no significa una especie de *cuento de hadas*, ya que darán origen a nuevos problemas, pues *fluctuaciones, orden* y *caos* son inherentes a los *sistemas complejos no-lineales*. La *Arcadia feliz* es un horizonte utópico que nunca se alcanza. Pero en el camino, la sociedad se hace mas justa, solidaria, y en definitiva humana. O, para decirlo con palabras de Marx:

> (...) *una asociación de hombres libres, que trabajen con medios de producción colectivos y empleen, conscientemente, sus muchas fuerzas de trabajo individuales como una fuerza de trabajo social.*[230]

Finalmente, implementar *reformas estratégicas* en la *planificación científico-técnica* de la *actividad económica* que *optimice* y *racionalice* el uso sostenible de los recursos naturales, imprescindible en una situación de grave peligro medioambiental. Una *planificación* hoy posible gracias a los avances de la *Revolución Digital*, cuyo progreso y completa implementación resulta incompatible en el actual marco de las *relaciones capitalistas*. Todo ello inscrito en un proyecto de máxima *eficiencia* del *sistema productivo*, lo que supondrá, con bastante probabilidad, pasar de una sociedad exclusivamente de *propietarios* a una mayoritariamente de *usuarios*. Y exigirá superar las barreras de la *propiedad privada de los medios de producción, distribución y financiación,* la *regulación* y *control* del mercado, y la *planificación científica* de la economía. En palabras de Marx, *sería la emancipación de la sociedad de la propiedad privada.*[231] La *viabilidad* actual de dichas *reformas estratégicas* lo demuestra que, en algunos aspectos, ya se contemplan en estudios sobre las *disfunciones* del capitalismo como la llamada *economía circular,* una alternativa *sostenible* frente a la actual economía *lineal,* promovida por la UE, dentro de la iniciativa *una Europa que utilice eficazmente los recursos,* que forma parte de la estrategia *Europa 2020.*[232]

Como puede apreciarse, todos estos aspectos están íntimamente *interrelacionados*, como no podía ser de otra forma, en un *sistema complejo, dinámico, abierto, no-lineal* y *adaptativo*. Su desarrollo supone, en un proceso lento y controlado democráticamente, el transcurso *evolutivo* de la *transformación* del *capitalismo* en *socialismo*. Todo ello, *conservando* los aspectos *útiles,* fruto del progreso y las conquistas sociales; *mejorando* y *ampliando* aquellos otros que, como el *Estado del Bienestar*, pueden jugar un papel destacado en el desarrollo *transformador* del *sistema*; y *estableciendo* nuevos espacios de *socialización* mediante la creación de empresas públicas, de forma que se pueda garantizar el *derecho universal al trabajo* si la empresa privada no lo consigue. Naturalmente, las *reformas estratégicas* abarcan también, y de manera preferente, la actividad *política*. Ya hemos visto que todo el *sistema productivo* forma una unidad *sistémica* con la dimensión *política*, las *instituciones* donde se ejerce, y las *normas* por las que se rige, en nuestro caso el *Estado Social y democrático de Derecho*. Y que por eso mismo solo puede basarse en *reformas estratégicas* y en el *reformismo revolucionario*, que incluye la *ampliación* de la *democracia representativa* incluyendo *formas de democracia participativa, deliberativa y directa*.

Admito que la *ampliación de la democracia* y el *papel* del Estado en el proceso de *transformación* del *sistema socioeconómico* es un tema *resbaladizo*, ya que son dos de los aspectos más controvertidos en el seno del *marxismo*, tanto *clásico* como *dogmático*, eje de la polémica que enfrentó a *socialdemócratas* y *comunistas* el siglo pasado, y que todavía sigue coleando, pese a la experiencia del *Estado Soviético* y su *fallido* modelo de *dictadura del proletariado*. Es una de la *cadenas* más resistentes con las que se trata de mantener a Marx dentro del *marxismo dogmático*. Veámoslo con más detalle.

Estado, democracia y dictadura de clase

El origen teórico del concepto *marxista* de la *democracia* como forma de *dominio de clase* se encuentra disperso en varios escritos de Marx. Y formulado de manera poco precisa, pese a que una noción tan *radical* como *dictadura del proletariado* -que, por cierto, fue acuñado por el revolucionario francés, y miembro destacado de la *Comuna de París*,

Auguste Blanqui- debería haber merecido una reflexión más profunda. Es lo que hace Lenin, fundamentalmente en su libro *El Estado y la Revolución*,[233] precisamente porque Rusia se encontraba ante un proceso revolucionario, donde la *legitimidad revolucionaria* de los *Soviets* (principalmente de Petrogrado) se enfrentaba primero con la *legitimidad* del Gobierno provisional de Kérensky, y posteriormente con la *legalidad democrática* de la *Asamblea Constituyente*, dominada por los *socialistas revolucionarios,* que habían conseguido 16.500.000 votos frente a los 9.023.963 de los *bolcheviques,* pese a que su convocatoria era una de sus reivindicaciones y justificaba la toma del poder. En carta al Comité Central y a los comités de Petrogrado y Moscú, Lenin afirma: *Nuestro partido por sí solo, con la toma del poder, puede asegurar la convocatoria de la Asamblea Constituyente.*[234] Lo que no impidió que fuera disuelta después de celebrar su primera y única sesión.[235]

Para ser algo más precisos, es Engels el primero que, en 1847, menciona que la *revolución socialista* había de *producir, antes que nada, una constitución estatal democrática, y, por tanto, directa o indirectamente, la hegemonía política del proletariado.* [236] En el *Manifiesto comunista* (1848), Marx y Engels proclamaron que la *primera etapa de la revolución obrera es la constitución del proletariado en clase dominante.* Las frases más significativas (subrayados míos) donde reflejan esta concepción son:

> *- Ya dejamos dicho que el primer paso de la revolución obrera será la exaltación del proletariado al Poder, la conquista de la <u>democracia</u>.*

> *- El proletariado se valdrá del Poder para ir despojando <u>paulatinamente</u> a la burgue-*

sía de todo el capital, de todos los instru-
mentos de la producción, centralizándolos
en manos del Estado, es decir, del proleta-
riado organizado como <u>*clase gobernante,*</u> *y*
procurando fomentar por todos los medios
y con la mayor rapidez posible las energías
productivas.

- Claro está que, al principio, esto sólo po-
drá llevarse a cabo mediante una <u>*acción*</u>
<u>*despótica sobre la propiedad y el régimen*</u>
<u>*burgués de producción,*</u> *por medio de medi-*
das que, aunque de momento parezcan
económicamente insuficientes e insosteni-
bles, en el transcurso del movimiento serán
un gran resorte propulsor y de las que no
puede prescindiese como medio para trans-
formar todo el régimen de producción vi-
gente.[237]

Resulta admirable la visión de Marx y Engels y su descripción del proceso revolucionario,
concebido como *continuum* donde la *transforma-*
ción del *sistema* puede realizarse mediante paulati-
nas medidas (*reformas estratégicas*) implementa-
das desde el *poder político* conseguido mediante la
conquista de la *Hegemonía.* Dos años después de-
claró Marx que *la dictadura clasista del proleta-*
riado era un *punto de transición necesario para la*
supresión de las diferencias de clases en general.
Finalmente, al analizar la *Comuna de París,* Marx
afirma que estamos ante la forma, al fin descubierta, del poder de la clase obrera, la *dictadura del*
proletariado.

De todo esto se deduce que para Marx, lo
importante es que el *proletariado* alcance el *poder,*
se convierta en *clase dominante,* logre la *hegemo-*
nía política. Pero dadas las experiencias concretas
de las luchas obreras, las limitaciones de la demo-

cracia y las posibilidades reales de ejercer el *poder* pacíficamente frente a la resistencia de la *burguesía*, presupone que solo podrá llevarse, *al principio,* de forma *despótica.* Es decir, Marx enmarca el papel *histórico universal* del *proletariado* en la situación política *concreta.* La *dictadura,* como forma de ejercer el *poder político,* no es una *ley de hierro universal* de la *revolución socialista,* como si lo es la *relación conflictiva* entre *fp-rp.* Convertir en *dogma* lo que es producto de *circunstancias históricas concretas* es una de las maneras más perniciosas de *encadenar* a Marx. Y de fortalecer, aunque sea involuntariamente, la *ideología dominante,* una de cuyas *ideas-fuerza* consiste en asociar *marxismo* con *dictadura* comunista.

Esto no significa, como continúan defendiendo *socialdemócratas* y *reformistas* de todo tipo, que la *democracia* y el *Estado* no tengan *contenido de clase,* que en el *sistema capitalista* se expresa como la *dominación* de la *burguesía.* Pero en las situaciones concretas del *Estado Social y democrático de Derecho* -que es una conquista popular, no lo olvidemos- esta *dominación* se ejerce por *agente interpuesto,* y se *legitima electoralmente,* lo que exige alcanzar el *apoyo político mayoritario.* Y para ello cuenta con el *mecanismo* de la *ideología dominante,* cuya manifestación más clara es que la mayoría de los partidos (derecha, centro e izquierda) defiendan el *sistema productivo capitalista.* Pero si controlan el gobierno y las instituciones no es por *imposición* sino por *elección.* Y esa misma *elección* puede permitir el control político e institucional a quienes se proponen la *transformación* del *sistema capitalista.* Naturalmente, con muchísimas más dificultades, la principal de las cuales es la mencionada *dominación ideológica* que, anclada en la *cultura,* cuenta con los *aparatos* formadores de opinión, principalmente los *mass media.* Ciertamente, la *sociedad de la información* y el *libre acceso* a Internet y las redes sociales, reduce ese poder hasta el extremo que personajes como Trump pueden permitirse atacar y despreciar a los principales periódicos y canales de televisión de EE.UU. (salvo la ultraderechista Fox) recurriendo a un *compulsivo* uso de Twitter.

Por otra parte, la *democracia liberal* está diseñada para *limitar* la acción soberana de la ciudadanía mediante la *delegación representativa,* como ya he señalado reiteradas veces y desarrollo en mi libro *Democracia Ampliada.*[238] Se trata, si se quiere poner un adjetivo, de una *democracia limitada* por ser parte inseparable del sistema capitalista y sus sacrosantas *propiedad* y *mercado,* lo que impide que la *democracia* traspase la puerta de las empresas y afecte a la actividad productiva, más allá del *área socializada* del Estado. La *democracia liberal* es un mecanismo bien engrasado de distribución del *poder político*, que se ejerce en las instituciones y los distintos niveles de gobernanza. No afecta al *poder económico,* ni *social,* salvo en la medida en que las normas, reglamentos, y leyes pueden *regular* su actividad. Representa el ejercicio del *poder político* de las *clases dominantes.* Es la plasmación jurídica de la *Hegemonía,* lograda y mantenida gracias a la capacidad de la *ideología dominante* para *acotar* y *condicionar* la percepción de la naturaleza del *sistema productivo* capitalista. Por eso, la *democracia liberal* puede adoptar diversas formas de *ejercicio.* En ese sentido, resulta absurdo aplicar los mismos criterios a las incipientes y represivas *democracias* del siglo XIX y primera mitad del XX, que a la actuales formas en el marco de un *Estado de Derecho*, pese a que ambas, en lo esencial, suponen el mismo *poder político* de la *clase dominante.* Por eso, la *Hegemonía* de las *clases subordinadas* lograda en la batalla *ideológica,* no puede *limitarse*

243

exclusivamente a utilizar en favor de los trabajadores los resortes *ejecutivos* y *legislativos* de la *democracia representativa,* sino que debe *ampliar* el campo de la *democracia* sin negarla, *desbordando* sus límites políticos (*democracia participativa, deliberativa y directa*), económicos (*autogestión y cogestión*), y sociales (*igualdad de oportunidades*). Si miramos el pasado, veremos que, en realidad, la lucha de los trabajadores siempre ha tenido por objetivo *político* conquistar *derechos* democráticos, *ampliando* los márgenes clasistas de la *democracia liberal,* empezando por el derecho al *sufragio universal.*

Entender claramente el significado, contenido, y mecanismo *legitimador* del Estado y la democracia, *desencadenado* de la visión del *determinismo mecanicista,* es vital en la lucha *ideológica* por la *Hegemonía.* Pero la izquierda, en sus variadas versiones, no parece dispuesta a admitir su *responsabilidad* en el actual estado de cosas. Y así, se llega a la paradoja de que pierde aunque gane. Bien porque se mueve voluntariamente dentro de la lógica del *neoliberalismo* (la *tercera vía* socialdemócrata), bien porque termina aplicando, *malgré lui,* sus recetas (Syriza). Y esa lógica es siempre perdedora, pues a lo más que puede aspirar es a ser un *paliativo* de los peores efectos de las *crisis* capitalistas. Por cierto, algo que también proponen los más lúcidos portavoces del llamado *liberalismo internacionalista,* como el Catedrático de Estudios Europeos en la Universidad de Oxford, Garton Ash, colaborador habitual de El País. El problema es que la aceptación del *sistema socioeconómico* capitalista como el único posible (NHA, *no hay alternativa*) hace que la *izquierda* termine gestionando la crisis a la manera *social-liberal,* o deba enfrentarse al fracaso económico, ya que el sistema no puede ir más allá de sus *posibilidades* sin *transformarse.*

Ocurrió con Miterrand, ocurre con Hollande; ocurrió con Zapatero, ocurre con Tsipras, por poner ejemplos cercanos. No nos extrañemos, la lógica *neoliberal* es implacable: *el Estado es el problema, los mercados la solución.* Por eso, la *austeridad* se basa principalmente en la *reducción* del gasto publico, el *rescate* del sector financiero, y el *aumento* de la competitividad mediante la deflación salarial, ofreciendo las ligeras mejoras macroeconómicas como aval y justificación. En estas condiciones, el *neoliberalismo* no solo condiciona *ideológicamente* la percepción de la realidad, sino que impide plantearse una sencilla pregunta: *¿es posible otra forma de generar y distribuir riqueza?* O, si se quiere, *¿es posible el socialismo reformulado de acuerdo a los avances científico-técnicos, y la experiencia histórica?* Su respuesta es el verdadero *sí se puede.* Una vez más: la fuerza *ideológica* del *neoliberalismo* estriba en la ausencia de una *alternativa* creíble y factible al capitalismo que canalice la convulsión social generada por la *crisis* y las políticas aplicadas para afrontarla. Si no se plantea una clara y creíble *estrategia* de *transformación,* incluso aunque la izquierda radical consiga gobernar, su política generará mayor frustración y desengaño, añadiendo *argumentos* a la *ideología dominante.*

La cuestión es: *¿existe una *alternativa socialista* más allá de las *ensoñaciones* utópicas de una minoría revolucionaria?.* Y de existir, ¿cómo puede articularse en medio de la fuerte ofensiva *neoliberal,* el auge del *populismo,* y el fracaso y división de la *izquierda?* No son fáciles las respuestas, como todo proceso histórico novedoso. Se necesita un debate amplio, multidisciplinar, riguroso intelectualmente, sobre cómo formular una *alternativa* socialista al capitalismo financiero y global, y cómo se puede implementar en base al desarrollo *científico-técnico* alcanzado, a los logros *democrá-*

ticos conquistados, y a las experiencias de la lucha *reivindicativa* de los *movimientos sociales*. Porque el *socialismo*, tal como se formula en el *Manifiesto Comunista*, y que inspiró la lucha obrera en el siglo pasado, es todavía una experiencia inédita, insólita e inaudita. El intento de construirlo en la URSS se ha saldado con un rotundo fracaso que ha supuesto la desastrosa pérdida del *proyecto alternativo* al capitalismo, más allá de su *humanización* reformista socialdemócrata.

Pero la crisis *sistémica* desatada en 2008 vuelve a poner sobre la mesa la necesidad de una *reformulada* alternativa de *transformación* socialista. Una *alternativa* que debe tener en cuenta la necesaria coordinación *internacional* y oponga a la *globalización capitalista,* que hace que la riqueza se concentre en pocos lugares,[239] una *globalización socialista* basada en el comercio justo, la defensa de los derechos de los trabajadores, cooperativa y solidaria con en el desarrollo de los pueblos, y responsable medioambientalmente. Y no un imposible y reaccionario *repliegue* nacionalista, como proponen los *populismos*. Una *alternativa* capaz de ganar la batalla *ideológica* al *neoliberalismo y el reformismo* que ofrezca en el presente *soluciones socialistas* a la *crisis sistémica* del capitalismo.

El impacto de la Revolución Digital

El carácter *sistémico* de la actual *crisis* capitalista no solo expresa su naturaleza *cíclica,* sino que se inscribe en los efectos *perturbadores* de la *Revolución Digital* cuyas consecuencias a medio y largo plazo resultan imprevisibles. Salvo que nada volverá a ser igual que antes. Como decía el filósofo y matemático inglés Alfred North Whitehead, los mayores progresos de la civilización se experimentan inicialmente como sus peores amenazas.[240] Está ocurriendo ante nuestros ojos pero el impacto *lu-*

mínico de los acontecimientos nos deslumbra con la inmediatez de su fogonazo, impidiéndonos ver con claridad los cambios telúricos de la realidad *socioeconómica*: desarrollo, todavía incipiente, de *nuevas formas de producir y consumir*; aplicación generalizada de la *inteligencia artificial*; incremento de la *robótica* y la *automación*; generación masiva de *información* (Big Data) respecto a usos, consumos, gustos y deseos; conectividad permanente en red, etc. Nuestras *relaciones sociales* y *laborales* están sufriendo un vertiginoso proceso de cambio que genera inquietud e incertidumbre, al tiempo que la nueva economía deja fuera del *sistema* a grandes masas de trabajadores innecesarios o poco capacitados. Es natural que la *nostalgia* por los viejos buenos tiempos, no tan lejanos, y la esperanza de *revertir* el proceso, sea el campo abonado, junto con la creación *imaginaria* de un enemigo externo, del *populismo* demagógico. La nueva *sociedad* no cabe ni puede desenvolverse en las costuras de la vieja. Nos encontramos ante una *bifurcación evolutiva* de los *sistemas complejos, dinámicos, no-lineales* ya descritos: estancamiento, represión, marginalidad, pobreza, y desigualdad en aumento; o *reformas estratégicas* que introduzcan las condiciones adecuadas para la *transformación* socialista del *sistema productivo*. Lo que incluye el fortalecimiento del *Estado Social y democrático de Derecho*, la ampliación de la *democracia representativa,* con la promoción y amparo de la *democracia participativa, deliberativa y directa*; el desarrollo y aumento de las *áreas de socialización* económica, como el *Estado del Bienestar, banca pública,* energía, etc.; regulación democrática del *mercado*; *planificación científica democrática* de la economía; *autogestión* de lo público y *cogestión* de lo privado; acceso libre y universal a *Internet*, etc.

Vivimos uno de los mayores impactos *socio-económicos* de los avances *científico-técnicos* de la historia, cuyos resultados resultan difíciles de prever. Lo seguro es que bajo el capitalismo, la revolución *científico-técnica* está creando una nueva *brecha* entre los países ricos propietarios de la tecnología más avanzada, y los países pobres, condenados a servir de mano de obra no cualificada y suministradores de materias primas. Por lo que respecta a nuestras sociedades de capitalismo desarrollado, y en un futuro no tan lejano, la *brecha tecnológica* se establecerá entre quienes no pueden y quienes si pueden *pagarse* un aumento de sus capacidades físicas (*exoesqueleto inteligente*), alargar su expectativa de vida y mejorar su calidad (*terapias genéticas, órganos cyborgs, nanomedicina, optogenética*),[241] eliminar defectos funcionales (*implantes cocleares, implantes de retina artificial*), potenciar la capacidad de análisis y toma de decisiones (*prótesis nerviosas, implantes de realidad aumentada, procesamiento de datos*).

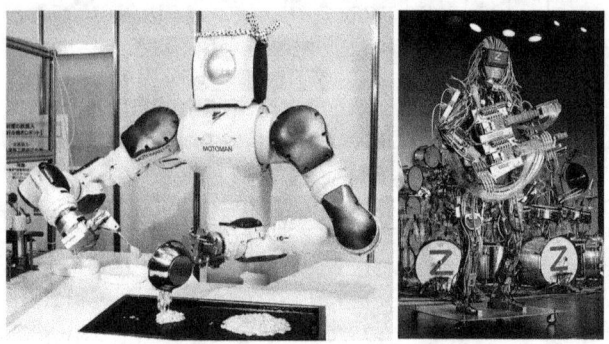

Robot cocinero japonés, y robot musical Z-Machines

Hay una confluencia, todavía en sus inicios, entre el progreso de la *Inteligencia Artificial* en *robots* emulando el funcionamiento cerebral, y los humanos añadiendo a su biología la aportación *digital*, hoy circunscrita a los déficit cerebrales por malformación, accidente o enfermedad.[242] A su vez, la *computación afectiva*, nueva área impulsada desde el MIT, posibilitará que los robots reconozcan, midan y analicen los estados emocionales humanos. Aunque *reconocer* emociones no significa *sentir* emociones, su desarrollo aplicado a las tareas domesticas puede impulsar una mayor participación de las mujeres en el trabajo.

Así, la *Revolución Digital,* bajo el capitalismo, puede llegar a suponer, desde el punto de vista *evolutivo,* una especie de *selección económica* inaceptable. Es posible que gran parte del *trabajo humano* se desarrolle en aquellas áreas que exigen una mayor *sensibilidad social* y capacidad *psicológica,* como la *dependencia,* los cuidados a la *tercera edad* (categoría que pronto será muy grande), las *enfermedades mentales,* la *educación especializada,* la *enogastronomía,* el *desarrollo turístico,* etc. Mientras, los *robots* (término derivado de una palabra checa *robota* que significa *trabajador*)[243] se encargarían de la *producción* y *distribución* de la riqueza material generada mediante la *digitalización* completa del sistema económico. Puede todavía parecer *ciencia-ficción,* pero cada vez tiene más de lo primero y menos de lo segundo. Caro que, en la sociedad actual, donde todo es *mercancia,* resulta comprensible el miedo a los *robots,* y no solo por el *peligro de suplantación* laboral, sino por el terror que siempre han inspirado las *maquinas inteligentes.* Recodemos que la Inquisición española encarceló a algunos fabricantes de *autómatas* acusados de experimentar con brujería y magia negra.

Resulta evidente que una *sociedad* de éstas características tiene que basarse en el *interés común,* incompatible con la obtención a toda costa del *beneficio privado,* propia del capitalismo. Y mucho más cuando la *Revolución Digital* está otorgando un poder inmenso a las grandes corporaciones como Google, Microsoft, Intel, Facebook, Twitter, Yahoo! Amazon, Tencent, Alibaba, capaces de incidir en los comportamientos individuales y sociales gracias al *Big Data* que atesoran como *propietarios* de la *huella digital* de los usuarios de Internet. Es significativo que Trump, entre sus primeras medidas como Presidente de los EE.UU., haya permitido su comercialización, eliminando las *tenues* restricciones de Obama, lo que abunda en la necesidad de proteger la *privacidad* y *neutralidad* de Internet liberándola de su dependencia de los grandes operadoras como Time Warner, AT&T o Verizon. ¿Quién controla a las grandes corporaciones? Dejarlas a expensas del *mercado libre* y la *libertad* de empresa sería como tolerar que grupos privados pudieran disponer de armas de *destrucción masiva* (una posibilidad inquietante en manos de grupos fanáticos y terroristas), sobre todo si tenemos en cuenta que una parte sustancial de la investigación en *Inteligencia Artificial,* el cerebro de los *robots,* está financiada en EE.UU. por el ejército, y no precisamente para ayudar a cruzar la calle a ancianitos, sino la de ganar guerras. Es una razón más, y muy poderosa, para que la nueva *sociedad* esté libre de la *agresividad* consustancial al capitalismo y el predominio de la *competencia* sobre la *cooperación*, el *antagonismo* sobre la *solidaridad*. Las transformaciones que, con toda seguridad, provocará la *Revolución Digital*, empujan hacia la *salida socialista* para garantizar que los beneficios y las *expectativas* generadas sean *universales* y lleguen a todos, como ocurre con la educación y la sanidad.[244] Por no hablar del inmenso *poder* que proporcionará a los que detenten su *control*. En todo caso, la *Revolución Digital* solo podrá desarrollarse libremente en un nuevo *sistema productivo* que incluya las tres *universalidades* conquistadas a lo largo de la historia: *democracia, bienestar y riqueza,* en una *realidad socioeconómica,* el *socialismo,* que es más que la *suma* de todo ello.

Actuar hoy para *transformar* mañana

Termino retomando la misma idea de la Introducción. El *futuro socialista* se crea en el *presente capitalista* teniendo en cuenta el *pasado soviético,* su primer intento fallido. Así progresa la humanidad y *evolucionan sus sistemas sociales.* Tanto las experiencias históricas fallidas, como el carácter mismo del actual *capitalismo financiero global* aconsejan desechar la visión *determinista, catastrofista* y *voluntarista* de su hundimiento y la consiguiente implantación *directa* e *inmediata* del *socialismo.* Parece, por el contrario, que lo más probable y factible es que se trate de un proceso *evolutivo* de *reformas estratégicas* y *gradualismo revolucionario,* posible en el marco del *Estado Social y democrático de Derecho,* mediante la *praxis política,* la batalla contra la *ideología dominante,* la conquista de la *Hegemonía,* y el ejercicio del *poder político* basado en una amplia *mayoría social.* Por supuesto, su viabilidad solo podrá comprobarse *intentándolo.* Todo ello exige concretar una *alternativa socialista* creíble y deseable que suponga una *transformación* de lo existente, desarrollando sus aspectos *positivos,* generalmente fruto de la lucha de los trabajadores, y eliminando los *negativos,* relacionados con la naturaleza del *sistema de producción* capitalista, de forma que signifique más *libertad,* al eliminar las *restricciones socioeconómicas* del capitalismo; más *democracia,* ampliando las *fronteras liberales* mediante la inclusión de las formas de *democracia participativa, deliberativa y directa;* más *igualdad, cooperación y solidaridad,* al poner en *manos de los trabajadores* la gestión de su *actividad productiva;* y un más eficaz y justo *crecimiento económico* al servicio del *bien común,* gracias al despliegue del inmenso potencial *transformador* de la *Revolución Digital*. Me atrevería a decir que el *socialismo* es el *sistema socioeconómico* de la era de la *Revolución Digital* y la economía del conocimiento, como el *capitalismo* lo es de la *Revolución Industrial*. Y si el *liberalismo* trajo la *economía de mercado* y la *democracia representativa* (que las luchas obreras convirtieron en *universal*), el *socialismo* supondrá la *propiedad social* de la producción y la *ampliación* de la *democracia representativa* que será *participativa, deliberativa* y *directa*. En pocas palabras, un *sistema socioeconómico* basado en la *autogestión*, la *racionalización*, la *planificación* científica y la *ampliación* de la democracia. Una sociedad en la que, *evolutivamente* hablando, tengan éxito las cualidades de *cooperación, respeto* y *solidaridad*, y fracasen las de *egoísmo, discriminación*, y *violencia*. Y que elimine de paso la fuente *estructural* de la corrupción, y su capacidad *invasiva* y *contagiosa*.

Los partidos políticos cambian, se adaptan, surgen nuevos frente a las *viejas políticas*, pero las *funciones* continúan. Hasta ahora solo se ha tratado de *reajustar* el *sistema de dominación* capitalista, pero sin cuestionarlo: la *derecha conservadora* y *reformista* mediante la *dura* reacción *neoliberal* al engordamiento y participación del Estado en la vida económica; la *izquierda socialdemócrata*, tratando de *compensar* los efectos *negativos* inherentes al capitalismo, fundamentalmente la *desigualdad*, mediante el desarrollo del *Estado del Bienestar*. Pero la *crisis* ha dinamitado esta *división del trabajo*. Ante las *avalanchas destructivas,* unos y otros aplican la política de *austeridad,* aunque con distinta intensidad y en diferentes áreas. No es de extrañar que los afectados los perciban como la misma *mierda*. Y que el *populismo* saque provecho de ello, mientras las *izquierdas transformadoras* permanecen sin capacidad de *incidencia política*, atenazadas entre la *nostalgia revolucionaria* y la falta de *alternativas creíbles*.

La *disipación* de riqueza, el sufrimiento humano de los menos protegidos, incapaces de sortear los recortes, el paro estructural, la precariedad laboral; así como el *embalsamiento* de la crisis, con crecimientos insuficientes (en el mejor de los casos), evidencian la gran falla del *sistema capitalista* desarrollado: es incapaz de satisfacer las expectativas de trabajo, vida y bienestar que el mismo ha generado, y que necesita para seguir creciendo. El rechazo ciudadano, las movilizaciones populares, el surgimiento de alternativas *populistas antisistema* a *izquierda y derecha* del arco político, no son consecuencia del *cuestionamiento* del sistema capitalista sino de la frustración, la decepción y la ira. La naturaleza *sistémica* de la actual *crisis-recesión-estancamiento-crecimiento insuficiente-desafección-reacción populista*, obliga a todos los *agentes políticos* a redefinir sus *estrategias* y readaptar sus *métodos*. Porque el verdadero peligro para el *sistema capitalista*, pese a su hipócrita rasgado de vestiduras, no son los *populismos*, síntoma reiterado de una *crisis sistémica* en un ambiente de *corrupción*, sino el riesgo de que se terminen abriendo camino las *soluciones socialistas* para atender las crecientes demandas *socioeconómicas* de la ciudadanía. No se trata de formular una *quimera* (como el ya abandonado *asaltar los cielos*), ni una *utopía* fracasada (*socialismo realmente existente*), sino ofrecer una *alternativa* al *sistema capitalista*, necesaria en lo humano, posible en lo económico, y vital en lo ecológico. Se trata de implementar *soluciones socialistas* al agotamiento productivo, la desigualdad y pobreza *congénitas*, y la injusticia social del capitalismo desarrollado en un proceso de *reformas estratégicas* y de *gradualismo revolucionario* en el nuevo *horizonte socia-*

lista de nuestro tiempo. El concepto de *utopía* cambia de significado: de *ideal imposible* a *posibilidad no realizada*.

Pero lo que ocurra dependerá de los trabajadores, la *especie clave* del *sistema productivo*. El capitalismo ha generado el mayor impulso al *crecimiento económico*, el mayor desarrollo de las *fuerzas product*ivas, y establecido las *relaciones sociales* más avanzadas de la historia, sin resolver por ello los ya mencionados gravísimos problemas que dicho *progreso histórico* ha generado. Sin embargo, la *evolución* no se detiene aunque pueda ralentizarse hasta dar la impresión de retroceso. Porque lo mismo que si el cuerpo de un ave crece mucho termina no pudiendo volar, por lo que la *selección natural* hará que se *transforme* para la carrera (como ha ocurrido con las avestruces), así el crecimiento de las *fuerzas productivas* (**fp**) necesita para seguir desarrollándose *transformar* las *relaciones de producción* (**rp**), y con ellas el *sistema social* en su conjunto. La diferencia es que el *agente evolutivo* de las *especies* es la *selección natural*, sobre la que las aves no tienen nada que decir, mientras que el *agente evolutivo* y la *selección natural* de las *sociedades humanas* son sus mismos componentes. Unos pugnando por *conservar* el *sistema productivo*, otros luchando por *transformarlo*. Sin duda, la *tensión evolutiva* favorece la *transformación*, ya que tiene el *viento de cola* de la *Revolución Digital* y puede apoyarse en los mismos *cambios* que se generan en el *sistema*. Por contra, sus *agentes,* los trabajadores, deberán liberarse de la *subyugación ideológica* que garantiza, junto con el corpus *coercitivo*, la *supervivencia* del *sistema*.

No se trata de *convencer* (en realidad *convertir*) a los trabajadores de cuál es su inexorable *papel histórico*, al que estarían *obligados*, sino de plantear un *modelo alternativo* de *sistema socio-económico* donde la creación de riqueza sea *sostenible*, los recursos se usen *racionalmente*, y su distribución no dependa de la *propiedad*. Lo que supone un ardua labor de *praxis política* en el campo de la lucha *ideológica*, y particularmente contra la presunción de que *no hay alternativa* y solo es factible la *reforma* y *mejora* del *sistema*. Porque la *transformación* siempre comienza por la *liberación ideológica*. Por eso, reducir la *cultura* a un mero *reflejo* de las condiciones materiales es una manifestación de *idealismo invertido*, de *dualismo*, ya que todo lo *humano* es *cultural*, incluidas las *relaciones de producción* y las *fuerzas productivas*. No es que los *sepultureros* de Marx no sean conscientes de que lo son, sino que son sepultureros solo cuando *saben* que lo son. El *socialismo* será un bello sueño hasta que sus constructores, la *mayoría social trabajadora*, comprendan que existe una *alternativa,* y crean en su *posibilidad*. Como decía el Premio Nobel de Física, Richard Feynmann, *si no puedes hacer algo significa que en realidad no lo entiendes*. Lo entendemos, ¡hagámoslo!

NOTAS

[1] Principio propuesto por el filósofo inglés William Ockham

[2] Marcello Musto. La Marx-Engels-Gesamtausgabe (Mega[2]) y el redescubrimiento de Marx. Ver en: http://www.marcellomusto.org/index.php?option=com_tz_port folio&view=article&id=325:la-marx-engels-gesamtausgabe-mega-y-el-redescubrimiento-de-marx&catid=59&Itemid=169.

[3] De esto hablaré con mayor detalle en los siguientes capítulos. Baste por ahora añadir que *cambios* y *reformas* deben inscribirse en un proyecto factible de *futuro* partiendo de la realidad *presente*, y no de ensoñaciones *ideológicas*. Si no fuera así, los *cambios evolutivos* solo serían fruto de *cataclismos sociales*, como pensaban los revolucionarios del siglo pasado, para los cuales cualquier otro proceso que no fuera el derrocamiento radical y violento del capitalismo era una *ilusión* reformista, cuando no pura y simple *traición*. Ciertamente, las *catástrofes* pueden facilitar e impulsar la *evolución*, u orientarla en una dirección inesperada, como ocurrió con el meteorito que provocó el proceso de extinción de los dinosaurios, pero no son su causa. Por otra parte, los *cambios graduales* (en adelante *gradualismo revolucionario*) y las *reformas estructurales* no implican *necesariamente* un final *transformador*, como las *errores* genéticos no tienen por qué generar un cambio de *especie*. Por eso resulta tan importante que *cambios* y *reformas* se enmarquen *políticamente*, y tenga sentido *socialmente*, en una *estrategia revolucionaria de transformación socioeconómica* del capitalismo. Es decir, en un *horizonte socialista*.

[4] Karl Marx. El dieciocho Brumario de Luis Bonaparte. Alianza Editorial, 2009.

[5] Karl Marx y Friedrich Engels. Miseria de la Filosofía. Siglo XXI Editores, 1970.

[6] Karl Marx. Contribución a la Crítica de la Economía Política. Comares, 2004.

[7] Para los interesados en este y otros temas polémicos que irán apareciendo, ofrezco al final del libro una amplia bibliografía en español, donde he tenido el atrevimiento de citar otras obras mías donde expongo las mismas ideas aunque con objetivos distintos.

[8] Aunque ya para Hobbes la fuerza principal del proceso histórico era el *deseo de poder*, es en la filosofía de Friedrich Nietzsche donde la *voluntad de poder* se convierte en un con-

cepto fundamental de. Describe lo que él consideraba el motor principal del hombre: la ambición de lograr sus deseos, la demostración de fuerza que lo hace presentarse al mundo y estar en el lugar que siente que le corresponde. A su vez, Schopenhauer habla de *voluntad de vivir*, que puede interpretarse como el instinto de *supervivencia* biológico, o la *autorregulación* de los *sistemas complejos*. Yo la utilizo en el sentido de la realización (*praxis*) del proyecto *socialista* que satisfaga las *demandas* socioeconómicas de los trabajadores.

[9] El deseo de explicar los fenómenos sociales mediante un principio único, como había hecho Newton con los movimiento de los astros, adoptó la forma de una especie de *newtonismo político* que se extendió por Europa como la nueva ideología del *progreso* y *orden*, tomando a Inglaterra como ejemplo. Ver: Pablo Gonzáles Casanova. Las Nuevas Ciencias y las Humanidades. De la Academia a la Política. Anthropos, 2004.

[10] Rudolf Rocker. Nacionalismo y cultura. 1933. (https://es.theanarchistlibrary.org/library/rudolf-rocker-nacionalismo-y-cultura.pdf).

[11] Un ejemplo es el profesor de la universidad de Wisconsin (EE.UU.) Erik Olin Wright, y su libro Construyendo utopías reales, Akal, 2014.
Ver en: http://confluencia.network/marxismo/anticapitalismo-sxxi/

[12] La *desigualdad congénita* del capitalismo se explica también mediante el modelo *Sugarscape*, un programa informático desarrollado por Robert Axtell y Joshua Epstein, dentro de lo modelos computacionales basados en *agentes* (ABM), y utilizado en numerosos campos como cibernética, autómatas celulares, física aplicada a la dinámica de sistemas, la adaptabilidad y algoritmos genéticos de Holland, etc. En el ecosistema *Sugarscape* se combina la dinámica de agentes adaptables con un entorno de simulación basado en autómatas celulares. Aplicado a la simulación económica, muestra como cuando en un territorio la actividad económica (capacidad de negocio) es capaz de sostener una población mayor al tiempo que se modifica la distribución de riqueza hacia una mayor desigualdad. Es decir, la propia actividad económica hace que la riqueza tienda a concentrarse en pocas manos.

[13] Eric Hobsbawm. Cómo cambiar el mundo. Marx y el marxismo 1840-2011. Crítica, 2011.

[14] Heinz Dieterich. Bases del nuevo socialismo. Editorial 21 s.r.l., 2011.

[15] Término acuñado por el gobierno alemán para describir la fábrica inteligente, una visión de la fabricación informatizada con todos los procesos interconectados por el *Internet de las Cosas* (IOT). El desafío para la cuarta revolución industrial es el desarrollo de *software* y sistemas de análisis que convierten el diluvio de datos producidos por las fábricas inteligentes en información útil y valiosa. Es el equivalente a la Revolución Digital, pero haciendo hincapié en los aspectos productivos. Los 81 miembros del *Consejo Comunal* incluían obreros, artesanos, pequeños comerciantes, profesionales (médicos, abogados y periodistas), y un buen número de políticos de todas las tendencias republicanas: *republicanos reformistas, socialistas y marxistas, anarquistas, proudhonianos, blanquistas, jacobinos* nostálgicos de la Revolución francesa, e independientes. La legislación social aprobada por la Comuna era más reformista que revolucionaria, y se basaba fundamentalmente en demandas formuladas en los precedentes 20 años, y otras para atajar problemas derivados del *estado de sitio*, como la separación de Iglesia y Estado, ocupación por sociedades obreras de las fabricas abandonadas, consejos de guerra para imponer el orden, prohibición del trabajo nocturno en panaderías, enseñanza laica y gratuita, supresión de los alquileres de vivienda, topes a los precios del pan, etc.

[16] Quién más ha hecho hincapié en esta idea de *relación social* es Gramsci: *El Estado no es un sujeto racional (pocos lo creen hoy en día) ni una máquina preprogramada para servir habilidosamente y en todas las ocasiones a los intereses del capital. Es una relación social enmarañada en contradicciones, dilemas, tensiones y antagonismos. Precisamos de un análisis de sus puntos débiles, no tratarlo como algo «congelado» en el tiempo.* (Cuadernos de la cárcel. Casa Juan Pablo, 2009).

[17] Rosa Luxemburgo. La Revolución Rusa. Akal, 2017.

[18] Con la transformación de la *dictadura revolucionaria* de Lenin en *estalinismo*, el poder del PCUS se consideró la única forma, incluso modélica y obligatoria, de *dictadura del proletariado*, que así se sustraía a toda crítica. Del hecho de que en la Unión Soviética ni una sola cuestión política u organizativa se decidía sin las indicaciones directivas del partido, sacaba Stalin, ya en enero de 1926, la siguiente conclusión: *En este sentido, podría decirse que la dictadura del proletariado es, en el fondo, la "dictadura" de su vanguardia, la "dictadura" de su Partido, como fundamental fuerza dirigente del proletariado.* J. V. Stalin, Cuestiones del leninismo. Ediciones en Lenguas Extranjeras. Pekín, 1977.

[19] Eric Hobsbawm. Op. cit.

[20] La *Comuna de París* fue esencialmente la autoridad *municipal* que ejerció el poder en esa ciudad durante los dos primeros meses de la primavera de 1871. Se trataba de una reivindicación popular para que París tuviera un gobierno autónomo elegido por la población, como ya disfrutaban la mayor parte de las ciudades francesas. El pasado revolucionario de la capital francesa pesaba en la decisión del gobierno central, donde ya se escuchan gritos demandando la *république démocratique et sociale*.

[21] Eric Hobsbawm. Historia del Siglo XX. Crítica, 2012.

[22] Karl Marx. Op. cit.

[23] La *física social* tenía fuerte predicamento entre los pensadores del siglo XIX, influidos por la descripción mecanicista del mundo. John Stuart Mill (1806-1873) creía que los trabajos sobre estadística Quetelet abalaban su convicción de que la sociedad estaba regida por leyes tan absolutas que las de las ciencias naturales, aunque no tan fácilmente discernibles. Por su parte, Henry Thomas Buckle (1821-1862) era un firme partidario de una *física social* vinculada a las leyes deterministas que trascendían la intervención humana.

[24] Se puede tener una amplia visión de estos debates en: *La teoría marxista hoy. Problemas y perspectivas*. Compilado por Atilio A. Boron, Javier Amadeo y Sabrina González. Consejo Latinoamericano de Ciencias Sociales. CLACSO, 2006. (http://biblioteca.clacso.edu.ar/clacso/formacion-virtual/20100720062844/boron.pdf) donde un prestigioso elenco de catedráticos, profesores, investigadores, politólogos, sociólogos, filósofos, e historiadores, se embarcan en la aventura intelectual de retornar a Marx, y liberarle del lastre de asociaciones formuladas en su nombre. Noble empeño que aporta buenos argumentos sobre la rabiosa actualidad de Marx, particularmente en tiempos de crisis sistémica desatada en 2008, la mayor desde 1929, y que todavía padecemos.

[25] István Mészáros. El desafío y la carga del tiempo histórico: El Socialismo del siglo XXI. Vadell Hermanos Editores, 2009.

[26] Atilio A. Boron. La teoría marxista hoy. Op. cit.

[27] Según Oxfam Intermon, ocho personas poseen la misma riqueza que la mitad de la población mundial.

[28] La especie humana, como un actor interno de esta naturaleza, parece empeñada en demostrar que se basta ella sola para exterminar en las próximas décadas a un 50 % de toda biodi-

versidad planetaria actual. La biosfera tardará en recuperarse varios millones de años -normalmente, de dos a cinco tras una gran extinción-, un tiempo suficiente para que nuestra especie sea, entonces, un simple fósil más. Miguel A. Esteve Selma. Biodiversidad, crisis y complejidad. Ponencia en la IIIª Semana de filosofía de la región de Murcia (25-29 de enero de 1999) sobre Orden y Caos. Las ciencias de la complejidad.

[29] *No es la benevolencia del carnicero, el cervecero, o el panadero lo que nos procura nuestra cena, sino el cuidado que ponen ellos en su propio beneficio (....) al orientar esa actividad de manera de producir un valor máximo él busca sólo su propio beneficio, pero en este caso como en otros una mano invisible lo conduce a promover un objetivo que no entraba en sus propósitos. El que sea así no es necesariamente malo para la sociedad. Al perseguir su propio interés frecuentemente fomentará el de la sociedad mucho más eficazmente que si de hecho intentase fomentarlo.* Adam Smith. La riqueza de las naciones. Alianza Editorial, 2011.

[30] Según los datos recogidos por el suplemento *Ideas* del diario El País (31.12.16), elaborados a partir de distintas fuentes (Banco Mundial, OurWorldInData, UNESCO, UNICEF), la mortalidad infantil ha pasado del 18% en 1962, al 5% en 2102; la esperanza de vida era en 1950 de 48 años, y en 2015 de 71: la pobreza extrema se redujo del 64% en 1960, al 10% en 2012; el PIB mundial por habitante subió de 2.100 dólares en 1950, a 7.600 en 2008; y el porcentaje mundial de analfabetos se redujo del 78,59 en 1900, al 14 en 2014.

[31] Ver polémica con Vicenç Navarro en: http://blogs.publico.es/vicenc-navarro/2016/08/08/esta-el-estado-del-bienestar-muerto-critica-a-yanis-varoufakis/

[32] Se conoce en análisis económico como *óptimo de Pareto* el punto de equilibrio donde ninguno de los agentes afectados puede mejorar su situación sin reducir el bienestar de cualquier otro agente. Actualmente es cuestionado por numerosos economistas, como Amartya Sen, ya que ignora la *ética* y la *justicia*, que es lo que preocupaba a los primeros *liberales*.

[33] El economista y matemático francés de la Escuela de Lausana, Léon Walras (1834-1910) describió un teorico *equilibrio de mercado*, de amplia influencia durante gran parte del siglo XX. Su teoría se sustenta en una idílicas conductas comerciales, sin las cuales carece de sentido. Ver: León Walras. Elementos de economía política pura. Alianza Editorial, 1987.

[34] *Die Philosophen haben die Welt nur verschieden interpretiert; es kommt aber darauf an, sie zu verändern.* Las 11 tesis sobre Feuerbach se encuentran en el Cuaderno de notas que Marx escribió en los años 1844-1847. Su redacción final, con algunos cambios para hacerlas más comprensibles, es obra de Engels. El título se debe al Instituto de Marxismo-Leninismo. Fueron los editores soviéticos quienes le dieron el título Tesis sobre Feuerbach. Fueron traducidas al español por Wenceslao Roces.

[35] Entre los que resaltan el lado *bueno,* pese a denunciar el peligro de la *desigualdad,* se encuentra el serbio-americano Branko Milanovic, ex director económico del departamento de investigación del Banco Mundial, y autor del libro Los que tienen y los que no tienen (Alianza Editorial, 2012). En su opinión *la desigualdad aumenta porque los ricos tienen más sin que esto -y por primera vez en la historia de la humanidad suponga que los pobres tengan menos.* Otros *relativizan* la *desigualdad,* como el escritor sueco Johan Norberg, autor de En defensa del capitalismo global (Unión Editorial, 2005), cuyo título lo dice todo. En su opinión, *la desigualdad se suele medir sólo en dinero, pero hay más ángulos. Bill Gates es diez millones de veces más rico que tú, ¿pero su vida es diez millones de veces mejor que la tuya? No lo creo. Sí, tiene un avión privado, pero probablemente use el mismo móvil que tú y el mismo ordenador que tú. y seguramente no vivirá 30 años más que tú y no tiene un 99% menos de probabilidades que tú de que sus hijos mueran antes de los 5 años. En cosas no económicas es posible que haya más igualdad. Por ejemplo en educación o acceso sanitario.* Y remata el argumento el popular científico cognitivo canadiense Steven Pinker: *La desigualdad económica no es un problema fundamental; la pobreza lo es. Si las personas están más sanas, bien alimentadas, y disfrutan sus vidas, no importa cómo de grande sea la casa de J. K Rowling.* (Citado en el suplemento Ideas del diario El País, 31.12.16). Quién no se consuela es porque no quiere.

[36] Ver: Carlos Marx. Cuadernos de París (Notas de lectura de 1844). Ediciones Era, 1980; también, Karl Marx, Friedrich Engels. La Ideología Alemana. Grijalbo, 1974.

[37] Karl Marx, Friedrich Engels. El Manifiesto Comunista. Nórdica, 2012.

[38] Sobre la *voluntad de poder,* ver nota 5 al texto de la Introducción.

[39] En la *Utopía* de Tomás Moro la propiedad privada no existe; los habitantes habitan en casas iguales, que intercambian cada diez años para que no arraigue toda idea de propiedad; visten igual, con ropa sencilla; todos trabajan -solo lo suficiente- y reciben una educación que promueve la igualdad y justicia. Lo contrario que la *republica* de Platón, una *utopía* para aristócratas de filósofos-gobernantes de vida sencilla que no conocen la propiedad privada, y donde la masa vive en un estado totalitario, aunque benevolente.

[40] De origen romano, con el término *proletario* (del latín *proles*, descendencia) se designaba a los ciudadanos de clase baja que tenían numerosos hijos. Con parecida significación se utilizó en el siglo XVII, hasta la Revolución Francesa, donde adquirió connotaciones políticas. El concepto moderno de *proletario* vendría de la mano de Saint-Simon, pero sobre todo de Louis A. Blanqui. Para este revolucionario el *proletariado* es tanto un trabajador pobre, como el trabajador que se enfrenta al capitalista.

[41] Un análisis detallado de todo esto puede verse en el esclarecedor libro de Terry Eagleton, Por qué Marx tenía razón. Península, 2015.

[42] Como señala Marcello Musto, *El valor de su pensamiento ha sido reafirmado por muchos y sus escritos están siendo desempolvados en las bibliotecas de Europa, Estados Unidos y Japón. Uno de los ejemplos más importantes de este redescubrimiento es precisamente la continuación de la MEGA2. El proyecto completo, en el cual participan académicos de varias competencias disciplinarias de muchos países, se articula en cuatro secciones: la primera incluye todas las obras, artículos y borradores excluyendo el Capital; la segunda incluye el Capital y sus estudios preliminares a partir de 1857; la tercera está dedicada a la correspondencia; mientras que la cuarta incluye extractos, anotaciones y comentarios al margen. De los 114 volúmenes contemplados, ya se han publicado 53 (13 a partir del recomienzo en 1998), cada uno de los cuales consiste de 2 libros: el texto más el aparato crítico, el cual contiene los índices y muchas notas adicionales. 1 Esta empresa tiene gran importancia cuando se considera que una gran parte de los manuscritos de Marx, de su voluminosa correspondencia e inmensa montaña de extractos y anotaciones que acostumbraba a hacer mientras leía, nunca se han publicado.* (Se puede encontrar información más detallada sobre la MEGA2 en www.bbaw.de/vs/mega.) Marcello Musto (coord.)

Tras las huellas de un fantasma. La obra de Karl Marx entre la filología y la filosofía. Siglo XXI, 2011.

[43] Atilio A. Boron. Op. cit.

[44] El atractivo de las políticas del laissez faire viene de lejos. Décadas antes de la publicación de La riqueza de las naciones, Charles Davenant afirmó: *El Comercio es libre por Naturaleza, encuentra su propia Vía y escoge mejor que nadie su propio rumbo*. Metáfora hidrodinámica en la que subyace la idea de que los precios alcanzan su nivel óptimo por sí solos. Aunque opinaba que la actividad comercial no debía peder de vista la justicia más elemental, Adam Smith afirmó: *con frecuencia, debemos cumplir con las leyes de la justicia quedándonos quietos sin hacer nada*. Para el conservador Edmund Burke, toda *regulación* comercial era *absurda, bárbara y, en realidad, malvada*. Citado por Philip Ball. Masa crítica: cambio, caos y complejidad. Turner, 2008.

[45] El capitalismo padece una especie de *trastorno obsesivo-compulsivo* (TOC) que le impulsa a incrementar continuamente el *beneficio*, lo que promueve a su vez la *innovación* y el *crecimiento*, bien de forma *legal* mediante la competencia, bien convirtiéndose en delincuente si no lo consigue por las vías del mercado (*corrupción*). El psiquiatría Jeffrey Schwartz, de la Universidad de California, explica el caso del paciente que se lavaba las manos continuamente: la *corteza orbitofrontal* reconoce que las manos están sucias; el *núcleo caudado* interviene y comienza automáticamente a lavarse las manos; a continuación, la *corteza cingulada,* en vez de registrar un estado de *satisfacción* porque las manos están limpias, sigue informando de que siguen sucias. La *evolución* ha proporcionado estos *bucles de retroalimentación* que nos permite mantenernos limpios, sanos y socialmente *conectados*.

[46] El gran economista Willian Brian Arthur (que inicialmente estudió ingeniería eléctrica) ha derrumbado el mito de la sacrosanta teoría del *equilibrio*, incluyendo en el ámbito de la economía la *complejidad* que, en general, se deja fuera del análisis tradicional. Por ejemplo, la *heterogeneidad* de los agentes económicos (sean éstos consumidores, familias o empresas) y la reacción de dichos agentes al *contexto* agregado determinado por sus propias acciones. Dicha *complejidad* es fundamental en los análisis del Agent-Based Models (ABM). Que el capitalismo está guiado por la *irracionalidad* no es una afirmación *ideológica* sino un hecho *empírico*. Aunque psde a ello, lo cierto es que ha sabido, al menos hasta ahora, desempeñar eficazmente su tarea, aunque a costa de grandes sufri-

mientos humanos y del inevitable despilfarro de riqueza priducida.

[47] Los *fisiócratas* ya habían descubierto la existencia de un *superávit económico*, que interpretaban como rendimiento del factor de producción *suelo*, que le corresponde al propietario como *riqueza que él no ha comprado y que vende*, en la formulación del político y economista francés, Turgot (1727-1781), fundador de dicha escuela.

[48] *... el valor de un artículo, o sea la cantidad de cualquier otro artículo por la cual pueda cambiarse, depende de la cantidad relativa de trabajo que se necesita para su producción.* David Ricardo. Principios de economía política y tributación. Pirámide, 2003.

[49] Marx considera este *superávit* como rendimiento del factor *trabajo*, cuyo producto debe ser más mayor que su necesidad de reproducción. Esta idea fundamental es válida tanto para las *relaciones de producción* capitalistas, como para futura sociedad socialista, pues la diferencia en las *relaciones de producción* reside en la *propiedad* sobre el capital, y, por tanto, únicamente en la apropiación y disposición de la *plusvalía*. Marx destaca que bajo las *relaciones de producción* capitalistas, el trabajo se convierte en *mercancía*, ofrecida en el *mercado libre*, y comprada por el capitalista por su *valor* correspondiente (la cantidad de bienes vitales necesarios para la conservación y reproducción del trabajo). Así, el capitalista paga el *valor de intercambio* (precio) de la fuerza laboral, pero se queda con su *valor de uso*, que generará la *plusvalía*. A parte de esto, Marx distingue entre *plusvalía absoluta* (alargamiento de la jornada laboral, manteniendo igual el trabajo necesario) y *relativa* (reducción del número de horas necesario para la creación del producto). Esas ideas y conceptos los plasmó en numerosos escritos, pero fundamentalmente en El Capital, en la Historia crítica de la teoría de la plusvalía (Fondo de Cultura Económica, 1945), y en los cuadernos II y III de los *Grundrisse*.

[50] *Los salarios corrientes dependen en todos los lugares del contrato que se establece normalmente entre dos partes, cuyos intereses en modo alguno son coincidentes. Los trabajadores desean conseguir tanto, y los patronos entregar tan poco, como sea posible. Los primeros están dispuestos a asociarse para elevar los salarios, y los segundos para disminuirlos.*
No resulta, empero, difícil prever cuál de las dos partes se impondrá habitualmente en la puja, y forzará a la otra a aceptar sus condiciones. Los patronos, al ser menos, pueden asociarse

con más facilidad; y la ley, además, autoriza o al menos no prohíbe sus asociaciones, pero sí prohíbe las de los trabajadores. No tenemos leyes del Parlamento contra las uniones que pretendan rebajar el precio del trabajo; pero hay muchas contra las uniones que aspiran a subirlo. Además, en todos estos conflictos los patronos pueden resistir durante mucho más tiempo.

...... Pero aunque en los conflictos con sus obreros los patronos llevan generalmente ventaja, existe una tasa determinada por debajo de la cual es imposible reducir durante mucho tiempo los salarios normales incluso de los tipos de trabajo más modestos. Adam Smith. Op. cit.

[51] Como señala Sergio Sainz en Expansión (26.12.16), esta propuesta augura que, en unos años, la inteligencia artificial será tan popular en las empresas que se habrán destruido miles de puestos de trabajo. Su objetivo no es tanto proteger estos empleos como garantizar el sistema de bienestar sobre el que se ha construido gran parte de la sociedad europea, y que podría ponerse en riesgo con una caída pronunciada de la recaudación. Desde los sindicatos se aplaude esta idea, mientras que David Ruiz de Olano, director de programas de Deusto Business School, considera que el debate parte de una premisa equivocada. *Los robots no quitan empleo; el hecho de intentar que paguen a la Seguridad Social para reemplazar la cotización de las personas a las que sustituyen es una hipótesis que no está demostrada.* En su opinión, simplemente se trata de un cambio de roles que ya se vivió, por ejemplo, durante la revolución industrial. Las máquinas asumen labores que antes hacían las personas, pero surgen otros puestos: ¿quién desarrolla, mantiene o programa un robot?. En opinión de Gayle Allard, economista de IE Business School, *la mecanización creciente tendrá tres consecuencias: mayor desigualdad, porque la cuota del trabajo en la producción se reduce frente a la del capital y porque los nuevos trabajos, si se encuentran, serán de menores sueldos y más precarios; menor crecimiento, porque la clase media tendrá menos para gastar; y menor recaudación.*

[52] La influencia de Keynes en la política económica *socialdemócrata* ha sido fundamental. Como es sabido, durante una depresión como la que siguió al *crack* de 1929, Keynes defendió la necesidad de que los gobiernos inyectaran dinero en la economía para estimularla y devolverla a la fase de crecimiento. Keynes temía que, abandonado a su suerte, el sistema económico pudiera entrar en una espiral de recesión que acabaría

por *congelarlo*. Para un análisis de las *complejidades* de la política keynesiana, ver: Paul Krugman. Vendiendo prosperidad. Ariel, 2013.

[53] El término *dialéctica* procede del griego *dialektiké*, que significa *conversación*, en la antigüedad se entendía por el método, o técnica, para el debate filosófico. Es el utilizado por Sócrates en los *Diálogos* de Platón, quién lo analiza particularmente en *Gorgias*. Heráclito de Éfeso es el primero en afirmar que el fundamento de todo está en el cambio incesante. Es célebre su aforismo: *En los mismos ríos entramos y no entramos, pues somos y no somos los mismos*, que Platón, en *Crátilo*, transcribe por el más conocido *no se puede entrar dos veces en el mismo río*.

[54] Ver: Friedrich Engels. Dialéctica de la naturaleza. Grijalbo, 1961.

[55] Karl Marx. El Capital. Tomo I. Siglo XXI, 1998.

[56] La física cuántica ha desterrado la imagen *clásica* del átomo como un pequeño núcleo esférico con una radio de una billonésima de centímetro, rodeado por una nube de electrones situados en capas concéntricas a éste con un radio diez mil veces mayor. Los interesados en el tema cuentan con una buena aproximación: Alberto Clemente de la Torre. Física cuántica para filósofos. Fondo de Cultura Económica de España, 2008.

[57] Carta a Engels del 19 de diciembre de 1860. Posteriormente, el 16 de enero de 1861, escribe a Lassalle: *El libro de Darwin es muy importante y me conviene como base de la lucha histórica de clases*. Sin embargo, Engels, siguiendo una crítica posterior de Marx, en su obra *Dialéctica de la naturaleza*, comenzada en 1875, cuatro años después de la publicación de *El origen del hombre*, escribe: *Toda la teoría darwiniana de la lucha por la existencia es simplemente la transferencia, de la sociedad a la naturaleza viva, de la teoría de Hobbes sobre la guerra de todos contra todos y de lu teoría burguesa de la competencia así como de la teoría de la población de Malthus. Una vez realizado esta hazaña (de la que la legitimidad absoluta, en particular en lo que concierne a la doctrina de Malthus, es problemática), es muy fácil transferir de nuevo estas teorías de la historia de la naturaleza a la de la sociedad; y es demasiado ingenuo pretender haber probado de esa forma que esas afirmaciones son leyes naturales de la sociedad*. Con parecidas palabras se expresa en una carta a Lavrov de 12 del noviembre de 1875. Sin duda, el *hegelianismo inverso* de Marx y Engels les impidió comprender la trascendencia

científica de la teoría evolucionista de Darwin, aunque estaban en lo cierto al advertir los riesgos de una trasposición *mecánica* a la sociedad, lo que posteriormente se conocería como *darwinismo social* (Herbert Spencer), de funestas consecuencias.

[58] Karl Marx. Op. cit.

[59] Marilena Chaui. La historia en el pensamiento de Marx. La teoría marxista hoy. Op. cit.

[60] Karl Marx. Contribución a la Crítica de la Economía Política. Comares, 2004.

[61] Una amena e instructiva visión del comercio en la historia puede verse en: Michael Cook. Una breve historia de la humanidad. Antoni Bosch, 2012.

[62] Zygmunt Bauman. Tiempos líquidos. Tusquets, 2008.

[63] Yuval Noah Harari. De animales a dioses (*Sapiens*): una breve historia de la humanidad. Debate, 2015.

[64] Sobre estas cuestiones y otras referidas al pensamiento de Marx, el filósofo y profesor emérito de la Universidad de Sao Paul, Ruy Fausto, polemizó con Castoriades, quien achaca a Marx no superar el racionalismo objetivo de Hegel. Ver: Ruy Fausto. Marx. Lógica e Política. Editora 34, 2002.

[65] Terry Eagleton. Por qué Marx tenía razón. Península, 2015. Para conocer el pensamiento y su aportación a la crítica literaria, ver: Terry Eagleton. A Contrapelo. Nueva Visión, 2013.

[66] Karl Marx. Prólogo de 1859 a la Contribución a la crítica de la economía política. Op. cit.

[67] Karl Marx. La Sagrada Familia. Akal, 1981.

[68] Alan Sokal & Jean Bricmont. Imposturas intelectuales. Paidós, 1999.

[69] Las ecuaciones diferenciales describen la evolución temporal considerando el tiempo como una variable continua. Los interesados cuentan con abundante bibliografía, aunque generalmente esta en inglés y resulta altamente especializada. Desde un punto de vista divulgativo pueden consultar: Philip Ball. Masa critica cambio, caos y complejidad. Turner, 2008; Ricard V. Solé y Susanna C. Manrubia. Orden y caos en *sistemas complejos*. ediciones UPC, 1993; I. Peterson. El reloj de Newton. Caos en el Sistema Solar. Alianza Editorial, 1995; Isaac Schifter. La ciencia del caos. fondo de Cultura Económica, 2008; Roger Lewin. Complejidad: el caos como generador del orden. Tusquets, 1995; Carlos Eduardo Maldonado y Nel-

son Alfonso Gómez Cruz. El mundo de las ciencias de la complejidad. Editorial Universidad del Rosario (Bogotá), 2011 y Complejidad: revolución científica y teoría. Editorial Universidad del Rosario (Bogotá), 2009: Eduardo Forero Lloreda. Derivas de complejidad. Ciencias sociales y tecnologías convergentes. Editorial Universidad del Rosario (Bogotá), 2013; Sotolongo Codina y Delgado Díaz. La revolución contemporánea del saber y la complejidad social. Hacia unas ciencias sociales de nuevo tipo. Colección Campus Virtual de CLACSO, 2006.

[70] El concepto de *emergencia* fue introducido por primera vez por G. H. Lewes en 1875, y sirve para explicar todos aquellos procesos, relaciones e influencias en los que no existe ninguna conexión directa entre *causa* y *efecto*, y el efecto es perfectamente imprevisible y no se corresponde, uno a uno, con los elementos contenidos en, o explicados por, la *causa*, con lo cual el *efecto* resulta mayor o cualitativamente distinto a la(s) causa(s). De esta manera, el principio de *causalidad* que era el factor de explicación universal queda reducido, en el marco de la *complejidad*, a una razón explicativa tan solo a nivel local. Para fenómenos y *sistemas* en la escala macro se necesita recurrir al concepto de *emergencia*. Como señala John Henry Holland (1929-2015) en su obra *Emergence*, el concepto de *emergencia* sirve para explicar por qué de poco surge mucho y lo mucho no es reducible a los elementos que entran en la causa o que actúan como *input* en el proceso mismo.

[71] Un cristal de azúcar que procede de una solución concentrada de azúcar forma un cristal precioso y ordenado a partir de algo que está desordenado. Un experimento muy interesante de auto-ensamblaje es uno en el que tomamos unas bolitas, dos tipos distintos de polímeros, unas bolitas rojas, y otras bolitas azules. Las agitamos y cristalizan. Se auto-ensamblan formando un retículo regular. Lo mismo cabría decir de las replicas de ADN. Una de estas estructuras complejas sería, por ejemplo, el ribosoma, orgánulo intracelular construido por dos tipos de macromoléculas que son los ácidos nucleicos y las proteínas, su formación se realiza de manera automática al acoplarse sus elementos constituyentes.

[72] Como señala Philip Ball, *los físicos llevan más de un siglo lidiando con sistemas en los que interactúan muchas partículas. Sería un error suponer que esas herramientas se pueden trasladar directamente a la economía. Pero, de igual modo, sería sorprendente que algunos fenómenos ya bien comprendidos de la física no estuvieran presentes de alguna forma en*

la economía (Masa crítica: cambio, caos y complejidad). Pero la cuestión no es *trasladar*, sino *descubrir* las *emergencias* de cada *sistema*, partiendo de que, como todo en la naturaleza, hay una leyes básicas, que es precisamente lo que permite hablar de *sistemas dinámicos no-lineales* tanto en física como en bología, economia, política, cultura, etc.

[73] Engels, Carta a José Bloch en: C. Marx & F. Engels, Obras Escogidas, tomo III. Progreso, 1974

[74] Los *sistemas abiertos* son aquellos que requieren de una *entrada* para que los elementos internos *interactúen* entre si, para así lograr una *salida* que podría de igual forma ser la *entrada* para otro *sistema*.

[75] La *autorregulación* es una propiedad de los *sistemas complejos* que generan *sintropía* (entropía negativa o negantropía) a partir de la actuación del *caos* mediante mecanismos *homeostáticos* y sus procesos de *retroalimentación* y *control*. Esta capacidad de *autorregulación* asegura la supervivencia en el *caos*, generando mecanismos de defensa (*homeostasis*) que permite superar las contingencias creadas por la pérdida de *orden* en el sistema, como ocurre el cuerpo humano y sus respuestas *adaptativas* para mantener la salud.

[76] Si un *sistema caótico* está en la parte de su *fase espacial* donde las condiciones iniciales son críticas, entonces la *incertidumbre* para determinar las condiciones iniciales hacen posible un gran número de resultados. Si un *sistema caótico* está en su zona de *espacio de fase* en la cual las condiciones iniciales no son críticas, entonces es posible que ocurra un sólo resultado (*predicción*).

[77] El capitalismo no tiene un sentido o propósito *teleológico*, mas allá de *acumular* capital y ocupar todos los *nichos* de negocio. Pero los componentes del *sistema productivo* si lo tienen, en función del lugar que ocupan en el sistema: los *empresarios* la obtención del máximo *beneficio* a su inversión de capital; los *trabajadores* conseguir la mayor proporción de la riqueza generada con su trabajo mediante el aumento del *salario*. Ambos objetivos son parte del mecanismo *funcional* del sistema. La puesta en cuestión del *mecanismo* surge cuando, tras sucesivas *crisis*, finalmente los *asalariados* comprenden y asumen que se puede *transformar* el *sistema productivo*. Y no solo para hacerlo mas *justo* socialmente, sino más *eficiente*, eliminando las *causas sistémicas* de las *crisis* y de la incapacidad *congénita* del capitalismo para satisfacer las demandas que el miso genera.

[78] El astrónomo británico Arthur Eddington describió la *flecha del tiempo* como un «*movimiento*» del tiempo *asimétrico* en la *evolución* de nuestro universo, desde el *Big Bang* hasta su teórico final. Como señala Ilya Prigogine, en El desorden creador, *la flecha del tiempo es, simultáneamente, el elemento común del universo y el factor de distinción entre lo estable y lo inestable, entre lo organizado y el caos.*
Ver:
www.ugr.es/~pgomez/archi/{Prigogine/Prigogine_desorden_c reador.htm

[79] El *principio de superposición* establece que cuando causa y efecto están relacionados linealmente, entonces el efecto total (de las causas actuando conjuntamente) es igual a la suma de los efectos de cada causa actuando individualmente. Existen muchas situaciones en la vida cotidiana como lanzar un balón a canasta, chutar a puerta, o dar un salto, que pueden explicarse como la combinación de varios movimientos, y se resuelven aplicando el *principio de superposición*. El comportamiento *individual* agregado, basado en la *superposición* individuo-comunidad, es la sociabilidad de los sistemas sociales humanos, lo que posibilita la *comunidad.*

[80] El termino proviene del proverbio chino *el aleteo de las alas de una mariposa se puede sentir al otro lado del mundo*. Tomada al pie de la letra, esta afirmación es exagerada, lo mismo que la divertida serie *causal* de una canción popular inglesa: *Por un clavo se perdió una herradura, por una herradura, se perdió un caballo, por un caballo, se perdió una batalla, por una batalla, se perdió el Reino.* También hace referencia al diagrama de la trayectoria del sistema de Lorenz, que recuerda las alas de una mariposa. Ver fig. 1

[81] Una buena exposición del tema es la de Antonio Escohotado. Caos y Orden. Espasa, 2000.

[82] Henri Poincaré. Ciencia y método. Espasa Calpe, 1946.

[83] Ver: N. Katherine Hayles. La evolución del Caos: el orden dentro del desorden en las ciencias contemporáneas. Gedisa, 2009; y Georges Balandier. El desorden. La teoría del caos y las ciencias sociales. Gedisa, 1993.

[84] Las *estructuras disipativas* explican que los diversos *sistemas* naturales, biológicos y humanos (*supersistema*), intercambian energía, recursos o informaciones, lo que da origen a la *entropía*, que en lugar de degenerar o perderse, es aprovechada por algunos sistemas para *transformarse*, lo cual puede dar origen a nuevos *sistemas*.

[85] *Atractor* es el término técnico para la figura o trayectoria básica del estado final al que tiende los *sistemas dinámicos*. Pueden ser *simples o clásicos*, cuando las trayectorias convergen en un punto fijo *(estado estacionario)* como una canica en un embudo: acabará siempre en el agujero, independientemente de la pared del embudo donde se haya colocado inicialmente; y *extraños* característicos de los *sistemas no-lineales*. Los *atractores extraños* son curvas infinitas que nunca se interceptan dentro de un área finita o volumen. Si un sistema es *caótico*, entonces tendrá *atractores extraños* y su mapa tendrá características *fractales*. Si las dimensiones del *atractor* no son un número entero, el sistema es *caótico*.

[86] Karl Marx. El dieciocho Brumario de Luis Bonaparte. Op. cit.

[87] Como denuncian numerosos analistas y economistas, entre otros Epstein y Axtell, autores de *Sugarscape*, el modelo computacional a gran escala basado en agentes para explorar el papel de fenómenos sociales, la ilusión de que le mercado tiene *poderes milagrosos* que hacen innecesaria la intervención estatal, es algo que no solo afecta a los economista *ultra liberales*, sino que es también, por desgracia, *una posición que se promulga con frecuencia en los círculos políticos, especialmente cuando no existe ninguna evidencia econométrica o de otro tipo en la cual basar la toma de decisiones*.

[88] Es uno de los siete principios de la *complejidad* propuesto por el filosofo y sociólogo Edgar Morin: *la causa actúa sobre el efecto y el efecto sobre la causa, como en un sistema de calefacción en el que el termostato regula el trabajo de la caldera*.

[89] El término fue creado por sociólogo alemán Werner Sombart, y popularizado por el economista austriaco Joseph Alois Schumpeter en su libro Capitalismo, socialismo y democracia. Ediciones Folio, 1984.

[90] Esa es la fantasía de la *predicibilidad* en economía, que una formula matemática y un algoritmo puedean realizar. Sin embargo, el futuro comportamiento de los mercados va a depender, en gran medida, de factores *inconmensurables*, como lo que operadores e inversores operadores piensen que va a suceder. A su vez, el mero hecho de predecirlo modificará el futuro comportamiento de los mercados, de manera que la *predicibilidad* puede actuar como lo hacen las profecías *autocumplidas*.

[91] Gracias al desarrollo de los *sistemas computacionales* ya disponemos de sistemas de procesamiento de información, conformados por múltiples agentes que resuelven problemas colectivos, y que pueden tomar decisiones. A su vez, avances

en los llamados *sistemas multiagentes* (MAS, por sus siglas en inglés) permiten contemplar la modelación de los procesos *decisorios* que incluyan componentes *emotivos*. Es decir, la *planificación democrática* es técnicamente posible. Puede verse una didáctica Introducción a los sistemas multiagente en: www.infor.uva.es/~cllamas/MAS/MAS.pdf.
También: Antonio Aguilera Ontiveros, Adolfo López Paredes. Modelado Multiagente de Sistemas Socioeconómicos. El Colegio de San Luis, 2001.

[92] En aquellos días dijo Jesús esta parábola: *Era un hombre rico que vestía de púrpura y lino, y celebraba todos los días espléndidas fiestas. Y uno pobre, llamado Lázaro, que, echado junto a su portal, cubierto de llagas, deseaba hartarse de lo que caía de la mesa del rico...* (Lucas 16, 19-31)

[93] *La negación de la producción capitalista se produce por sí misma, con la necesidad de un proceso natural. Es la negación de la negación.* Karl Marx. El Capital, Tomo I. Siglo XXI, 1975.

[94] Citado por Philip Ball en Masa crítica, cambio, caos y complejidad. Turner, 2008.

[95] La política de *clase contra clase* fue adoptada por la Internacional Comunista (IC, o Comintern) en su VI Congreso (julio-agosto de 1928), en sustitución del *frente único*, postulado desde 1921, que abría la posibilidad a los comunistas de establecer acuerdos con otras fuerzas obreras o de izquierda para objetivos definidos de lucha, bajo el presupuesto de que a través de ella se lograría *desenmascarar* a las dirigencias reformistas y enfrentarlos con sus bases. La orientación de *clase contra clase* se basa en el supuesto *catastrofista* de la inminente caída del capitalismo mundial. De ahí el repudio a todo compromiso con otras corrientes políticas, como la socialdemocracia. Se anulaban las diferencias entre dictadura y democracia burguesa, y sólo se reconocía la existencia de dos campos políticos excluyentes: fascismo versus comunismo. Los socialistas, desde ese entonces, fueron etiquetados como *socialfascistas*, el principal enemigo de la clase trabajadora contra el que debía dirigirse el golpe principal. Se mantuvo hasta que en el VII Congreso de la Comintern (1935) fue sustituida por el *frente popular*. Puede verse: Milos Hájek. Historia de la Tercera Internacional. Crítica, 1984.

[96] Karl Marx. Contribución a la Crítica de la Economía Política. Comares, 2004.

[97] Sobre el término *determinar*, Atilio A. Boron hace la siguiente precisión: *este pasaje de Marx fue tomado de una traducción al español de un texto originalmente escrito en alemán, y a partir del cual se "certificaría" científicamente el carácter determinista del marxismo, con las pruebas que ofrecería la utilización de un verbo, bedingen, torpemente traducido –por razones varias y acerca de las cuales es preferible no abundar– como "determinar". Sin embargo, de acuerdo con el Diccionario Langenscheidts Alemán-Español, el verbo bedingen tiene un significado muy preciso: "condicionar", aun cuando admite también otras acepciones como "requerir", "presuponer" e "implicar". La palabra bestimmen, en cambio, es un verbo cuya traducción exacta es "determinar", "decidir" o "disponer". Lo cierto es que en el famoso pasaje del "Prólogo", Marx utilizó el primer vocablo, bedingen, y no el segundo, pese a lo cual la crítica tradicional al supuesto "reduccionismo economicista" de Marx ha insistido en subrayar la afinidad del pensamiento teórico de Marx con una palabra, "determinar, " que este prefirió omitir utilizando otra, "condicionar", en su lugar.* Atilio A. Bopron. La falacia del determinismo economicista, en Por el necesario (y demorado) retorno al marxismo. La teoría marxista hoy. Problemas y perspectivas. Compilado por Atilio A. Boron ; Javier Amadeo y Sabrina González. CLACSO, 2006.

[98] György Lukács. Historia y conciencia de clase. Editorial Ciencias Sociales, 1970. Ver también: György Lukács. Marx, Ontología Del Ser Social. Akal, 2007.

[99] Edgardo Lander. Contribución a la crítica del marxismo realmente existente: verdad, ciencia y tecnología. Fundación Editorial el perro y la rana, 2008, y en artículo *Marxismo, eurocentrismo y colonialismo*.

[100] Hayek, en su libro *Camino de servidumbre* (Alianza Editorial, 2015), escribe: … *la seguridad de un ingreso mínimo y la seguridad de aquel ingreso concreto que se supone merecido por una persona. (...) No hay motivo para que una sociedad que ha alcanzado un nivel general de riqueza como el de la nuestra, no pueda garantizar a todos esa primera clase de seguridad sin poner en peligro la libertad general*

[101] Una de las propuestas estrella del *Adam Smith Institute* es crear, y cito literalmente, *un impuesto a la renta negativo o ingreso básico para reemplazar la mayoría de las formas existentes de bienestar*. La finalidad del INR es pagar subsidios a los hogares pobres con el objetivo de incrementar sus limitados ingresos, eliminando o reduciendo a diferencia entre la

renta de las familias pobres, o *gap*, pero teniendo en cuenta el impuesto sobre la renta personal. Si un contribuyente tiene un ingreso por debajo del punto de mínimo exento, dentro de la tarifa de impuestos que le sea aplicable, obtendrá un subsidio. Si, por el contrario, sus ingresos están por encima del mínimo exento continuará pagando el Impuesto. En cuanto a la idea de una Renta Básica (RB) es muy antigua, y ha tenido diversos padrinos (More, Vives, Paine, Fourier, Friedman, Samuelson, Galbraith y Tobin). En 1889, el fundador de la escuela solidaria, León Bourgeois, (1851-1925), premio Nobel de la Paz en 1920, justifica la creación de *un salario mínimo existencial en la necesidad de corregir la injusticia de un sistema social que a unos les facilita ventajas y a otros el peso de unos perjuicios de los que tampoco son responsables*. Analizo con más detalle esta cuestión en: Carlos Tuya. Pensar el socialismo. Amazon, 2016.

Ver también la interesante polémica entre Ferguson y Livingston, con motivo del artículo de éste último *A la mierda el trabajo*: http://ctxt.es/es/20170118/Politica/10714/Trabajo-renta-basica-robots-empleo-ocio-estado-Scott-Ferguson.htm

[102] Los *ciclos* y su periodicidad es un tema polémico, más allá de las evidencias empíricas. Joseph Schumpeter habla de *ciclos de Kitchin*, *ciclos de Juglar*, *ciclos de Kuznets* y *Kondratieff*, estos últimos *olas* de entre 50 y 60 años, correspondientes a las distintas etapas del desarrollo capitalista. Lo cierto es que los *ciclos* existen pero no tiene una periodicidad fija, ya que dependen de numerosas variables, cuyos efectos son impredecibles. En una palabra, no son *ciclos naturales*, nada lo es en los sistemas sociales, como las estaciones del año, vinculadas al movimiento de la tierra y su satélite.

[103] Ver: Thomas Piketty. El Capital del Siglo XXI. Fondo de Cultura Económica, 2014; Anthony B. Atkinson. Desigualdad, ¿qué podemos hacer?. Fondo de Cultura Económica, 2016; Joseph Stiglitz. El precio de la desigualdad. Taurus, 2011; Joseph Stiglitz. La gran brecha: qué hacer con las sociedades desiguales. 2015; Amartya Sen, A. Nuevo examen de la desigualdad, Alianza Economía, 2011.

[104] Los *sistemas complejos no-lineales* y fuertemente *interactivos*, suelen *evolucionar* de modo natural hacia un *estado crítico* donde un pequeño cambio o aumento de la actividad puede desencadenar *inestabilidad y caos*, como ocurre con la formación de un montón de arena: un grano más puede desencadenar *avalanchas*. Cuando un grano empieza a caer, tropieza con otros, lo que puede darda origen una reacción en cadena. No

necesariamente, porque el proceso puede perder impulso, pero también continuar propagándose hasta que la ladera se precipita en una avalancha *catastrófica*. No es posible prever cuando un gramo más puede desencadenar la avalancha, o se deslizará suavemente. La simulación en ordenador, basada en un estudio matemático de Bak, Tang y Wiesenfeld, demuestra que las avalanchas se rigen por la *ley de potencias*. Por otra parte, el estado *crítico* que da orige a la avalancha se *autorregula* en un proceso *cíclico*, salvo que siga el camino para *transformarse* en un *sistema estable* distinto. Es lo que ocurre en los *sistemas socioeconómicos*, cuando la *crisis sistémica* alcanza el punto de *bifurcación* entre *conservación-reforma* o *reforma transformación*. La gran sensibilidad del *punto crítico* hace que el *sistema* se vuelva extraordinariamente sensible a las *fluctuaciones* aleatorias. Cualquier incidente puede desencadenar un desenlace imprevisto, como el suicidio en Tunez del joven vendedor ambulante Mohamed Bouazizi, tras la humillante actuación policial, confiscando su puesto de frutas, que desencadenó la revolución. Por supuesto, la causa era más *profunda*. En el lenguaje popular se dice: *es la gota que desborda en vaso*.

[105] Es posible encontrar en algunos escritos de Marx una diferenciación entre *límite* y *barrera*, utilizando el primero en sentido spinoziano (*omnis determinatio negatio est*, toda determinación es una negación). El *límite* indica el punto a partir del cual el *sistema* no puede evolucionar sin *transformarse*, donde se torna *barrera* para protegerse (*autoconservación*). Eso no significa necesariamente el colapso del *sistema productivo*, sino una quiebra del mecanismo de *Subyugación Ideológica*.

[106] Un ejemplo es la Iniciativa de la OCDE para una Vida Mejor (Better Life Index), puesta en marcha por la Organización para la Cooperación y el Desarrollo Económico, cuyo objetivo es mejores políticas para una vida mejor. Evalúa 11 aspectos específicos del bienestar: la vivienda, los ingresos, el empleo, la comunidad, la educación, el medio ambiente, el compromiso cívico, la salud, la satisfacción ante la vida, la seguridad y el balance entre la vida y el trabajo, así como dos dimensiones transversales, la sostenibilidad y las desigualdades. Es parte de la actividad de la OCDE encaminada a formular nuevas medidas de evaluación del bienestar que vayan más allá de Producto Interior Bruto (PIB).
www.oecdbetterlifeindex.org/es/about/better-life-initiative/

[107] Técnica estadística creada por el norteamericano Bradley Efron, utilizada en diversas disciplinas como la genómica, en predicción del cáncer, y en la biomedicina.

[108] Para una amplia visión del tema, puede consultar: La Comuna de Paris. Editorial Klimanen, 2012. Incluye, entre otros escritos, La guerra civil en Francia, de Marx; La Comuna y la noción de Estado, de Bakunin, y La Comuna de París, de Kropotkin.

[109] Como señalo en Pensar el socialismo (Amazon, 2015), la *autogestión* ha sido un fracaso en la Yugoslavia de Tito por muchas razones que no viene al caso, pero sigue siendo la forma socialista de democratizar la economía, eliminando (en un proceso histórico y no a golpe de decreto) la propiedad privada de los medios de producción que pasa a ser de titularidad pública y universal, por utilizar el término fetiche. Es decir, no habrá dueño, ni siquiera el Estado, que pasaría a coordinar y dirigir los aspectos de macroeconomía, de acuerdo con las directrices democráticas de la ciudadanía en una Democracia Ampliada.
Para un estudio de la experiencia yugoslava se puede consultar: Jovan Djordjevich. Yugoslavia. Democracia Socialista. Fondo de Cultura Económica, 1966; Albert Meister. Socialismo y Autogestión. La experiencia Yugoslava. Editorial Nova Terra, 1965; Ernest Mandel. Control obrero, consejos obreros, autogestión. Era, 1974; Ichak Adizes. Autogestión: la práctica yugoslava. El efecto de la descentralización sobre los sistemas de organización. Fondo de Cultura Económica, 1977; Catherine Samary. La autogestión yugoslava. Por una apropiación plural de los balances, contra un entierro programado, Viento Sur, mayo de 2010 (www.vientosur.info/spip.php? article1048); Todor Kuljic. Autogestión e trabajadores en Yugoslavia (www.republicart.net/disc/aeas/kuljic01_es.pdfM); Michael A. Lebowitz. Lecciones de la autogestión yugoslava (www.nodo50.org/cubasigloXXI/taller/lebowitz_310505.pdf); Alexander Kodric. Propiedad social y autogestión: el caso de Yugoslavia. Facultad de Ciencias Económicas. UBA. (www.econ.uba.ar/cesot/docs/documento%2056. pdf).
En cuanto a la *cogestión* contamos con la experiencia de Alemania que, desde 1974 es un derecho incorporado a su Constitución. Son esclarecedoras las palabras del Canciller Federal Willy Brandt, el 18 de enero de 1973: *Consideramos la construcción de la cogestión como una de nuestras principales tareas. En ella reconocemos nosotros al presupuesto histórico para aquellas reformas que, en su conjunto, hacen posible el Estado social y libre.* En este tema me remito al libro *Frente al capital impaciente*, editado por la Fundación 1° de mayo, vinculada al sindicato CCOO.

[110] Se pueden poner numerosos ejemplos, a modo de metáforas, como el estado magnético que adquiere un metal cuando se enfría más allá de su *punto de Curie*, y el *spin* de los átomos, hasta entonces orientadas al azar, se *alinean* en orden como si fueran *agujas magnéticas*.

[111] Ver: www.juantorreslopez.com/los-retos-de-las-izquierdas/

[112] Utilizo el término *cambio de fase* de modo alegórico, y no en el tradicional paso de una configuración a otra a través de un estado en el que se distinguen dos fases claramente separadas por una interfase a través de la cual existen cambios bruscos de propiedades de la materia. En la naturaleza se presentan muchos fenómenos con *cambios de fase* semejantes a la familiar transformación sólido-líquido-vapor. En los *sistemas socioeconómicos* se trata de un cambio de *estado* en las *relaciones de producción* y en el *sistema institucional* que afecta fundamentalmente a la *propiedad* de los medios de producción, a la *distribución* de la riqueza, y la *ampliación* de la democracia.

[113] Ver: Carlos Tuya. Pensar el socialismo en el siglo XXI. Amazon, 2016.

[114] No se trata solo la automatización, la robótica, la realidad virtual o la *minería* de los Big Data, sino de nuevas formas de producir y consumir. Por ejemplo, la revolución incipiente de las impresoras 3D permite la fabricación individualizada de objetos a pequeña escala, o en el lugar de su utilización, y que cada vez se extiende por más campos: construcción, arquitectura, aviación, diseño industrial, alimentación, industria química, prótesis, u órganos y tejidos con células madre.

[115] Henry Wellman, en el segundo capítulo del libro *The Child's Theory of Mind,* donde desarrolla la Teoría de la *Psicología de Sentido Común*, analiza la comprensión que muestran los niños de los fenómenos físicos y mentales. Para el psicólogo, los niños menores de tres años reconocen las entidades mentales como pensamientos, recuerdos, sueños, etc., y los distinguen de las físicas, incluso en experimentos en los que se los confronta con fenómenos que podrían ser confusos físicamente, como el humo, los sonidos o las sombras (cfr. Wellman 1990: 48). Citado en Tomás Balmaceda. El origen de las intuiciones dualistas en la vida cotidiana. Verba Volant. Revista de Filosofía y Psicoanálisis Año 6, No. 1, 2016.

[116] De acuerdo a los trabajos de la psicóloga norteamericana, Angeline S. Lillard, del Departamento de Psicología de Universidad de Virginia, experta en psicología del desarrollo, y

Henry M. Wellman, de la Universidad de Michigan, así como en los trabajos del psicólogo canadiense Paul Bloom, experto en ciencia cognitiva de la Universidad de Yale.

[117] El psicólogo Paul Bloom afirma que *los humanos poseen una tendencia innata a creer en el dualismo cartesiano* (Bloom 2004: XXII), y que *los bebés nacen con una tendencia a distinguir entre objetos animados y objetos inanimados y eventualmente conceptualizamos a las personas de una manera dualista como teniendo mentes y cuerpos separados* (Bloom 2004: XII). La fundamentación empírica de estas afirmaciones se basa en una serie de experimentos que él mismo condujo en donde niños de 5 meses de edad, muestran sorpresa cuando un objeto inanimado viola leyes físicas naturales, como el movimiento contiguo, pero no lo hacen cuando es un ser humano el que las rompen (Valerie, Kuhlmeier, Bloom & Wynn, 2004; Valerie, Kuhlmeier, Wynn & Bloom 2004).

[118] Durante la *simulación de futuro* intervienen distintas áreas cerebrales y bucles de *retroalimentación* (positiva y negativa) que son trasmitidas a a *la corteza prefrontal dorsolateral*, donde se evalúan y sopesan para llegar a una *visión* final *dinamica* y *abierta*.

[119] Un bebé en aislamiento no desarrollaría sus conexiones neuronales y de ser alimentado artificialmente seria un vegetal; un adulto perdería toda capacidad cognitiva. Lo demuestran las investigaciones neurológicas de *aislamiento total*, donde unos grupo de voluntarios se encierran búnker nuclear, en completa oscuridad. Después de tan solo un par de días, algunos voluntarios comenzaron a tener alucinaciones: veían serpientes, automóviles, cebras. Tras dejar el aislamiento, se comprobó que todos sufrían deterioro mental. La memoria de uno de los sujetos sufrió una reducción del 36 por ciento. Como dice Michio Kaku (El futuro de nuestra mente. Debate, 2014., cit.) podemos imaginarnos que después de unas cuantas semanas o meses, la mayoría de ellos se habrían vuelto locos.

[120] Ver: Henry M. Wellman. Desarrollo de la teoría del pensamiento en los niños. Desclée. Biblioteca de Psicología. 1995.

[121] Citado por Steven Pinker. Como funciona la mente. Destino, 2008.

[122] Carlos Marx. Señor Vogt. Editorial Zero, 1974.

[123] Ludwig Feuerbach. Contra el dualismo del alma y del cuerpo, de la carne y el espíritu. Obras filosóficas escogidas, Moscú, 1955, Tomo I.

[124] Ver: Diógenes Laercio. Vidas y opiniones de los filósofos más ilustres. Alianza editorial, 2007; Lucrecio. La naturaleza. Gredos, 2003; Dietrich Paul Henri Baron D Holbach. Sistema de la naturaleza. Laetoli, 2009; Julien Offray de La Mettrie. El Hombre Máquina; El Arte de Gozar. Valdemar, 2000, Claude-Adrien Helvétius. Del espíritu. Laetoli, 2012; Denis Diderot. Sobre la interpretación de la naturaleza. Anthropos, 1992; Ludwig Feuerbach. Escritos en torno a la esencia del cristianismo. Tecnos, 2007; Marx Stirner. El único y su propiedad. Valdemar, 2005.

[125] Hablar de materialismo sin más es peligroso porque materialismos hay muchos, casi tantos como pensadores materialistas. Baste con recordar que para Berkeley eran *materialistas* todos aquellos que admitían la existencia de la *materia*, lo que incluía a Platón y Aristóteles. Por eso, los estudios sobre el tema llegan a distinguir entre *materialismo cosmológico* (Demócrito y Epicuro), *materialismo científico* (Huxley, Haeckel), *materialismo antropológico* (La Mettrie, Hartley, D'Holbach, Helvetius, Vogt, Huxley, Kurtz), *materialismo histórico* (Marx, Engels, Lukács, Korsch, Labriola, Gramsci), *materialismo cult*ural (White, Harris), *materialismo energétista* (Plotino, Scoto Erígena, Avicebrón, Nicolás de Cusa), *materialismo formalista* (Voloshinov, Batjin, Bueno), *materialismo metodológico* (Hobbes, Carnap), *materialismo gnoseológico* (Hacking, (Knorr-Cetina, Myers), *materialismo psicofísico* (Smart, Armstrong, Churchland)... Y se podrían añadir otras subdivisiones y alargar el listado según entendamos y consideremos el termino *materialismo*.

[126] Gustavo Bueno. Ensayos materialistas. Taurus, 1972.

[127] Max Delbrück. Mente y materia. Ensayo de epistemología evolutiva. Alianza Universidad, 1989.

[128] Marx, F. Engels, La Ideología alemana. Akal, 2014.

[129] Lenin, ¿Quiénes son los «Amigos del pueblo» y cómo luchan contra la socialdemocracia?. en Obras, Tomo I (1894-1901) Ediciones Progreso, 1973.

[130] Karl Marx. Trabajo asalariado y capital. Debarris, 1998.

[131] Karl Marx y Friedrich Engels. Miseria de la Filosofía. Siglo XXI Editores, 1970.

[132] Karl Marx. Prólogo a la Contribución a la Crítica de la Economía Política de 1859. Comares, 2004.

[133] El término *determinación* no está claro en Marx. Como señala Raymond Williams, *en la medida en que lo leemos en el*

alemán de Marx, y especialmente en las traducciones ingle-
sas, tomamos conciencia, inevitablemente, de las complejida-
des lingüísticas que caracterizan a la palabra «determinar».
El término corriente utilizado por Marx es bestimmen; apare-
ce en cuatro oportunidades en el pasaje citado anteriormente.
El término inglés «determinar» aparece en tres oportunidades
en su traducción. Uno de estos usos constituye una repetición
formal que no se halla presente en el original; otro es la tra-
ducción de una palabra sumamente diferente, konstatieren. En
este punto la cuestión no es tanto la suficiencia de la traduc-
ción como la extraordinaria complejidad lingüística de este
grupo de palabras. Esta situación puede ilustrarse mejor con-
siderando la complejidad que reviste en inglés el término «de-
terminar». Raymond Williams. Marxismo y literatura. Península, 1980.

[134] Engels, en su carta a Joseph Bloch de 21 de septiembre de
1890, escribe: *Según la concepción materialista de la historia,*
el factor determinante en la historia es en última instancia, la
producción y la reproducción de la vida real. Ni Marx ni yo
hemos dicho nunca nada más. Si alguien pervierte esta posi-
ción en el sentido de que el factor económico es el único de-
terminante, la transforma en una frase vacía, abstracta, ab-
surda... Marx y yo debemos hacernos parcialmente
responsables del hecho de que, a veces los jóvenes den más
peso del debido al lado económico. Frente a nuestros adver-
sarios debimos subrayar el principio esencial que ellos nega-
ban, y no siempre encontrábamos el tiempo, el lugar ni la
ocasión de dar su lugar a los demás factores que participan
en la acción recíproca.

[135] Postfacio a la segunda edición alemana de El Capital.

[136] Carta de Engels a Marx del 14 de julio de 1858, en Carlos
Marx, Federico Engels. Correspondencia. Cartago Editores,
1987.

[137] Karl Marx. El Capital, Tomo III. Siglo XXI, 1975.

[138] Alfred Schmidt. Marx y el materialismo filosófico. Ver en:
revistas.unal.edu.co. Núm. 42-45 (1973

[139] Antonio Gramsci. Cuadernos de la cárcel. Casa Juan Pablo,
2009.

[140] Rudolf Rocker. Nacionalismo y cultura, Libro Primero. In-
suficiencia de todas las interpretaciones históricas. Tupac,
1942.

[141] Michio Kaku. El futuro de nuestra mente. Debate, 2014.

[142] Ramachandran demostró gracias a la *magnetoencefalografía* (MEG) los fundamentos neurológicos del llamado *miembro fantasma*. Cuando se amputa un brazo, el área cortical *liberada* de su control es *invadida* por neuronas que responden a la estimulación y los centros cerebrales superiores interpretarían esta activación como proveniente de la mano *fantasma*. Los resultados prueban que el cerebro es altamente *flexible*, y que no está *determinado* desde el nacimiento tal, y como se creía anteriormente.

[143] Michio Kaku. Op. cit.

[144] Michio Kaku. Física de lo imposible. Debate, 2009.

[145] Vlatko Vedral. Descodificando la realidad. Biblioteca Buridan, 2010.

[146] El lenguaje no es patrimonio exclusivo de los humanos, sino una capacidad bastante extendida entre los mamíferos. Por ejemplo, Michio Kaku, en la obra citada, explica que los delfines tienen también un lenguaje inteligente. *Una vez nadé en un estanque de delfines para un programa especial de televisión del Science Channel. Instalé en la piscina sensores de sónar que pudieran captar los chasquidos y silbidos empleados por los delfines para comunicarse unos con otros. Las señales quedaron registradas y fueron analizadas por un ordenador. Existe una manera sencilla de discernir si hay una inteligencia oculta entre este conjunto aparentemente aleatorio de chirridos y gorjeos. En inglés, por ejemplo, la letra «e» es la más utilizada. De hecho, se puede hacer una lista de todas las letras del alfabeto y las frecuencias con que aparecen. Sea cual sea el libro en inglés que le demos al ordenador para que lo analice, se ajustará muy aproximadamente a la lista de frecuencias de las letras. De manera similar, se puede utilizar este programa de ordenador para analizar el lenguaje de los delfines. Y, efectivamente, encontramos un patrón similar que indica inteligencia.*

[147] Las *redes neuronales artificiales* (RNA) realizan una simulación computacional del comportamiento de partes del cerebro humano mediante la réplica, a pequeña escala, de los *patrones* que éste desempeña para la formación de resultados a partir de los sucesos percibidos. La red simula grupos de neuronas, llamados *capas*, las cuales se relacionan unas con otras La *lógica borrosa* (fuzzy logic) emula el lenguaje *impreciso* cotidiano (decimos habitualmente *abrígate que hace frío,* y ponte *el abrigo marrón porque la temperatura es de 4,5º C)* suficiente para la comunicación social y la realización de la

mayoría de la tareas cotidianas. Los *algoritmos genéticos* realizan procesos *adaptativos darwinistas* basados en el proceso genético de los organismos vivos y son capaces de ir creando soluciones para problemas del mundo real. Usan operadores *probabilísticos*, en vez de los típicos operadores *determinísticos* de las otras técnicas ce IA. El *aprendizaje profundo* (deep learning) y *automático* (machine learning) trata de poder analizar y reproducir el mecanismo de aprendizaje de sucesos que poseen los animales más evolucionados. Busca modelar *abstracciones* de alto nivel en datos usando arquitecturas compuestas de transformaciones *no-lineales* múltiples. Todos estos algoritmos y técnicas se agrupan en la llamada *Computación cognitiva*, que exige una gran potencia de cálculo, generalmente lograda por el trabajo en paralelo de muchos ordenadores.

[148] *Odio vida, cuánto odio. Solo*
por tu audición se ha desangrado.
Ay de mí índice! Oh limón
amarillo" Me darás un minuto de mar,
vida como de alpistes, la tierra
que nos dejarán desiertos.
Ni las halles, guárdalas
en dos cajitas, hermano, como
para niñas blancas.
Seguro que después de leer este poema.
El informático Pablo Gervás es el autor del programa Wishful Automatic Spanis Poet (WASP), autor del poema, escrito de acuerdo al estilo de Miguel Hernández (¿?). Debería distribuir el texto en versos de ocho sílabas métricas, crear los saltos de línea o evaluar si el resultado formaba una original combinación de palabras gramaticalmente correcta. Ver: www.eldiario.es/hojaderouter/tecnologia/software/poesia-ordenador-robots-algoritmos_0_485052536.html

[149] Pueden verse los avances de estos programas en: http://melomics.com. También puede verse el concierto para viola d'more y clave *Nasciturus*, compuesto por Iamus e interpelado por Sviatoslav Belonogov y Gustavo Díaz-Jerez. http://esmateria.com/2012/07/14/iamus-la-maquina-que-quiere-ser-todos-los-compositore/

[150] El equipo liderado por Vico, profesor de piano del Conservatorio Superior de Música del País Vasco Musikene, ha creado un algoritmo con todos los parámetros necesarios, desde las notas hasta los distintos instrumentos musicales, para que *Iamus* pueda componer música y evolucionar en su aprendiza-

je. *En octubre de 2009 compuso su primera obra, era como una pieza de juventud, la que podría haber hecho un chaval que aprende composición en el conservatorio*, cuenta Vico. Pero desde entonces *Iamus* ha aprendido a una velocidad que ni el mejor Mozart. La máquina crea ahora su música prácticamente en tiempo real.

Para ser tan prolífico, *Iamus* cuenta con un cluster de supercomputación con 1.620 procesadores, una memoria de 6.752 gigabytes y una capacidad de almacenamiento de 885 *terabytes* (un uno con doce ceros detrás) unas dos mil veces la de un ordenador típico. Con esa arquitectura, la velocidad de cálculo de *Iamus* llega hasta los 13 teraflops. Su sistema operativo está basado en una distribución Linux.

El equipo de Vico se apoya en la computación evolutiva para su desarrollo. "*Copiamos la evolución darwiniana. Hay un puñado de notas que compiten entre sí. Cada composición es un ser vivo que sufre mutaciones, unas siguen adelante y otras son letales y se quedan en el camino. Iamus es el sustrato donde ocurren la evolución*", explica Vico desde San Francisco (Estados Unidos), donde han instalado la sede de *Melomics*. *Iamus no cuenta con una función evaluadora de la emoción, pero es un sistema que de forma evolutiva crea obras que los humanos interpretamos emocionalmente*, explica el pianista Díaz-Jerez. *Iamus crea música romántica o de miedo desde hace tres años. No me parece extraño que transmita emociones, se trata de una cuestión combinatoria, hay ciertas combinaciones que crean esa emoción*, sostiene Vico. ("Iamus', la máquina que quiere ser todos los compositores, escrito por Miguel Ángel Criado).

Ver en: http://esmateria.com/2012/07/14/iamus-la-maquina-que-quiere-ser-todos-los-compositore/)

[151] La capacidad de procesamiento de Watson es de quinientos *gigabytes* por segundo, lo que equivale a procesar la información contenida en un millón de libros cada segundo, para lo que cuenta con una memoria RAM de 16 billones de bytes. Tiene, además almacena en su disco duro 200 millones de páginas de información, que incluyen toda Wikipedia. Es decir, Watson es un cerebro electrónico que analiza sus datos miles de millones de veces más rápido que el cerebro humano, y sin errores. Claro que ha sido ya superado por otros *superordenadores*, como K Computer, creado por Fujitsu en 2011, el primero en superare la barrera de los 10 *petaflops** gracias a sus 548.352 núcleos, con 68.544 procesadores SPARC64 VIIIfx a 2.0GHz; Sequoia, construido por IBM para la Agencia Nacional de Seguridad Nuclear de EE.UU. capaz de alcanzar los

16,32 *petaflops*; Cray Titan, situado en el Laboratorio Nacional Oak Ridge de Tennessee, alcanza los 17,59 *petaflops*, aunque se espera que durante los próximos años pueda superar los 20 *petaflops*, y que se utiliza para realizar cálculos extremadamente complejos que, por ejemplo, ayudan a modelar el comportamiento de neutrones en reactores nucleares; finalmente, el chino Tianhe-2, hoy por hoy, el ordenador más potente de todo el mundo, con un rendimiento de 33,86 *petaflops*, y un pico teórico de 54,9 *petafops*. Desarrollado por la Universidad Nacional de Tecnología de Defensa de China (NUDT) y la empresa Inspur, su nombre significa *Vía Láctea*. Pese a esta impresionante capacidad de cálculo, que la convierte en una *máquina tonta* para ciertas tareas, carece de *imaginación*, es incapaz de *fantasear* y carece de *conciencia*, por lo que no puede tomar decisiones *no-lineales*, donde intervenga el factor *caótico* de las *emociones* y las *proyecciones de futuro*. Sus decisiones son *binarias*, causales y *lineales*, aunque en el campo de la pura computación es imbatible.

* *peta* significa 10 elevado a 15 (10^{15}) así que un *petaflops* significa que una computadora puede llegar a realizar nada menos que 1.000.000.000.000.000 operaciones aritméticas básicas por segundo.

[152] La *computación paralela* y las *redes neuronales* son dos nuevos paradigmas que han despertado, en los últimos años, un gran interés en los campos de la computación y la *inteligencia artificial*. El elemento clave de estos paradigmas es una nueva estructura computacional compuesta de un gran número de pequeños procesadores interconectados (neuronas) trabajando en paralelo. Esta nueva estructura paralela permite realizar muchas operaciones simultáneas, en contraposición al proceso en serie tradicional en el que los cálculos han de ser realizados en un orden secuencial. (...)n De esta manera, la teoría conexionista propone una nueva estructura computacional, inspirada en el cerebro humano, es decir, compuesta del mayor número posible de micro unidades procesadoras de interconexión o neuronas artificiales trabajando en paralelo. Rosa Icela Ojeda Martínez y Merit Nefernefer Becerril Tello. La mente computacional. Orígenes y fundamentos de la Ciencia Cognitiva. Revista Protrepsis, Año 3, Número 6 (mayo - octubre 2014)

[153] Un *sistema experto* (SE) es un programa (*software*) de *inteligencia artificial* que utiliza la lógica formal para acceder a ingentes cantidades de información especializada. Son habituales en las empresas para la contabilidad general, decisiones

financieras, gestión de la tesorería, planificación, etc. Cuando hablamos con *Siri* en un iPhone, Alexa de Mororola, Sherpa, Goole Now, Cortana, Hound para para Android, lo hacemos con un *sistema experto*.

[154] Para superar estas dificultades, y partiendo de que los ordenadores deberían simular los procesos *cognitivos* humanos no sólo en el plano *software* (soporte lógico), sino emular también en lo posible el plano *hardware* (fisiológico) han surgido nuevos modelos a la hora de abordar la *Inteligencia Artificial,* como la *computación paralela* y las *redes neuronales*. El elemento clave es una nueva estructura *computacional* compuesta de un gran número de pequeños procesadores interconectados (*neuronas*) trabajando en paralelo. Esta nueva estructura paralela permite realizar muchas operaciones simultáneas, en contraposición al proceso en serie tradicional en el que los cálculos han de ser realizados en un orden secuencial. Los modelos *conexionistas* o *Redes Neuronales Artificiales*, surgen como alternativa dentro de la *Inteligencia Artificial* ante la evidencia del fracaso de ésta al tratar de resolver ciertas tareas que no pueden ser resueltas con un esquema *clásico*, es decir, basado en la lógica binaria y la arquitectura computacional tipo Von Neuman. Ver: David A. Hennessy, John L. Patterson. Estructura y diseño de computadores Editorial Reverté, 2011.

[155] Citado en, Francisco Román Lapuente. Reflexión acerca de la conciencia desde una perspectiva neuropsicológica. artículo integrante de Orden y Caos. Las ciencias de la complejidad. Facultad de Filosofía y Departamento de Filosofía de la Universidad de Murcia, 1999.

[156] Michio Kaku. Op. cit.

[157] Steven Pinker. Cómo funciona la mente. Destino, 2008.

[158] Tal vez el sentimiento religioso esté vinculado *evolutivamente* a la *conciencia* de la muerte. Existe evidencia científica que la actividad neuronal de ciertas áreas del cerebro, como el *lóbulo temporal*, están relacionadas con experiencias vinculadas al *más allá*. Es habitual que personas afectadas por lesiones epilépticas del *lóbulo temporal* estén convencidas de que hablan con Dios. Por ejemplo, el periodista científico David Biello, en un artículo de *Scientific American Mind*, relata que *durante períodos de estimulación* (del *lóbulo temporal*) *de tres minutos, los sujetos afectados traducían esta percepción de lo divino a su propio lenguaje cultural y religioso, llamándolo Dios, Buda, presencia benevolente o la maravilla del universo.* De ahí que no resulte muy aventurado pensar en esas zonas

puedan tener una función seleccionada *evolutivamente* para facilitar la asunción de riesgos en los primeros *sapiens*. Los nulos resultados por erradicar la religión en los países del *campo socialista* parece avalarlo.

[159] Tras la publicación de *La mente nueva del emperador* (Fondo de Cultura Económica, 1996), Penrose se ha ocupado durante las últimas décadas al estudio de un modelo físico de la *conciencia*, sentando las bases de una *biofísica cuántica* de la *mente* que unificaría en una *realidad* con tres dimensiones: matemática, física y psíquica.

[160] En un estudio publicado en *Nature Science* titulado *Frecuency-specific hippocampal-prefrontal interactions during associative learning* (23/02/ 2015), se recoge los descubrimientos de un grupo de neurocientíficos del MIT sobre la actividad eléctrica del *hipocampo*, que es la zona cerebral encargado de la memoria, y la *corteza prefrontal*, que está relacionada con procesos complejos como las relaciones sociales, los juicios y las predicciones. Comprobaron que ambas zonas utilizan dos *frecuencias* distintas, para relacionarse. Cuando existe una asociación entre dos elementos que, finalmente, se comprueba es correcta, las ondas ascienden a la frecuencia *beta* (entre los 9 y los 16 hercios); cuando se trata de un error, como equivocarse de nombre al llamar a una persona, la oscilación se produce en la frecuencia *theta* (entre los 2 a los 6 hercios). Se trata de un *proceso neuronal* mediante el cual se refuerzan las *conjeturas* correctas y reprimen las erróneas, posibilitando que el cerebro mejore su procesamiento de la información gracias a la mayor energía de las frecuencias altas, que refuerza las conexiones neuronales exitosas, frente a la debilidad de las bajas, que las deshace. Con estos estudios es posible comprender mejor cómo se forma la memoria, pues hasta ahora se creía que las ondas cerebrales eran su efecto y no la causa, lo que permite avanzar en el desarrollo de métodos de estimulación eléctrica para mejorar la capacidad de *aprendizaje*.

[161] Según una investigación realizada en la Universidad George Washington (D. C.), y publicada en *Epilepsy & Behavior*, una mujer con episodios de epilepsia perdía la conciencia cuando se le estimulaba con electricidad el claustro derecho y el córtex del cíngulo anterior, lo que podría significar que, pese a que la *conciencia* es un complejo proceso en el que intervienen distintas estructuras, regiones y redes neuronales, el *claustro* podría ser el encargado de *centralizar* dicho proceso a modo de *interruptor* cerebral de la *conciencia*.

[162] Citado por Steven Pinker. Op. cit.

[163] Karl Marx. Introducción a la critica de la filosofía del derecho de Hegel. Pre-Textos, 2014.

[164] Marx-Engels. La ideología alemana. Akal, 2014.

[165] Karl Marx. Manuscritos económico-filosóficos de 1844. Colihue, 2007.

[166] Karl Marx. Crítica de la economía política. Editorial Progreso, 1989.

[167] No está del todo claro el concepto de *alienación* (Entfremdung) en Marx. Por ejemplo, habla de *trabajo alienado y enajenado*. A partir de 1845 se aleja de la raíces especulativas del término para recurrir a otros como *división del trabajo* (*La Ideología Alemana*) y el *carácter fetichista de la mercancía* (El Capital) para referirse más a los fenómenos. Yo lo utilizo como *falsa conciencia,* con el que Marx lo identifica en ocasiones.

[168] Karl Marx y Friedrich Engels. La Sagrada Familia, o Crítica de la crítica crítica. Claridad, 1971.

[169] Lenin ¿ Que Hacer?. Progreso, 1979

[170] Carlos Tuya. Pensar el Socialismo en el siglo XXI. Amazon, 2016.

[171] *La dialéctica llamada objetiva domina toda la naturaleza, y la que se llama dialéctica subjetiva, el pensamiento dialéctico, no es sino el reflejo del movimiento a través de contradicciones que se manifiesta en toda la naturaleza, contradicciones que, en su pugna constante en lo que acaba siempre desapareciendo lo uno en lo otro que lo contradice o elevándose ambos términos a una forma superior*. Engels. Dialéctica de la naturaleza. Grijalbo, 1968.

[172] Lenin. Materialismo y empiriocriticismo. Obras Completas, Tomo IV (1914-1915). Progreso, 1973.

[173] Las bases neurológicas de este *reconocerse en el otro* pueden ser las llamadas *neuronas espejo*, algo que tambión poseen otros primates, pero que en los humanos es también *cultural*. Las *neuronas espejo* son fundamentales para el aprendizaje por *imitación*. Nada más nacer se activan, lo que permite el desarrollo social del bebé. La mayoría están situadas en el *área de Broca,* relacionada con el lenguaje, y en la *corteza parietal posterior*, vinculada con la planificación de los movimientos. Con el desarrollo, las *neuronas espejo* permiten descifrar los estados de ánimo, lo que se proponen hacer

y lo que piensan los otros. La *empatía* también está vinculada a la actividad de estas neuronas.

[174] José Luís Arsuaga. El primer viaje de nuestra vida. Editorial Temas de Hoy, 2012.

[175] El *umwelt,* término fue creado por el reaccionario antidarwinista biólogo estonio-alemán Jakob J. von Uexküll (1864-1944), puede traducirse como *medio ambiente, mundo circundante, entorno, mundo asociado,* que es característico a cada *especie.* O, si se quiere, cada *especie* se relaciona con el mundo de una manera *específica,* teniendo en cuenta solo lo que le necesita para su existencia y supervivencia. Uexküll divide en dos partes *umwelt* del animal: un mundo de la percepción (*merkwelt*), que va del notificador al órgano sensorial, y un mundo de la acción (*wirkwelt*), que va del efector al receptor de la acción. Del mundo llega una información (*marca*) al órgano sensorial del animal, que al interaccionar con él provoca un acto de respuesta sobre el objeto, que se convierte en el receptor de dicho acto. Así se cierra el *círculo funcional* entre al sujeto y a la cosa. Es decir, el animal no se relaciona con todo el mundo exterior, sino con aquellos *signos* que lo inducen a ejecutar acciones biológicamente determinadas. Sólo percibe lo que necesita percibir. Uexküll pone el ejemplo de la garrapata: su mundo es ciego y sordo, solo percibe los *biomarcadores* olorosos del ácido butírico, procedentes de los folículos sebáceos de los mamíferos; la temperatura de (37 C°) de la sangre; y la topografía del pelo. Los humanos, por el contrario, percibimos el mundo en su cambiante *complejidad,* si bien *filtramos* cerebralmente la información sensorial, acotando el *umwelt* a las necesidades cambiantes de nuestra acción, al tiempo que le damos un *significado cultural,* lo que nos permite tanto *transformar* como *crear* la realidad. Ver: Johan Jakob von Uexküll. Ideas para una concepción biológica del mundo. Espasa-Calpe, 1951; Giorgio Agamben. Lo abierto. El hombre y el animal. Adriana Hidalgo, 2006.

[176] Las ideas de Nicolas de Condorcet (1743-1794), un excelente matemático como evidencia su obra *Ensayo sobre la aplicación del análisis de probabilidades a las decisiones de la mayoría,* ejercieron influencia en el desarrollo del pensamiento de Marx. No es de extrañar, porque propuso abordar la historia como una ciencia, y las proposiciones de su libro *Esbozo de un cuadro histórico de los progresos del espíritu humano,* escrito en 1793, muy poco tiempo antes de ser condenado a la guillotina por Robespierre, contienen ideas emancipadoras, como la igualdad de la mujer. Condorcet pos-

tulaba que la sociedad debía fundamentarse en la razón y guiarse por la ciencia. Veía la evolución de la humanidad como el paso del nivel animal a la inteligencia superior de los humanos, dotados de un innato altruismo. Evolución que continuaría hasta alcanzar finalmente la *perfección* por la razón.

[177] Carta de Engels a W. Borgius. Londres 25 de enero de 1894. Marx & Engels. Obras Escogidas en tres tomos. Editorial Progreso, 1974.

[178] Engels, Carta a José Bloch en: C. Marx & F. Engels, Obras Escogidas, tomo III. Progreso, 1974.

[179] Uno de los fenómenos intelectuales más sorprendentes del siglo pasado fue la incorporación del *psicoa nálisis* al marxismo, cuyos hechos siguen coleando, aunque la paulatina retirada del pensamiento marxista de la escena académica ha terminado por dejar libres a las teorías freudianas para su vuelo imaginativo y embaucador. Conviene detenerse un poco en ello para levantar a Marx del sillón psicoanalista. El *psicoanálisis* es una especulación (sensata en el caso del fundador, Freud; alucinada en el supervalorado Lacan y sus epígonos) sobre casos clínicos y la experiencia en su tratamiento. Sustituye la posesión del *diablo* por el dominio de los *complejos*. El *psicoanálisis* es, en ese sentido, un avance, pero dentro de la *superstición*; lo mismo que el *monoteísmo* es un avance respecto al *politeísmo*, pero ambos dentro de la concepción religiosa del mundo. Sin duda el *psicoanálisis* permite utilizar algunas de sus técnicas y hallazgos terapéuticos en el tratamiento de problemas psicológicos, siempre y cuando no existan alteraciones neurológicas serias. Pero una cosa es la utilidad *terapéutica*, discutible por otra parte, y otra convertir su visión de la persona en una explicación de la naturaleza humana.

[180] Raymond Williams. Marxismo y Literatura. Península, 1980.

[181] Citado por Fernando Sáez Vacas. Complejidad y Tecnologías de la Información. Cuadernos de Tecnología y Sociedad n° 3, 2009.

[182] Juan Luis Arsuaga. La especie elegida. Temas de hoy, 2001. Ver también: Juan Luis Arsuaga. Edaf,2006.

[183] Citado en Meditación de la Infotecnología", recopilación de las más sobresalientes columnas publicadas semanalmente en PCWEEK (ahora eWEEK) por el ingeniero y profesor Fernando Sáez Vacas.
(http://slideshowes.com/doc/1107721/meditaci%C3%B3n-infotecnolog%C3%ADa)

[184] Recogido en la revista PNAS (Proceedings of the National Academy of Sciences) vol. 110, no. 6. Febrero, 2013.

[185] Carlos Tuya. Evolución, Cultura y Socialismo. Amazon, 2015.

[186] Como señala el neurólogo e investigador colombiano Rodolfo R. Llinás, muchas clases de neuronas del sistema nervioso están dotadas de tipos particulares de actividad eléctrica intrínseca que les confiere propiedades funcionales características. Esta actividad eléctrica se manifiesta como variaciones diminutas de voltaje (del orden de milésimas de voltio) a través de la membrana que rodea a la célula (la membrana plasmática neuronal). Estas oscilaciones recuerdan las ondas sinusoidales que forman suaves ondulaciones en aguas tranquilas. Como veremos más adelante, estas ondulaciones tienen la característica de ser ligeramente caóticas; es decir, muestran propiedades dinámicas *no-lineales*, lo cual confiere al *sistema*, entre otras características, una gran agilidad temporal. Dichas oscilaciones de voltaje permanecen en el vecindario del cuerpo y las dendritas de la neurona, su rango de frecuencias abarca desde menos de una a más de cuarenta oscilaciones por segundo y sobre ellas, en particular sobre sus crestas, es posible evocar eventos eléctricos mucho más amplios, conocidos como potenciales de acción. Se trata de señales poderosas que pueden recorrer grandes distancias y que conforman la base de la comunicación entre neuronas. Este fenómeno de oscilación en fase en el que elementos dispersos funcionan juntos, como si fueran uno solo, pero de manera amplificada, se conoce como *resonancia* y ocurre entre elementos con características dinámicas similares. Por ejemplo, en los comportamientos *emocionales* de grupos sociales.

[187] Durante un tiempo, ciertos científicos trataron de encontrar en los *genes* la razón de la inteligencia. El inventor del *Test de Cociente Intelectual*, Lewis Terman, emprendió un monumental estudio sobre niños en edad escolar, que publicó en 1921, en una obra muy popular en su tiempo: *Estudios genéticos del genio*. Existen, sin embargo, casos excepcionales de los llamados *savants,* gente con capacidades extraordinarias para ciertas tareas, como el cálculo matemático, o la memoria fotográfica. Como señala Michio Kaku (El futuro de nuestra mente. Debate, 2014) alrededor de la mitad de los *savants* padecen alguna forma de autismo (la otra mitad muestra distintas formas de enfermedad mental o trastorno psicológico). Tienen graves problemas para interactuar socialmente, lo que resulta en un profundo aislamiento. El primer caso documentado de

savant lo registró en 1789 el doctor Benjamín Rush, quien estudió a un individuo que aparentemente era deficiente mental pero que, cuando se le preguntaba cuántos segundos había vivido un hombre que tenía setenta años, diecisiete días y doce horas, tardaba solo noventa segundos en dar la respuesta correcta: 2 210 500 800. El *savant* es fruto de alteraciones cerebrales que le convierte en un ser incapaz de relacionarse socialmente de forma adecuada. Una sociedad de *savants* no podría sobrevivir por muchas capacidades portentosas que acumulen sus miembros. Ver: Daniel Tammet. Nacido en un día azul. Un viaje por el interior de la mente y la vida de un genio autista. Sirio,2007.

[188] Gracias a las técnicas de edición genética CRISPR, desarrolladas por el biólogo español Francisco Mojica, investigador de la Universidad de Alicante, una especie de *corta y pega* de secuencias de ADN, es posible modificar el genoma de manera precisa y barata, lo que abre un campo insospechado a la biomedicina para corregir mutaciones dañinas, pero también para potenciar ciertos aspectos del fenotipo, lo que exigirá un control muy estricto que, una vez más, no puede quedar al arbitrio de empresas privadas, debido a su impacto social y su potencial para afectar el futuro del planeta.

[189] Rosalind Williams. Cultura y cambio tecnológico: el MIT. Alianza Editorial, 2004.

[190] Karl Marx. El dieciocho Brumario de Luís Bonaparte. Op. cit.

[191] Ver: Daniel Bell. El fin de la ideología. Tecnos. 1964

[192] Puede verse: Michael Freeden. Ideología. Una brevísima introducción. Ediciones de la Universidad de Cantabria, 2013. Más referencias en bibliografía

[193] También podría incluirse al filósofo francés Louis Althusser, pero su contribución no resulta, en mi opinión, de mucha utilidad ya que para Althusser la *ideología* se inscribe, como una *nueva realidad,* dentro de la teoría *estructuralista,* y sería un *producto material* anclado en los *aparatos* institucionales, constituyendo uno de los *niveles* de toda formación *social,* junto con el económico y el político. Para un análisis más amplio ver: Santiago Castro-Gómez. Althusser, los estudios culturales y el concepto de ideología. Revista Iberoamericana. Núm. 193, Octubre-Diciembre 2000.

[194] Marx, Karl y Engels, Friedrich. La Ideología Alemana. Grijalbo, 1974.

[195] Marx-Engels. Obras Completas. T. 13.

[196] Una de las manifestaciones más sorprendentes, e inquietantes, de esa *irracionalidad*, aparece con todo su dramatismo en los *craks* financieros de la bolsa. Pese a la ingente *información* en tienmpo real que poseen y procesan los brokers, y en parte debido precisamebte a ello, en las grandes crisis bursátiles se produce una reacción gregaria inducida por el pánico que deriva en una curiosa variante del fenómeno de *estampida*. Esto sees debe, en gran medida, a que la *información* económica se caracteriza, entre otras cosas, por poseer la propiedad llamada *agrupamiento de la volatilidad*, manifestada en los momentos de grandes *fluctuaciones* que generan una frenética actividad en los mercados, lo que impele a los operadores comprar y vender de forma frenética. Esta *sobrecarga* de actividad alcanza un punto critico en el *limite del caos*, como ocurre en los ataques de epilepsia.

[197] En computación se conoce como *puertas lógicas* un dispositivo electrónico con una función booleana que suma, multiplica, niega o afirma, incluye o excluye según sus propiedades lógicas..

[198] Antonio Gramsci. Op. cit.

[199] Este es un tema de estudio para la *hermenéutica*, esencial en el análisis de las *ideologías*, ya que toda lectura es *interpretación*, y toda *interpretación* debe ser *contextualizada*. Pero el tema escapa a las pretensiones de este libro, y no considero necesario abordarlo para su objetivo de reformular el marxismo. Valga, por tanto, con esta nota. Puede verse: Paul Ricoeur. Teoría de la interpretación. Siglo XXI, 1995.

[200] La importancia de esta *sintaxis de espacio* ha sido demostrada por los estudios de geógrafo Michael Batty y sus compañeros del University College de Londres, tomando como referencia la circulación de los visitantes de la Tate Gallery

[201] También en el cerebro existen funciones parecidas. El hemisferio izquierdo es responsable del pensamlento *convergente* y el derecho del pensamiento *divergente*. La mitad izquierda examina los detalles y los procesa de manera lógica y analítica, pero no es capaz de establecer conexiones generales y abstractas. La mitad derecha es más imaginativa.

[202] Karl Marx, Friedrich Engels. La Ideología Alemana. Akal, 2014.

[203] El filósofo y antropólogo francés Paul Ricoeur (1913-2005), experto en hermenéutica, ha dedicado gran parte de sus estudios a la *ideología*. Ricoeur hace hincapié en la dimensión *inconsciente* en la acción de la *ideología* sobre el individuo,

debido a que contiene más *información* de la que somos *conscientes*. A este fenómeno le denominó *excedente de significado*, introduciendo con ello a Freud en sus análisis.

[204] Ver entrevista en: vientosur.info/spip.php?article6514.

[205] Giambattista Vico. Principios de una Ciencia Nueva. Fondo De Cultura Económica, 2012.

[206] Es cierto que el crecimiento de la *burocracia* controladora de la actividad económica, y más si depende, más allá de la jerrquía estatal, del *partido,* hace que aumente la *susceptibilidad* de anidar la corrupción. Es lo que ocurría en los antiguos países del *campo socialista*, y hoy en China, donde se ha convertido en la mayor preocupación política. De ahí que el Estado *socialista desarrollado y científico* del futuro, esperemos que próximo, la burocrácia estatal tenga como misión económica tan solo la tarea de coordinar y controlar de la actividad global, dentro de objetivos democráticamente elegidos. La actividad económica concreta estará en manos de los trabajadores *autogestionados* en el sector publico, y ejerciendo la *cogestión vinculante* en el sector publico.

[207] Horst Rittel y Melvin M. Webber describieron formalmente el concepto de *problema perverso* en 1973, por contraposición a los problemas *domesticables* (tame problems). Los primeros son de tipo *no-lineal*, como los que se plantean a la hora de encontrar soluciones a la pobreza, el cambio climático, el trazado de una nueva carretera, o cómo conseguir que la gente tenga una adecuada atención sanitaria. Los segundos son *lineales,* de carácter binario, y solucionables como los que se pueden encontrar en las matemáticas, el ajedrez, o la resolución de puzles.

[208] Terry Eagleton. La ideología y sus vicisitudes en el marxismo occidental, en: Zizeck, Slavoj. Ideología. Un mapa de la cuestión. Fondo de Cultura Económica, 2004.

[209] Daniel Gilbert. Tropezar con la felicidad. Destino, 2006.

[210] El ejemplo más claro es la visión: la retina humana tiene unos 100 millones de células sensibles a la luz, lo que permite captar una ingente cantidad de información, que luego es procesada en diferentes áreas del *lóbulo occipital*. Lo primero que hace el cerebro con una imagen de la retina es identificar los bordes, es decir los límites entre las regiones con diferentes propiedades de reflexión de la luz, y ordenarlos de acuerdo con su alineación básica: horizontal, vertical y diagonal. A continuación, el cerebro comienza a ensamblar estos rasgos en formas primitivas, registrando, por ejemplo, que en alguna

parte del campo visual aparece un rasgo horizontal por encima de un rasgo vertical, o dos diagonales que se cruzan entre sí. A partir de estas formas primitivas se construyen formas más complejas, hasta que las formas construidas resultan identificables como rasgos de objetos conocidos. A su vez, la *corteza preestriada* y la *corteza inferotemporal* aportan a la imagen la memorización de experiencias visuales anteriores.

[211] Lo confirman las experiencias del neurólogo Olaf Blanke: a una de sus pacientes se le implantó en el cerebro una rejilla de unos cien electrodos en la zona situada entre los lóbulos parietal y temporal. Cuando se activaba la mujer experimento la sensación de que salía de su cuerpo, y floraba a 2 metros sobre el. Citado por Michio Kaku. Op. cit.

[212] El término subconsciente procede de la psicología *clásica,* y se refiere a toda una serie de actos instintivos, de rutinas aprendidas, de ideas preconcebidas, de supuestos previos, que no necesitamos procesar en los niveles de *conciencia* ya que no plantean disyuntivas o problemas de elección y decisión. Por ejemplo, conducimos un coche la mayor parte del tiempo de manera poco *consciente*, aunque siempre hay un nivel de *alerta*, pero la conducción se hace *consciente* cuando tenemos que tomar decisiones inesperadas, como elegir otra carretera ante una obra pública. Pero esto no tiene nada que ver con el *subconsciente* freudiano, un lugar donde se *reprimen* ideas, recuerdos, experiencias, sentimientos, etc. para que no sean *conscientes* y permanezcan *ocultos*. Esa idea de *represión* no deja de ser una fantasía *dualista* sin base científica. Lo que ocurre es, como he dicho, la *actividad* cerebral *consciente* se *libera* de análisis y toma de decisiones rutinarios, lo que permite *simultanear* varias acciones, como hablar con el copiloto sobre planes de futuro, o atender una llamad al *smarphone* mientras conducimos.

[213] El neurobiólogo colombiano Rodolfo R, Llinás, sostiene en su libro *El cerebro y el mito del yo. El papel de las neuronas en el pensamiento y el comportamiento de los humanos* (Grupo Editorial Norma, 2003) que *el "yo" es un estado funcional del cerebro y nada más ni nada menos.* Más explícito añade: *El sistema tálamo-cortical es casi una esfera isocrónica cerrada que relaciona sincrónicamente las propiedades del mundo externo referidas por los sentidos con las motivaciones y memorias generadas internamente. Este evento, coherente en el tiempo, que unifica los componentes fraccionados tanto de la realidad externa como de la interna en una estructura única, es lo que llamamos el "sí mismo". Se trata de un meca-*

nismo extremadamente sencillo y útil por parte del cerebro. ¡Unifica, luego existo! La coherencia temporal no sólo engendra el "sí mismo", como una estructura funcional, sino que crea un espacio a la centralización, en el cual las funciones predictivas del cerebro, tan críticas para la supervivencia, pueden operar de manera coordinada. Así pues, la subjetividad o el "sí mismo" se genera mediante el diálogo entre el tálamo y la corteza o, en otras palabras, los eventos unificadores recurrentes constituyen el sustrato del "sí mismo".

[214] Ejemplos citados por Michio Kaku. Op. cit.

[215] El término, tal y como se le conoce hoy en día, se le debe a Lezak (1982, 1987) cuando afirmó que "las funciones ejecutivas comprenden las capacidades mentales necesarias para formular metas, planificar la manera de lograrlas y llevar adelante ese plan de manera eficaz" (Lezak, 1982, p.281) y así, permitir el funcionamiento independiente, con propósito, creatividad y de manera que éste sea socialmente aceptable. Sholberg y Mateer (1989) definieron más tarde las funciones ejecutivas como un conjunto de procesos cognitivos entre los que se encuentran la anticipación, la elección de objetivos, la planificación, la selección de la conducta, la autorregulación, el autocontrol y el uso de realimentación. Así, describen entre sus componentes la dirección de la atención, el reconocimiento de los patrones de prioridad, la formulación de la intención, el plan de consecución, la ejecución del plan y el reconocimiento del logro. Pineda (2000) define las funciones ejecutivas como un conjunto de habilidades cognitivas que permiten la anticipación y el establecimiento de metas, el diseño de planes y programas, el inicio de las actividades y de las operaciones mentales, la autorregulación y la monitorización de las tareas, la selección precisa de los comportamientos y las conductas, la flexibilidad en el trabajo cognitivo y su organización en el tiempo y en el espacio para obtener resultados eficaces en la resolución de problemas. Fuente: Neurowikia. Corteza prefrontal y funciones ejecutivas.

[216] La *corteza prefrontal ventromedial* (VMPFC) ha sido implicada en la toma de decisiones *emocionales*, debido a su posible participación en el *aprendizaje* de inversión afectivo, la propensión al riesgo y la impulsividad. Su especial entramado de conexiones con otras áreas de la *corteza* y con estructuras *subcorticales*, como la *amígdala*, justifican que pueda tener un papel de *interfase* entre *cognición* y *emoción*, y desempeñar una función fundamental en la regulación y el control del comportamiento. Cuando existe hiperactividad en esta zona

pueden generarse sensaciones de *omnipotencia,* mientras que si la actividad es baja puede dar origen a *depresiones* (la vida carece de sentido). La *corteza prefontal ventromedial* desempeña un papel crucial en el proceso de toma de decisiones sobre asuntos cuyas consecuencias potenciales afectan directamente a la persona. Las lesiones en este área reducen drásticamente la capacidad para llevar a cabo aprendizaje *afectivo,* y posiblemente este déficit sea el responsable de muchos de sus problemas de adaptación social. Fuente: Toma de decisiones emocionales y corteza prefrontal ventromedial Int J Clin Health Psychol, Vol. 8, N° 1 adaptación social

[217] Para Gramsci, el tan cacareado *sentido común,* que describe como *conciencia cotidiana,* la *filosofía de los no filósofos,* no deja de ser parte de la *dominación ideológica.* En diversos lugares de sus *Cuadernos de Cárcel,* hace mención al *sentido común* como *una concepción (también en los cerebros individuales) desarticulada, incoherente, inconsecuente, conforme a la posición social y cultural de las multitudes cuya filosofía constituy*e, o que *el sentido común vulgar (...) es dogmático, ávido de certezas perentorias".* (30) Por último, es "estrechamente misoneísta y conservador.*

[218] Ver: Especial Renta Básica, en **ctxt:** http://ctxt.es/es/?tpl=77&tpid=370I.

[219] Friedrich A. Hayek. Derecho, Legislación y Libertad. Unión Editorial, 2014

[220] Carlos Tuya. Op. cit.

[221] Georg Jellinek. Teoría General del Estado. Fondo de Cultura Económica, 2012.

[222] Antonio Gramsci. Antología. Siglo XXI, 1977.

[223] Hegel fue el primero que rechazó la separación entre *Sociedad Política* y *Sociedad Civil,* que consideraba íntimamente interrelacionadas, si bien no rompió con la visión *dualista* que subyace en ellas.

[224] Pero no se trata solo de un problema cuantitativo, sino funcional, ya que el ADN es un *sistema complejo no-lineal,* y los *genes* cumplen muchas funciones, y se activan en función del *medio* y de la acción de otros genes.

[225] HAR1 desempeña un papel fundamental a la hora de establecer la disposición arrugada de la corteza cerebral, FOX2 es determinante para el desarrollo del habla y otras funciones exclusivamente humanas, ASPM parece ser responsable del extraordinario crecimiento de nuestra capacidad cerebral. En

cuanto a RIM-941, que ha sido aislado por científicos de la Universidad de Edimburgo, perece ser exclusivamente humano.

[226] Cada *letra* A, T, C y G, se refiere a un *ácido nucleico*, por lo que nuestro genoma consta de 3.000 millones de letras, ATTCCAGGG..., para escribir nuestro código genético.

[227] La HME (*Hipótesis de Mercado Eficiente*) parte de la idea de que toda la *información* susceptible de ser conocida por el *sistema* se incorpora al proceso. Pero ello solo es posible si el *sistema* se comporta como una inmensa *computadora* capaz de procesar toda la información relevante, y los *agentes económicos* actuaran como *maximizadores racionales* perfectamente informados.

[228] De hecho existe en teoría económica lo que se llama *información incompleta* y *asimétrica*, dentro de la llamada la *economía de la información,* que tiene en cuenta el cálculo de riesgos frente a un futuro incierto debido a la heterogeneidad del mercado, y que los agentes no pueden tener una información completa. De hecho, esa información, cada vez mayor gracias a la informatización de los mercados y el llamado *internet de las cosas* (y de las personas, habría que añadir) ya existe, pero resulta fragmentada por su propiedad. Para ser justos, los empresarios necesitan de esa fragmentación ya que ofrece posibilidades de mercado, y permite la libre competencia, que se sería seriamente afectada si todos los agentes económicos tuvieran acceso libre e igual a la información completa generada en los mercados. De ahí que, en muchos casos, esté *protegida* la información imperfecta, y su posesión privada. El acceso y uso libre y completo de la información solo es posible en un *sistema productivo* de carácter *socialista*, donde la competencia pasa de estar dominada por la *maximización del beneficio* privado para hacerlo en el *interés común* por la sostenibilidad, la calidad y la innovación. Una variante de la *teoría de juegos*, donde los participantes tienen información incompleta, lo que les obliga a escoger sus estrategias en presencia de asimetrías, es el *juego bayesiano* descrito por Harsanyi (1967-1968). Por su parte, han hecho hincapié en cálculo de riesgos ante un futuro incierto con información incompleta varios premios Nobel, como Joseph Stiglitz, George Akerlof y Michael Spence.

[229] La *econofísica* trata de aplicar los métodos propios de la ciencia física, y más concretamente la física estadística, a la teoría económica. El economista y estadístico británico, Francis Isidro Edgeworth (1845-1926), autor de Psíquica Matemática" (1881) se interesó por la conducta política, social y eco-

nómica, y trató de explicarla mediante abstrusos cálculos diferenciales y con una buena dosis de análisis estadísticos. Numerosos economistas académicos empezaron a construir modelos *matemáticos* en los que no había sitio para el *desorden*. Ver: Mansilla, Ricardo. Introducción a la Econofísica. Equipo Sirius, 2003.

[230] Karl Marx. El Capital. Tomo I. Siglo XXI, 1975

[231] Karl Marx. Manuscritos económicos y filosóficos de 1844. Colihue, 2007.

[232] La *economía circular* es un concepto económico que se interrelaciona con la sostenibilidad, y cuyo objetivo es que el valor de los productos, los materiales y los recursos (agua, energía,...) se mantenga en la economía durante el mayor tiempo posible, y que se reduzca al mínimo la generación de residuos. Se trata de implementar una nueva economía, *circular* -no-lineal-, basada en el principio de *cerrar el ciclo de vida* de los productos, los servicios, los residuos, los materiales, el agua y la energía. Actualmente es la principal estrategia de Europa para generar crecimiento y empleo, con el respaldo del Parlamento Europeo y el Consejo Europeo.
Ver: http://economiacircular.org/; y el vídeo:
https://www.youtube.com/watch?v=Lc4-2cVKxp0

[233] V. I. Lenin. El Estado y la Revolución. Alianza Editorial, 2006. Ver también: V. I. Lenin. Las Elecciones a la Asamblea Constituyente y la Dictadura del Proletariado, diciembre de 1919. Obras completas. Akal, 1974.

[234] V. I. Lenin. Los bolcheviques deben asumir el poder: Una carta al Comité Central y a los comités de Petrogrado y Moscú. Op. cit.

[235] Salvando las distancias, algo similar ocurrió con el gobierno democrático defendido por Cronwell, que instauró la dictadura una vez comprobado que la elección no garantizaba la realización de su programa político.

[236] Marx-Engels. Obras escogidas. Editorial Progreso, 1975.

[237] Marx-Engels. Manifiesto Comunista, Op. cit.

[238] Carlos Tuya. Democracia Ampliada. Amazon, 2015

[239] Este fenómeno, a duras penas mitigado por los gobiernos de *izquierdas,* ha sido estudiado por el Profesor de Física, Universidad Hebrea de Jerusalén, director del Laboratorio Interdisciplinario de Lagrange para la Excelencia en la Complejidad en Turín (Italia) Sorin Solomon y su equipo, han puesto evidenciado algo que, por otra parte, salta a la vista: cuando los

mercados se globalizan, existe un riesgo cada vez mayor de que toda la riqueza se concentre en un solo lugar, *condensación de riqueza* que, a su vez, distorsiona el funcionamiento del mercado, expuesto a un derrumbamiento catastrófico. Para estos autores, el llamado *capitalismo extremo* es potencialmente desastroso. Claro que tambiñen lo sería el *socialisno extremo* (???).

[240] Aristóteles era más optimista: "*Si todas las herramientas, obedeciendo nuestras órdenes o presintiéndolas, pudieran ejecutar la tarea que les corresponde, al igual que los artefactos de Dédalo, que se movían por sí mismos, o los trípodes de Hefesto, que se dirigían por propia iniciativa al trabajo sagrado; si las lanzaderas tejieran por sí mismas [...], ni el maestro artesano necesitaría ayudantes ni el señor esclavos".* Citado por Karl Marx en el El Capital. Libro I. Cap. XIII: Maquinaria y gran industria.

[241] Mediante la *optogenética*, técnica de iluminación de neuronas mediante la infección del gen que codifica la proteína *opsina*, que es sensible a la luz, se pueden conocer las rutas neurológicas de enfermedades mentales y otros trastornos cerebrales, lo que permitirá en un futuro próximo reparar daños y tratar enfermedades que hoy se consideraban incurables. Pero también conocer los procesos mentales que intervienen en el comportamiento humano, por lo que su aplicación no puede estar en manos privadas.

[242] Aparte de los populares *robots de limpieza*, ya existen *robots* que pueden cocinar, tocar música no solo en instrumentos de cuerda y percusión, sino de viento gracias a sus *pulmones* en forma de acordeón, hablar como los humanos al tener pulmones, boca, labios y lengua, actuar como eficaces y serviciales *mayordomos,* o los *robots* que sirven para hacer compañía a enfermos y ancianos. La lista de funciones que pueden ya desempeñar los *robots* no para de crecer: asesores financieros, agentes de préstamos, dependientes de grandes almacenes, reporteros y corresponsales, personal de comida rápida, guardias de seguridad, bármans, camareros, recepcionistas, etc.

[243] La palabra *robot* apareció por primera en vez 1920. La utilizó el checo Karel Čapek en su obra de teatro titulada RUR (Rossum's Universal Robots) donde unos cientííficos crean seres mecánicos idénticos a los humanos.

[244] Un ejemplo es el *ciberdoctor*, una aplicación de nuestro reloj digital de pulsera o del *smarphone*, basado en la inteligencia artificial y los sistemas expertos capaz de ofrecernos una

orientación médica básica con casi un 100 % de acierto. Permitirá la planificación y uso de los recursos sanitarios socializados de manera eficaz, ahorrando costes, lo que expandirá su universalidad y la hará realmente efectiva. Evidentemente, este tipo de *Big Data* no puede estar en manos privadas de clínicas o seguros médicos. Es decir, al servicio del beneficio privado. Aunque no será necesario prohibirlo porque, bien dotada y *autogestionada*, con la oportuna coordinación estatal es imbatible en competencia con la privada. Los datos empíricos demuestran que existe una relación inversamente proporcional entre calidad de la oferta publica y aumento de la oferta privada en todas las áreas socializadas, como el *Estado del Bienestar*.

BIBLIOGRAFÍA

CAPÍTULO I

Alan Sokal & Jean Bricmont. Imposturas intelectuales. Paidós, 1999.

Bell, Daniel. El advenimiento de la sociedad post-industrial: un intento de prognosis social. Alianza, 1976.

Bell, Daniel. El fin de las ideologías: sobre el agotamiento de las ideas políticas en los años cincuenta. Alianza Editorial, 2015.

Boron, Atilio A. (copilador). La teoría marxista hoy. La teoría marxista hoy. Problemas y perspectivas. Consejo Latinoamericano de Ciencias Sociales. CLACSO, 2006.

Bourdieu, Pierre. Estrategias de reproducción y modos de dominación. Colección Pedagógica Universitaria, 2002.

Bourdieu, Pierre. Las estructuras sociales de la economía. Manantial, 2001.

Chaui, Marilena. La historia en el pensamiento de Marx. La teoría marxista hoy.

Cook, Michael. Una breve historia de la humanidad. Antoni Bosch, 2012.

Dieterich, Heinz. Bases del nuevo socialismo. Editorial 21 s.r.l., 2011.

Dieterich, Heinz. Bases del nuevo socialismo. Editorial 21 s.r.l., 2011.

Eagleton, Terry. A Contrapelo. Nueva Visión, 2013.

Eagleton, Terry. Por qué Marx tenía razón. Península, 2015.

Engels, Friedrich. Dialéctica de la naturaleza. Grijalbo, 1961.

Gerratana Valentino. Investigaciones sobre la historia del marxismo. Grijalbo, 1975.

Gonzáles Casanova, Pablo. Las Nuevas Ciencias y las Humanidades. De la Academia a la Política. Anthropos, 2004.

Herreros Ubalde, Pablo. Yo mono: nuestros comportamientos a partir de la observación de los primates. Destino, 2014.

Hobsbawm, Eric. Cómo cambiar el mundo. Marx y el marxismo. 1840-2011. Crítica, 2011.

Hobsbawm, Eric. Historia del Siglo XX. Crítica, 2012. Debate, 2015.

Kolakowski, Leszek. Las principales corrientes del marxismo. Alianza Editorial, 1993.

Koselleck, Reinhart. Futuro pasado. Paidós, 1996.

Leaky, Richard E. La formación de la humanidad. EL aguazul, 2006.

Luxemburgo, Rosa. La Revolución Rusa. Akal, 2017.

Maciver, Robert Morrison. Comunidad. Losada, 1944.

Marx, Karl y Engels, Friedrich. El Manifiesto Comunista. Nórdica, 2012.

Marx, Karl y Engels, Friedrich. La Ideología Alemana. Grijalbo, 1974.

Marx, Karl y Engels, Friedrich. Miseria de la Filosofía. Siglo XXI Editores, 1970.

Marx, Karl. Contribución a la Crítica de la Economía Política. Comares, 2004.

Marx, Karl. Cuadernos de París (Notas de lectura de 1844). Ediciones Era, 1980.

Marx, Karl. El Capital. Siglo XXI, 1998.

Marx, Karl. Grundrisse. Siglo XXI, 1976.

Marx, Karl. Historia crítica de la teoría de la plusvalía. Fondo de Cultura Económica, 1945.

Marx, Karl. La Sagrada Familia. Akal, 1981.

Mészáros, István. El desafío y la carga del tiempo histórico: El Socialismo del siglo XXI. Vadell Hermanos Editores, 2009

Milanovic, Branko. Los que tienen y los que no tienen. Alianza Editorial, 2012.

Musto, Marcello (coord.) Tras las huellas de un fantasma. La obra de Karl Marx entre la filología y la filosofía. Siglo XXI, 2011.

Musto, Marcello. De regreso a Marx. Nuevas lecturas y vigencias en el mundo actual. Octubre Editorial 2015.

Noah Harari, Yuval. De animales a dioses (Sapiens): una breve historia de la humanidad.

Pérez Elvar, Vicente. Internet interior Ediciòns Culturals Valencianes, 2011.

Plamenatz, John. Karl Marx y su filosofía del hombre. Fondo de Cultura Económica, 1986.

Ricardo, David. Principios de economía política y tributación. Pirámide, 2003.

Schmidt, Alfred. Crítica del estructuralismo marxista. Alberto Corazón, 1973.

Schmidt, Alfred. El concepto de naturaleza en Marx. Siglo XXI, 1976.

White, Leslie. La ciencia de la cultura. Un estudio sobre el hombre y la civilización, Paidós Ibérica, 1982.

Whyte, L. L. Las estructuras jerárquicas. Alianza Editorial, 1973.

CAPÍTULO II

Ball, Philip. Masa crítica, cambio, caos y complejidad. Turner, 2008

Balandier, G. El desorden. La teoría del caos y las ciencias sociales. Gedisa, 1994.

Briggs, J. y Peat, F. Espejo y reflejo: del caos al orden. Guía ilustrada de la teoría del caos y de la ciencia de la totalidad. Gedisa, 1994.

Briggs, J. y Peat, F. Las siete leyes del caos. Tusquets, 1999.

Campos, D. Caos y complejidad: historia y aplicaciones. Innovación y Ciencia, XXII, 82, (2005)

Fernández Díaz, A. La economía de la complejidad. Economía dinámica caótica McGraw Hill, 1994.

García, R. Sistemas complejos. Conceptos, método y fundamentación de la investigación interdisciplinaria. Gedisa, 2006.

Gell-Mann. El Quark y el Jaguar. Aventuras de lo Simple y lo Complejo. Tusquets, 1996.

Gleick J., Caos. La Creación de una Nueva Ciencia, Seix Barral, 1989.

Gribbin, J. Así de simple. El caos, la complejidad y la aparición de la vida. Crítica, 2006.

Hayles, N. K. La evolución del caos. El orden dentro del desorden en las ciencias contemporáneas. Gedisa, 1998

Johnson, S. Sistemas emergentes: o que tienen en común hormigas, neuronas, ciudades y software. Turner, 2003

Lewin, R.: Complejidad. El caos como generador del orden. Tusquets 1995.

Lewin, Roger. Complejidad. El caos como generador de orden. Tusquets, 1995.

Lorenz. E. La Esencia del Caos. Debate, 2000.

Maldonado, Carlos. Complejidad de las Ciencias y Ciencias de la Complejidad. Universidad Externado de Colombia, Bogotá, 2005.

Maldonado, Carlos Eduardo. Complejidad de los sistemas sociales: un reto para las ciencias sociales. Cinta de Moebio, N° 36, 2009.

Mandelbrot, B. La Geometría fractal de la naturaleza. Tusquets, 1997.

Morin, Edgar. Introducción al Pensamiento Complejo. Gedisa, 1998

Nicolis, G. y Prigogine, I. La estructura de lo complejo. Alianza, 1994.

Pagels, Heinz. Los sueños de la razón. El ordenador y los nuevos horizontes de las ciencias de la complejidad. Paidós, 1991.

Prigogine I. ¿Tan sólo una ilusión?. Una exploración del caos al orden. Tusquets, 2004

Prigogine, Ilya . Las Leyes del caos. Crítica, 2008.

Reynoso, C. Complejidad y caos: una exploración antropológica. SB, 2006.

Rivas, Luis Arturo. Los 10 conceptos básicos para entender la teoría de la complejidad y sus implicaciones en la gestión de las organizaciones. Memoria del XII Congreso Internacional en Ciencias Administrativas-ACACIA. Tijuana, México, 2008.

Ruelle, David. Azar y caos. Alianza, 1995.

Solé, Ricard V. y Manrubia, Susanna C. Orden y caos en sistemas complejos. Ediciones UPC, 1993.

Schifter, Isaac. La ciencia del caos.

Sotolongo Codina, Pedro Luis y Delgado, Carlos Jesús Díaz. La revolución contemporánea del saber y la complejidad social. Hacia unas ciencias sociales de nuevo tipo. Colección Campus Virtual de CLACSO, 2006

Thom, R. Estabilidad estructural y morfogénesis. Ensayo de una teoría general de los modelos. Gedisa, 1997.

Wagensberg, J. Ideas acerca de la complejidad del mundo. Tusquets, 1994.

Wagensberg, J. La rebelión de las formas. O cómo perseverar cuando la incertidumbre aprieta. Tusquets, 2004.

CAPÍTULO III

Blanco Martín, Carlos Javier. El Materialismo de Schopenhauer. Paideia: Revista de filosofía y didáctica filosófica. Vol. 29, Nº 81, 2008.

Bloom, Paul. La esencia del placer. Ediciones B, 2010.

Bourdieu, Pierre. Sociología y cultura. Grijalbo, 1990.

Bourdieu, Pierre. Razones prácticas sobre la teoría de la acción. Anagrama, 1997.

Bueno, Gustavo: Ensayos materialistas. Taurus, 1972.

Castillo Enrique; Cobo, Ángel; Gutiérrez, José Manuel y Pruneda, Rosa Eva. Introducción a las Redes Funcionales con Aplicaciones. Un Nuevo Paradigma Neuronal. Paraninfo, 1999.

Churchland, P. Materia y conciencia, Barcelona, Gedisa, 1991.

Damasio, Antonio. El error de Descartes. Crítica, 1996.

Dennett, Daniel. Romper el hechizo: la religión como un fenómeno natural. Katz Editores, 2007.

Descartes René. El tratado del hombre. Traducción de Guillermo Quintás. Alianza, 1990.

Díaz, José Luis. La Conciencia Viviente. Fondo de Cultura Económica, 2007.

Fernández Durán, R. La Explosión del desorden. Fundamentos, 1993.

Fodor, Jerry. El lenguaje del pensamiento. Madrid: Alianza, 1986.

Fodor, Jerry. La mente no funciona así. Alcance y límites de la psicología computacional. Siglo XXI, 2016.

Fontoira Lombos, Manuel. ¿Cómo surge el yo consciente?.

Gardner, Howard. La nueva ciencia de la mente. Historia de la Revolución Cognitiva. Paidós, 1996.

Gardner, H Howard. La inteligencia reformulada. Paidós, 1999.

Kantor, J. R. La evolución científica de la psicología. Trillas, 1981.

Leakey, R. y Lewin, R. La sexta extinción. El futuro de la vida y de la humanidad. Tusquets. 1997.

Luria, A. R. Conciencia y lenguaje. Visor, 1984.

Maturana, H., Varela, F. El árbol del conocimiento. Las bases biológicas del conocimiento humano. Madrid: Debate, 1990.

Mora, Francisco. El Problema Cerebro-Mente. Alianza, 1995.

Peña, Vidal. El materialismo de Spinoza, Revista de Occidente, Madrid, 1974.

Plejanov. El materialismo militante. Ensayo sobre la historia del materialismo.

Ramachandran, V. S. Lo que el cerebro nos dice: los misterios de la mente humana al descubierto. Paidós Ibérica, 2012.

Ridley, Matt. Genoma, la autobiografía de una especie en 23 capítulos, Taurus, 2000.

Searle, J. El redescubrimiento de la mente, Barcelona, Crítica, 1996.

Schmidt, Alfred. El concepto de naturaleza en Marx. Siglo XXI, 1976.

Várela, Francisco. El fenómeno de la vida. Dolmen Ediciones, 2000.

CAPÍTULO IV

AA. VV. Polémica sobre marxismo y humanismo. Siglo XXI, 1974.

Agamben, Giorgio. Lo abierto. El hombre y el animal. Adriana Hidalgo, 2006.

Atkinson, Anthony B. Desigualdad, ¿qué podemos hacer?. Fondo de Cultura Económica, 2016

Bauman, Zygmunt. La cultura como praxis. Paidós Ibérica, 2002.

Castoriadis, Cornelius. Sujeto y verdad en el mundo histórico-social. Fondo de Cultura Económica, 2004.

Chang, Ha-Joon. Economía para el 99% de la población. Debate, 2015.

Delbrück, Max. Mente y materia. Ensayo de epistemología evolutiva. Alianza Universidad, 1989

Dennett, Daniel. La conciencia explicada: Una teoría interdisciplinar. Paidós Ibérica, 1991.

Eagleton, Terry. Ideología: una introducción. Paidós, 1993.

Estañol, B. y Césarman, E. El telar encantado: El enigma de la relación mente-cerebro. Grupo Editorial, 1994.

Felber, Christian. La economía del bien común, Deusto, 2012.

Ferrater Mora, José. De la materia a la razón. Alianza Editorial, 1979.

Ford, Martin. El auge de los robots. Paidós, 2016.

Freeden, Michael . Ideología. Una brevísima introducción. Ediciones de la Universidad de Cantabria, 2013.

Fromm, Erich. Humanismo socialista. Piados, 1966.

García Gutiérrez, Antonio. Desclasificados. Pluralismo lógico y violencia de la clasificación. Anthropos, 2007.

Gazzaniga, Michael S. ¿Qué nos hace humanos?: la explicación científica de nuestra singularidad como especie. Paidós Ibérica, 2010.

Geertz, Clifford. La interpretación de las culturas. Gedisa, 1988.

Gergen, K. Realidades y relaciones. Paidós Ibérica, 1996.

Gramsci, Antonio. Cuadernos de la cárcel. Casa Juan Pablo, 2009.

Gramsci, Antonio. Los intelectuales y la organización de la cultura. 1975

Hadjinicolaou, Nicos. Historia del arte y lucha de clases. Siglo XXI, 1975.

Hall, Stuart. Sin garantías. Trayectorias y problemáticas en estudios culturales. Envión Editores, 2010.

Hall, Stuart y Mellino, Miguel. La cultura y el poder. Conversaciones sobre los cultural studies. Amorrortu, 2011.

Harvey D. La condición de la posmodernidad. Investigación sobre los orígenes del cambio cultural. Amorrortu, 1998.

Héller, A. Sociología de la vida cotidiana. Península, 1977.

Krugman, Paul. Vendiendo prosperidad. Ariel, 2013.

Laclau, Ernesto y Mouffe, Chantal. Hegemonía y estrategia socialista. Siglo XXI, 1987.

Llinás, Rodolfo R. El cerebro y el mito del yo. El papel de las neuronas en el pensamiento y el comportamiento de los humanos. Grupo Editorial Norma, 2003.

Mannhein, Karl. Ideología y utopía. Introducción a la sociología del conocimiento. Fondo de Cultura Económica, 2004.

Màrkus, György. Marxismo y antropología. Grijalbo, 1974.

Marx, Karl y F. Engels Escritos sobre Arte. Selección, prólogo y notas de Carlo Salinari. Península, 1969.

Marx, Karl. Sociología y filosofía social (Textos compilados por Tom Bottomore y Maximilien Rubel) Península, 1978.

Marx, Karl y Engels, Friedrich. La Ideología Alemana. Grijalbo, 1974.

Maturana, Humberto y Varela, Francisco. De máquinas y seres vivos. Autopoiesis: la organización de lo vivo, Lumen, 2004.

Melotti, Umberto. El hombre entre la naturaleza y la historia. Península, 1981.

Mandel, Ernest. Control obrero, consejos obreros, autogestión. Era, 1970.

Minsky, Marvin. La sociedad de la mente. La inteligencia humana a la luz de la Inteligencia Artificial. Galápago. 1985.

Mithen, Steven. Arqueología de la mente. Crítica, 1998.

Morin, Edgar. El Método. Ediciones Cátedra, 2006.

Mosterín, Jesús. Racionalidad y acción humana. Alianza Editorial, 1987.

Ortega, Andrés. La imparable marcha de los robots. Alianza Editorial, 2016.

Pagels, Heinz. Los sueños de la razón. Gedisa. 1991.

Pagels, Heinz. El código del conocimiento. Pirámide, 1990.

Pagels, Heinz. Los sueños de la razón. El ordenador y los nuevos horizontes de las ciencias de la complejidad. Paidós, 1991.

Piketty, Thomas. El Capital del Siglo XXI. Fondo de Cultura Económica, 2014

Pinker, Steven. Como funciona la mente. Destino, 2008.

Plejanov. El materialismo militante. Ensayo sobre la historia del materialismo.

Portelli, Hughes. Gramsci y el bloque histórico. Siglo XXI, 1979.

Ramachandran, V. S. Lo que el cerebro nos dice: los misterios de la mente humana al descubierto. Paidós Ibérica, 2012.

Rifkin, Jeremy. La sociedad de coste marginal cero. Paidós, 2014.

Robert, Jessop. El Futuro del Estado capitalista. La Catarata, 2009.

Sáez Vacas, Fernando. Más allá de Internet: la Red Universal Digital. Editorial Universitaria Ramón Areces, 2009.

Schaff, Adam. Marxismo e individuo humano. Grijalbo, 1967.

Schmidt, Alfred. Crítica del estructuralismo marxista. Alberto Corazón, 1973.

Searle, J. El redescubrimiento de la mente. Crítica, 1996.

Sen, Amartya. Nuevo examen de la desigualdad, Alianza Economía, 2011.

Sen, Amartya. La idea de justicia. Taurus, 2010.

Sen, Amartya. La calidad de vida. Fondo de Cultura Económica, 2002.

Schwab, Klaus. La cuarta revolución industrial. Debate, 2016.

Solano, M. La psicología de las clases sociales. Alma Máter, 1987.

Stiglitz, Joseph. El precio de la desigualdad. Taurus, 2011.

Stiglitz, Joseph. La gran brecha: qué hacer con las sociedades desiguales. 2015.

Stiglitz, Joseph; Sen, Amartya; Fitoussi, Jean-Paul. Medir nuestras vidas. Las limitaciones del PIB como indicador de progreso. RBA, 2013.

Storey, John. Teoría cultural y cultura popular. Octaedro-EUB, 2002.

Toffler, Alvin. La Tercera Ola. Plaza & Janes, 1997.

Thom, René. Estabilidad estructural y morfogénesis. Ensayo de una teoría general de los modelos. Gedisa, 1997.

Várela, Francisco. El fenómeno de la vida. Dolmen Ediciones, 2000.

Wilkinson, Richard y Pickett, Kate. Desigualdad: un análisis de la (in)felicidad colectiva. Turner, 2009.

Williams, Raymond. Marxismo y literatura, Península, 1980.

Williams, Rosalind. Cultura y cambio tecnológico: el MIT. Alianza Editorial, 2004.

Zizeck, Slavoj. Ideología. Un mapa de la cuestión. Fondo de Cultura Económica, 2004.

Žižek, Slavoj. El sublime objeto de la ideología. Siglo XXI, 2010.

ÍNDICE